法律原理与案例精解丛书

新疆大学·自治区法学特色学科经费资助

案例海上货物运输法学

刘伟军　编著

武汉大学出版社

图书在版编目(CIP)数据

案例海上货物运输法学 / 刘伟军编著. --武汉 ：武汉大学出版社，2024. 8. --法律原理与案例精解丛书. --ISBN 978-7-307-24455-9

Ⅰ. D922.294.5

中国国家版本馆 CIP 数据核字第 2024UW3257 号

责任编辑:喻　叶　　责任校对:汪欣怡　　版式设计:马　佳

出版发行:**武汉大学出版社**　（430072　武昌　珞珈山）

（电子邮箱:cbs22@ whu.edu.cn 网址:www.wdp.com.cn）

印刷:湖北云景数字印刷有限公司

开本:787×1092　1/16　印张:13　字数:318 千字　插页:2

版次:2024 年 8 月第 1 版　　2024 年 8 月第 1 次印刷

ISBN 978-7-307-24455-9　　定价:58.00 元

作者简介 ├──────────────────────

刘伟军

　　法学博士，新疆大学法学院副教授，新疆大学新时代依法治疆研究基地研究员，民建会员，民建新疆委员会经济建设专委会委员；主持国家社科基金项目一项、省部级课题三项、厅局级课题多项；参与完成国家社科基金重大项目两项、国家社科基金一般项目一项、国家社科基金青年项目两项、省部级和厅局级课题多项；在《南京社会科学》《政法论丛》《当代法学》等期刊发表中英文论文三十余篇，被人大复印资料全文转载一篇；出版专著一本，主编案例教程一本，参编教材两本、案例教程三本；主持省、市级参政议政重点项目和一般项目多项，多篇成果要报被民建中央委员会、省部级机构采用；荣获优秀教师、教学成果奖等多项奖励。

前　　言

　　海上货物运输是国际商品交换中重要的运输方式之一，其货物运输量在国际货物运输总量中占比80%以上。随着中国经济的快速发展，中国海运业也已进入世界海运竞争舞台的中心。当前，中国已成为世界最大船东国，港口货物吞吐量和集装箱吞吐量连续多年居世界第一位。作为综合交通运输体系的重要组成部分，海运具有运力大、运费低、对货物适应性强等优势，承担了中国约95%的对外贸易货运量，为保障粮食、能源等重点物资运输和国际国内供应链安全稳定的畅通发挥了重要作用，成为服务国家经济社会发展和重大战略、助力实现中国式现代化的重要支撑。

　　海上货物运输关系是中国《海商法》的主要调整对象，而关于海上货物运输纠纷案件的中国海事审判正沿着建设国际海事司法中心、参与构建海洋命运共同体的航道加速前行，并为促进实现党的二十大报告提出的推动共建"一带一路"高质量发展、推进高水平对外开放、加快建设海洋强国、捍卫国家主权安全发展利益、推动构建人类命运共同体、统筹推进国内法治和涉外法治等重大部署作出积极贡献。由于中国《海商法》第四章仅适用于涉外海上货物运输（包括海江之间、江海之间的直达运输），因此，本书仅选择由中国法院审理或适用中国法作为准据法的五十余起海上货物运输纠纷案件进行评析，以阐释以中国《海商法》第四章为核心的海上货物运输法，并展现新时代中国海事司法工作新动向，提升中国海事审判的国际地位。

　　本书共分六章，主要包含以下几个方面的内容：

　　第一章：海上货物运输法概述。主要内容包括：海上货物运输合同往往涉及承托双方当事人、实际承运人、收货人、契约托运人、发货人、通知方、各方主体的代理人等众多主体，并极易引发合同主体身份的识别、合同的成立与效力等纠纷问题，甚至与租船合同、舱位互换协议、联合经营等问题错综交杂；在中国法下，海上货物运输法主要受中国《海商法》第四章"海上货物运输合同"（仅适用于国际海上货物运输或海上货物多式联运，包括江海之间、海江之间的直达运输）调整，但中国《海商法》未做明确规定的，则适用《民法典》等基本法。

　　第二章：承运人的权利与义务。主要内容包括：承运人的权利与义务是海上货物运输法的核心和基础；因海上货物运输面临特殊的海上风险，为鼓励航运业的发展，逐步形成了适航、合理速遣、航海过失免责、非合同之诉抗辩权、海事赔偿责任限制等有关承运人权利与义务的法律制度。

　　第三章：托运人、收货人的权利与义务。主要内容包括：托运人是海上货物运输合同的一方当事人，其基本权利、义务对应于承运人的基本义务与权利；依据海上货物运输合同或有关运输单证提取货物的收货人是海上货物运输合同的第三方，其与承运人的权利义

1

务关系依据提单来确定；此外，托运人在海上货物运输合同中为收货人设定权利、义务，应为此向承运人承担保证责任。

第四章：提单。主要内容包括：提单在国际海上货物运输领域和国际货物贸易领域中发挥重要且有所区别的作用；在运输领域，提单是海上货物运输合同、货物已经由承运人接收或装船的证明，以及承运人保证据以交付货物的凭证；因提单是将货物运输与货物买卖两个不同领域串联起来的"桥梁"，加之各国立法或港口习惯等不同，实践中提单纠纷也时常发生，且与承运人的识别等问题错综交织。

第五章：海上货物多式联运合同。主要内容包括：海上货物多式联运是海上货物运输的一种特殊形式；除法律另有明确规定外，海上货物多式联运合同双方当事人享有或承担海上货物运输合同双方当事人的相应权利或义务；海上货物多式联运合同亦引发定损、责任分担等新的法律问题。

第六章：海上货物运输纠纷解决。主要内容包括：海上货物运输纠纷解决主要采用海事诉讼、海事仲裁、调解、和解等方式，并涉及管辖权、法律适用、时效、外国法院判决或仲裁裁决的承认与执行等领域的诸多具体问题。

最后，鉴于作者研究能力有限，疏漏之处在所难免，恳请读者批评指正。

刘伟军

2024 年 1 月

目　　录

第一章 海上货物运输法概述

◎**本章引言** 海上货物运输法具有较强的涉外性、实践性、风险特殊性和国际统一性等特征，并在一定程度上突破了合同相对性原则。基于实践需求，海上货物运输合同往往涉及承托双方当事人、实际承运人、收货人、发货人、通知方、各方主体的代理人等众多主体，并极易引发合同主体法律地位的识别、合同的成立与效力等纠纷问题，甚至与租船合同、舱位互换协议、联合经营等问题错综交杂。在中国法下，海上货物运输法主要以中国《海商法》第四章"海上货物运输合同"（仅适用于国际海上货物运输或国际海上货物多式联运，包括江海之间、海江之间的直达运输）之规定为核心内容；中国《海商法》未做明确规定的，则适用《民法典》等基本法。

◎**本章重点** 海上货物运输合同；承运人；托运人；实际承运人；收货人

第一节 海上货物运输合同及其相关主体

海上货物运输合同是指承运人或船舶出租人将货物经海路由一港运到另一港而由托运人或承租人支付运费的合同。按经营方式不同，海上货物运输合同可以分为班轮运输和租船运输两大类，其中班轮运输又可分为件杂货运输和集装箱运输，租船运输则细分为航次租船合同、定期租船合同和光船租赁合同。但是，依据中国《海商法》的规定，定期租船合同和光船租赁合同之承租人的核心义务是提供船舶而非运输货物，故两种合同在性质上已不属于中国《海商法》第四章所规定的海上货物运输合同，亦被单独列为中国《海商法》第六章"船舶租用合同"。因此，本书所指海上货物运输合同特指中国《海商法》第四章所规定的国际海上货物运输合同，亦即海上货物运输合同、航次租船合同和海上货物多式联运合同。此外，承运人、实际承运人等往往就同一货物签发多套运输单证，导致相关主体的识别问题成为重要的争议点之一。

📝 **导入案例 1-1**

中国《海商法》不适用于沿海货物运输

2013 年 1 月，顺日进公司为了和林某全合作供油给奉化地区的渔船，向南郊公司采购 942.02 吨 4 号燃料油。顺日进公司法定代表人沈某辉与晟荣公司法定代表人胡某列联系，通过电话口头约定了具体运输事宜，并按胡某列的指示由法定代表人沈某辉的妻子将运费付至晟荣公司法定代表人胡某列账户。随后晟荣公司转委托弘恒公司、阮某江，由后者派遣其所属的"弘恒 118"轮进行实际承运。2013 年 2 月 4 日，

"弘恒118"轮在连云港五洋化工码头装运后起航,顺日进公司及船方代表对燃料油进行检验并抽样封存。2月6日,"弘恒118"到达舟山沈家门海域后抛锚停泊。2月14日下午,"弘恒118"将该批燃料油运抵目的港奉化市(现宁波市奉化区)桐照海域,并于当日和次日直接过驳供应给"浙奉渔18009、18010、11075、11076、17067、17068、11015、11016、13097、13098、18065、16066、11089、11090、80251、22077、22078、16001、16002"合计19艘渔船。在过驳供油前,顺日进公司委托浙江中衡商品检验有限公司针对货物数量进行了检测,但检验人员陈某仅在船舱中部取样,检测结果并未发现短量。

2013年2月16日至2月18日,上述19艘渔船进行出海捕捞作业时相继出现船舶主机停车、无法启动等现象,并在更换油泵后虽然可以启动但是动力衰减明显,主机过滤器和活塞堵塞严重,油品杂质和沉淀物非常多,造成活塞环、活塞杆、气缸缸套、气门等损坏。其中,"浙奉渔22077、22078"船因在海上失去动力而被拖回舟山沈家门港,产生拖航施救费用35000元。因为正值渔汛期,大部分渔船在返港进行了应急修理后又重新出海作业,待捕捞作业结束后回港进行永久性修理。顺日进公司对受损渔船配件更换及修理费用进行了支付,亦安排了受损油泵的修复并支付了费用。事故发生后,因受损渔船数量众多、船东情绪激动,顺日进公司在奉化市(现宁波市奉化区)莼湖镇栖凤村村民委员会的协调调解下,对受损渔船船东的捕捞生产损失进行了每船126500元的赔偿。

由于该批燃料油无法继续使用,顺日进公司雇佣运砂船将19艘渔船上的残油727.243吨回收至其所租赁的奉化协兴油库储存,储存期间为2013年4月至11月。

在接到涉案渔船船东因发生主机群发性故障事故的激烈投诉后,顺日进公司和林某全向奉化市公安局报案,奉化市公安局对南郊公司业务员钟某峰、晟荣公司法定代表人胡某列、"弘恒118"轮的船东代表阮某光、浙江中衡商品检验有限公司检验人员陈某以及涉案19艘渔船的所有人均作了《调查笔录》,并委托通标公司镇海实验室对涉案燃料油装货港样品和装货港卸载过驳时的样品进行了检测,检测结果为涉案燃料油在装船时符合国家标准。2013年4月25日,顺日进公司将从渔船上回收的残油样品委托中国科学院宁波材料技术与工程研究所检测,检测结论为其成分主要是沥青。顺日进公司随后分别委托了上海泛华天衡保险公估有限公司和上海悦之保险公估有限公司对该次事故进行调查检验,得出结论为涉案主机群发性故障事故是由于燃料油沉淀物超标所引起。2014年6月9日,一审法院经当事人协商一致,委托中国检验认证集团宁波有限公司对"弘恒118"轮在装货港起运时抽取的样品油进行司法鉴定,检验结果为该样品为合格燃料油。

由于涉案渔船主机群发性事故,顺日进公司对受损渔船进行了各项修理和赔付,涉案油品亦产生贬值和灭失。顺日进公司涉案损失分别为渔船直接修理费损失822670元、渔船捕捞生产损失2403500元、渔船拖航施救费用损失35000元、回收残油费用65000元、洗舱费用19000元、油品贬值损失1482747.51元、油品灭失损失60000元、残油仓储及人工费用损失73039元、各项检验费用21357元。

因此,顺日进公司向一审法院宁波海事法院提起诉讼,要求晟荣公司、弘恒公司和阮某江连带赔偿顺日进公司的损失及相应利息。

一审法院认为：晟荣公司与顺日进公司依法成立水路货物运输合同关系，晟荣公司为涉案货物的契约承运人，而弘恒公司、阮某江系涉案货物的实际承运人；顺日进公司已举证证明装运港的燃料油是合格油品，且涉案油品是由"弘恒118"轮直接转驳给19艘受损渔船，并无任何中转工具接触该批油品，且所有加油的19艘渔船均发生类似的故障，并经鉴定，渔船所加燃油含有沥青，与故障原因相符，故本院认定涉案货物货损产生于运输途中；晟荣公司作为涉案货物承运人，在未约定货物在指定的实际承运人掌管期间发生的灭失、损坏或者迟延交付，承运人不负赔偿责任的情况下，应对在其责任期间内发生的涉案货物损失承担赔偿责任；弘恒公司、阮某江作为实际承运人应当对货损损失承担连带责任(首先，晟荣公司、弘恒公司、阮某江对涉案货损的直接损失承担连带赔偿责任；其次，渔船直接修理费损失、渔船捕捞生产损失、渔船拖航施救费用损失、回收残油费用、洗舱费用等系涉案货损的间接损失，而顺日进公司对此亦有过错，因其没有安排人员严格按照规范取样检测，致使发生货损的燃油加到涉案渔船上，故顺日进公司与晟荣公司、弘恒公司、阮某江对涉案货物的间接损失应各自承担50%的责任)。因此，一审法院判决：晟荣公司、弘恒公司、阮某江应赔偿顺日进公司直接损失1637143.51元、间接损失1672585元，共计3309728.51元。

顺日进公司、晟荣公司、弘恒公司和阮某江均不服一审判决，分别向浙江省高级人民法院提起上诉。

二审法院经审理，认定涉案油品在装运时符合标准，并对一审判决认定的其他事实可予确认。因此，二审法院认为：晟荣公司系与顺日进公司订立海上货物运输合同的契约承运人，而弘恒公司、阮某江系涉案实际承运人；依据中国《海商法》第四十六条有关"承运人对非集装箱装运的货物的责任期间，是指从货物装上船时起至卸下船时止，货物处于承运人掌管之下的全部期间"之规定，顺日进公司若要求涉案承运人对货损承担赔偿责任，须证明该货损发生在承运人的责任期间，但是，顺日进公司在货损发生后委托第三方进行检测时检测提取的样品发生在承运人责任期间之外，不能据此认定承运人应负赔偿责任；奉化市公安局委托通标公司对涉案燃料油装货港样品和卸货港样品分别进行了检测，而检测结果为两份样品的参数尤其是抽提法沉淀物一项没有发生变化，故无法得出涉案货损发生在承运人责任期间的结论。综上所述，二审法院判决：撤销一审法院宁波海事法院(2015年)甬海法商初字第632号民事判决；驳回宁波顺日进公司的诉讼请求。

顺日进公司不服二审判决，向最高人民法院申请再审。再审法院经审查认为：本案系沿海货物运输合同纠纷；根据中国《海商法》第二条的规定，该法第四章关于海上货物运输合同的规定不适用于中华人民共和国港口之间的海上货物运输，故二审判决依据中国《海商法》第四十六条之规定来认定本案承运人的责任期间，系适用法律错误；本案应当适用中国《合同法》(已废止，相关内容参见中国《民法典》)的规定确定承运人的责任；根据中国《合同法》第三百一十一条规定，承运人对运输过程中货物的毁损、灭失承担损害赔偿责任，故顺日进公司对其有关涉案油品损坏发生在承运人运输期间的主张应负担相应的举证责任，但是，因其并未提供充分证据予以证明，二审法院认定晟荣公司、弘恒公司、阮某江不应对涉案油品事故产生的损失承担赔偿责任，并无明显不当。综上所述，再审法院判决：驳回顺日进公司的再审申请。

案例索引

一审：宁波海事法院(2013)甬海法商初字第 632 号民事判决书。
二审：浙江省高级人民法院(2015)浙海终字第 219 号民事判决书。
再审：最高人民法院(2016)最高法民申 1484 号民事裁定书。

简要评述

水上货物运输包括内河货物运输、沿海货物运输和海上货物运输(远洋运输)等不同运输方式。但是，依据中国《海商法》第二条之规定，内河、沿海货物运输不属于中国《海商法》第四章"海上货物运输合同"的调整范围。因此，内河、沿海货物运输合同不适用中国《海商法》，其双方当事人的权利义务只能依据《民法典》(原《合同法》《民法通则》《民法总则》已废止)等基本法或部门规章或司法解释来确定。显然，本案所涉燃料油运输系沿海货物运输，其货损纠纷不应适用中国《海商法》第四章有关"海上货物运输合同"的规定，而应适用《合同法》确定当事人的权利义务及责任。综上所述，在"双轨制"背景下，本案一审、二审、再审判决明确裁决了沿海货物运输的法律适用问题，对类似纠纷案件的解决将发挥重要的示范效应，且将对合同当事人产生积极的指导作用。

法条依据

《中华人民共和国合同法》第一百零七条、第三百一十一条、第三百一十二条(已废止，参见中国《民法典》第五百七十七条、第八百三十二条、第八百三十三条)；《中华人民共和国海商法》第四十六条；《中华人民共和国民事诉讼法》第六十四条第一款、第一百七十条第一款第(二)项、第二百零四条第一款、第二百五十三条；《最高人民法院关于适用〈中华人民共和国民事诉讼法〉的解释》第三百九十五条第二款。

理论要点

1. 内河、沿海货物运输"双轨制"的成因及其发展变化

按航行区域，水路货物运输通常可分为内河运输、沿海运输和远洋运输。其中，内河运输是指在河流、湖泊等内陆水域进行的货物运输，一般距离较短，以国内运输为主，如武汉与南京之间的运输；沿海运输是指一个国家内沿海岸的两个海港之间的运输，如中国大连港与海南岛之间的运输；远洋运输则指以船舶为工具，从事本国港口与外国港口之间或者完全从事外国港口之间的运输，即国与国之间的海上运输，包括海江之间、江海之间的直达运输。

实践中，内河、沿海运输(本节中统称"沿海运输")与远洋运输在业务内容、运输货

物、港口需求等方面存在不同，并基于政策因素的考虑，① 两种运输方式的立法逻辑完全不同，采用了"双轨制"，进而分别适用两套不同的法律制度。② 具体而言，海上货物运输适用中国《海商法》第四章有关规定，而沿海货物运输则适用中国《民法典》合同编关于运输合同的相关规定(原《合同法》《民法通则》《民法总则》与《国内水路货物运输规则》已被废止)。

但是，本身就是妥协产物的"双轨制"在实践中引发的法律适用混乱等弊端越来越凸显。而且，随着经济社会、科技和航运的发展，以及中国"入世"，中国采取"双轨制"的基础已出现较大变化。换言之，统一沿海货物运输与海上货物运输法律制度的条件已成熟。③ 这有利于法律适用的统一，④ 并助推货物多式联运的快速发展，推动"一带一路"建设、海洋强国建设以及构建以国内大循环为主体、国内国际双循环相互促进的新发展格局。

2. 沿海货物运输纠纷案件的法律适用

在"双轨制"下，中国《海商法》第四章关于海上货物运输合同的规定只适用于国际海上货物运输，对于中国港口之间的沿海货物运输则不适用。当然，中国大陆各港口与香港、澳门及台湾地区各港口之间的海上货物运输比照国际运输处理，适用中国《海商法》第四章的规定，尽管其性质上属于中国港口之间的运输。因此，沿海货物运输只能适用中国《合同法》《民法通则》《民法总则》等基本法以及《国内水路货物运输规则》(2016年已废止)。尤其是自《国内水路货物运输规则》被废止后，沿海货物运输就只能适用《合同法》等基本法。⑤

例如，中国人民财产保险股份有限公司福清支公司诉芜湖市谊和航运有限公司、芜湖聚能航运有限公司海上货物运输合同纠纷案⑥中，涉案船舶运载一批货物自安徽铜陵前往福建福州，但船舶在航行途中触礁沉没。被告主张涉案事故是因船长和船员的过失引起的，故承运人依据中国《海商法》第五十一条的规定不负赔偿责任。但是，厦门海事法院认为：本案为国内沿海货物运输；根据《海商法》第二条第二款，沿海货物运输不属于中国《海商法》的调整范围，且被告的抗辩不属于《合同法》第三百一十一条规定的可以免责的法定事由。与此相类似，在湛江市大安水运有限公司与茂名市电白油脂化工有限公司航

---

① 胡正良：《〈海商法〉海上货物运输合同起草中焦点问题的回顾》，载《中国远洋航务公告》2003年第7期，第27页。

② 侯伟：《关于将内河货物运输纳入〈海商法〉调整范围的立法建议》，载《中国海商法研究》2017年第3期，第11~18页。

③ 黄晶：《我国〈海商法〉对国内水路货物运输的适用》，载《上海海事大学学报》2018年第1期，第108页。

④ 上海海事法院(2021)沪72民初895号民事判决书，上海市高级人民法院(2022)沪民终282号民事判决书。

⑤ 海南省高级人民法院(2010)琼民三终字第2号民事判决书，最高人民法院(2011)民提字第12号民事判决书。

⑥ 厦门海事法院(2013)厦海法商初字第349号民事判决书。

次租船合同纠纷案①中，再审法院认为涉案争议系沿海货物运输关系，故二审法院判决适用中国《海商法》第四章的规定系法律适用错误，并最终裁定：指令广东省高级人民法院再审本案，并在再审期间中止原判决的执行。此外，如果航次租船合同执行的是沿海货物运输，亦属于国内沿海货物运输，应适用《国内水路运输管理条例》等，而不能适用中国《海商法》第四章。②

再如，在中外运集装箱运输有限公司诉四川民生国际货物运输代理有限公司、四川长通港口有限公司通海水域货物运输合同纠纷案③中，原告作为多式联运经营人承运一批货物，自日本横滨运往成都。货物经海路运抵上海后，原告又委托被告将货物自上海运至泸州港。后，货物在泸州港堆场内作业过程中掉落地面，发生货损。原告向货物保险人赔偿了全部损失且未主张单位赔偿责任限制的权利。随后，原告又向被告提起追偿。被告抗辩称，原告本应向货物保险人主张单位赔偿责任限制的权利，且不管其主张与否，被告与原告之间的法律关系应适用中国《海商法》第四章的规定，因而有权享受单位赔偿责任限制的权利。上海海事法院认为：涉案货损发生在上海至泸州的水路运输区段内，根据中国《海商法》第一百零五条、第二条第二款之规定，涉案区段运输为中国港口之间的内河水路运输，不适用《海商法》第四章的规定，亦即，本案中双方当事人的权利义务应依据《国内水路货物运输规则》（2016年已废止）的相关规定进行确定；《国内水路货物运输规则》亦未规定国内水路运输承运人及其委托人或受雇人享有单位赔偿责任限制的权利。因此，即便原告对货物保险人提出单位赔偿责任限制的请求，也难以得到支持。因此，被告不享有单位赔偿责任限制的权利。

3. 沿海货物运输纠纷案中时效的法律适用

沿海货物运输与海上货物运输是航运货物的不同运输形式。尽管不同货物运输方式下各主体之间的法律关系相似，但其所适用的法律法规却各不相同。其中，沿海货物运输与海上货物运输，尤其是多式联运下的沿海货物运输，所适用的诉讼时效即是实务中较易产生争议且存在明显区别的一个法律问题。

司法实践中，涉及沿海货物运输诉讼时效问题的纠纷案件不胜枚举，如武汉中远海运集装箱运输有限公司、中外运湖北有限责任公司海上、通海水域货物运输合同纠纷案④。该案案情如下：2013年10月，湖北外运与凌云公司（位于湖北阳逻）签订《内贸集装箱水路货物运输合同》，约定湖北外运将指定货物由凌云公司运至海南海口；11月12日，凌云公司将涉案货物交由湖北外运经陆路运至阳逻港；湖北外运遂委托武汉中远负责装箱订舱和全程运输并组织船舶经海上转船后运至海口；随后，武汉中远组织泛亚公司和新大陆

---

① 广东省高级人民法院（2012）粤高法民四终字第152号民事判决书，最高人民法院（2014）民申字第2016号民事裁定书。

② 广东省高级人民法院（2020）粤民终1143号民事判决书，最高人民法院（2021）最高法民申7682号民事裁定书。

③ 上海海事法院（2010）沪海法商初字第10号民事判决书；上海市高级人民法院（2010）沪高民四（海）终字第143号民事判决书。

④ 武汉海事法院（2017）鄂72民初1856号民事判决书，湖北省高级人民法院（2018）鄂民终263号民事判决书，最高人民法院（2018）最高法民再457号民事判决书。

公司分别承担水路和陆路运输义务；期间，因三程船落配，涉案货物由新大陆公司经陆路运至海口(门到门)，但运输涉案货物的拖车在海口当地与限高架发生"碰擦"，致使货物的垫板坏掉，而集装箱无任何损害；12月5日，涉案货物运抵目的地后，凌云公司发现涉案货物受损；2014年1月20日，湖北外运根据武汉中远的要求向其支付阳逻至海口的水、陆运输之全程运费；武汉中远则向泛亚公司和新大陆公司支付了相关运费；4月28日，武汉人保向凌云公司支付保险理赔金12.9万余元并取得代位求偿权后将湖北外运、武汉中远及第三人凌云公司诉至法院。武汉海事法院经审理认为湖北外运与武汉中远为另一法律关系，可另案诉讼，故作出(2016)鄂72民初44号民事判决：缔约托运人湖北外运向武汉人保赔偿其损失及利息。湖北外运上诉后在湖北高院主持下与武汉人保达成民事调解协议，并向武汉人保赔偿12万元后将武汉中远诉至一审法院武汉海事法院。对此，一审法院认为：本案是包括沿海货物运输的多式联运，不适用中国《海商法》有关海上运输诉讼时效的规定；中国立法与司法解释尚未规定国内港口货物运输中被认定为负有责任的人向第三人追偿的时效(这不同于中国《海商法》第二百五十七条有关海上货物运输纠纷案件中90天的追偿时效)；本案并非托运人与承运人之纠纷，而是承运人湖北外运将自己的运输义务交由武汉中远组织履行全程运输义务期间的追偿纠纷，且武汉中远并非实际交货方，故本案诉讼时效的起算点与案外人(笔者注：新大陆公司)交货时间无关，不适用2001年《最高人民法院关于如何确定沿海、内河货物运输赔偿请求权时效期间问题的批复》中一年时效长短和起算方式的规定；综上，本案应适用中国《民法通则》规定的二年普通诉讼时效。因此，一审法院认为涉案货损发生于武汉中远组织全程运输的责任期间，并判决武汉中远向湖北外运赔偿12万元及利息。武汉中远不服一审判决，提起上诉。二审法院确认一审认定的事实，并认为本案为海上、通海水域货物运输合同纠纷，其诉讼时效应适用《海商法》第二百五十七条有关追偿的时效期间的特别规定，且以湖北外运解决武汉人保的赔偿请求之日起算，而不适用《民法通则》关于诉讼时效的普通规定；湖北外运于2017年6月1日赔付武汉人保12万元，后于9月26日起诉，已超过诉讼时效。因此，二审法院判决：撤销一审判决；驳回湖北外运的诉讼请求。于是，湖北外运申请再审。再审法院认为：案涉货物经过阳逻港至上海港的内河运输、上海港至深圳蛇口港的沿海运输再通过陆路运输方式到达海口，当事人之间为多式联运合同关系；无法判断涉案货损发生在多式联运的哪一具体运输区段；在诉讼时效问题上不应直接适用《海商法》的相关规定，应适用《民法通则》第一百三十五条之普通诉讼时效规定；2017年6月1日，湖北外运赔付武汉人保12万元，应视为湖北外运已知自身权利受到损害；2017年9月26日湖北外运向武汉中远行使追偿权而提起本案诉讼，尚未超过《民法通则》规定的二年诉讼时效期间。综上所述，再审法院判决：撤销二审判决；维持一审判决。

因此，无论理论上或实践中，沿海货物运输与海上货物运输合同纠纷案件相关诉讼时效均可分为以下几种情形：(1)海上货物运输合同纠纷的诉讼时效：应适用中国《海商法》第二百五十七条以及1997年《最高人民法院关于承运人就海上货物运输向托运人、收货人或提单持有人要求赔偿的请求权时效期间的批复》(承运人就海上货物运输向托运人、收货人或提单持有人要求赔偿的请求权，在有关法律未予以规定前，比照适用《中华人民共和国海商法》第二百五十七条第一款的规定，时效期间为一年，自权利人知道或者应当知道权利被侵害之日起计算）；（2）包含海上货物运输的货物多式联运合同纠纷的诉讼时效：定域性货损，依据各区段法律确定；不能确定货损具体区段的，应依照《海商法》第四章海上货物运输合同承运人承担赔偿责任的有关纠纷所适用的诉讼时效；（3）沿海货物运输合同纠纷的诉讼时效：应适用《最高人民法院关于如何确定沿海、内河货物运输赔偿请求权时效期间问题的批复》（根据《中华人民共和国海商法》第二百五十七条第一款的规定，结合审判实践，托运人、收货人就沿海、内河货物运输合同向承运人要求赔偿的请求权，或者承运人就沿海、内河货物运输向托运人、收货人要求赔偿的请求权，时效期间为一年，自承运人交付或应当交付货物之日起计算），而非适用中国《海商法》第二百五十七条之规定，尽管2002年《最高人民法院关于青岛口岸船务公司与青岛运通船务公司水路货物运输合同纠纷一案中赔偿请求权诉讼时效期间如何计算的请示的复函》中称沿海货物运输合同纠纷案应适用《海商法》第四章之外的其他章节的规定（包括《海商法》关于货物运输诉讼时效的规定）；（4）包含沿海货物运输之多式联运合同纠纷的诉讼时效：中国《海商法》关于包含海上货物运输之多式联运合同的规定不适用于包含沿海货物运输的多式联运合同纠纷；相应地，包含沿海货物运输的多式联运合同纠纷应适用《民法典》第一百八十八条之规定。此外，上述各种情形下，承担相应赔偿责任的主体进行追偿时的诉讼时效也是应依据不同情形而区别对待的。但是，限于篇幅，本书对此不再展开论述。

📝 **导入案例 1-2**

船舶舱位互换情形下实际承运人主体地位的认定

2015年12月，KP公司委托Sarjak公司运输一套垃圾焚烧设备从波兰GDYNIA港至中国天津新港。12月22日，VGL作为承运人Sarjak公司的代理签发了编号为GDYXGG3306450828的提单。该提单载明：承运人目的港代理为中外运天津公司，托运人为KP公司，收货人凭指示；承运船舶为"Wes Amelie"轮；起运港为波兰GDYNIA港，目的港为中国天津新港；货物为一套垃圾焚烧设备，装载于八个集装箱内，托运人负责装箱、积载、计数、称重和密封；承运人的责任区间为CY/CY。之后，该提单经托运人背书，涉案货物的进口商京城环保公司成为该提单的持有人。

此外，Sarjak公司并未实际从事上述货物的运输，其接受委托后又将货物委托川崎会社进行运输。12月22日，川崎会社签发了编号为KKLUGDY224738的海运单。该海运单载明：托运人为VGL公司，收货人为中外运天津公司；承运船舶为"Wes Amelie"轮；起运港为波兰GDYNIA港，目的港为中国天津新港；承运人的责任区间为CY/CY。

涉案货物先由"Wes Amelie"轮运至荷兰鹿特丹港，然后装载至"COSCO HARMONY"轮，由该轮将货物运至中国天津新港。2016年2月8日，货物到达中国天津新港。同日，中国外轮理货总公司天津分公司对该轮装载的货物进行理货，并于次日出具理货报告，而理货报告未载明SJKU4415883号集装箱受损。2月22日，川崎会社换发提货单给其所签发海运单上载明的收货人中外运天津公司的代理人铂湖公司，亦即川崎会社已向Sarjak公司完成交货义务。2月23日，CIQ就上述货物签发入境货物调离通知单。2月27日，收货人(笔者注：Sarjak 公司所签发提单的收货人)委托车队提取货物。次日，货物运至北京，在卸货时发现箱号为 SJKU4415883 的集装箱顶部苫布有破洞，内部设备有变形和弯曲。

法院另查明："Wes Amelie"轮船舶登记所有人为 WESA MELIE SCHIFFAHRTS GMBH，船舶登记的经营人为 WESSELS REEDEREI GMBH & COKG；"COSCO HARMONY"轮的登记所有人为西斯班公司，第三方经营人为中远海运公司；京城环保公司并非川崎会社签发的海运单项下的记名收货人，但其系 GDYXGG3306450828 号指示提单项下的收货人，且依法办理了提货手续，应认定为涉案货物的收货人。此外，涉案货物存在共同保险，领航保险公司的保险份额为 60%，系主要保险人，而 Amica N. V. 与 Catlin Europese(Belgium Branch) 系共同保险人；各保险人在合同中约定所有共保人明确授权主要保险人可以进行任何与保单有关的行动和快速理赔，且主要保险人做出的每个决定应视为各独立共保人做出的决定；本案货物被保险人京城环保公司已就其损失获得了保险人领航保险公司全额赔偿，领航保险公司因此得以自己名义就全部货损行使代位求偿权。另外，川崎会社与中远海运公司之间签订有船舶共用和箱位分配协议；涉案货物在收货人处被发现损坏(涉案主体法律关系见图1-1)。

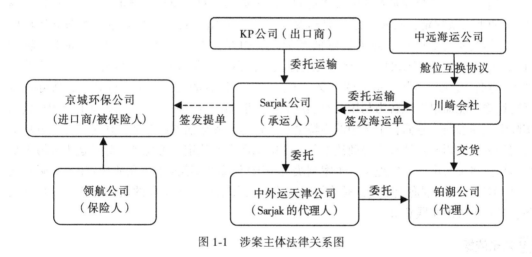

图1-1 涉案主体法律关系图

基于上述，领航公司向一审法院起诉，请求法院判令川崎会社赔偿其损失及利息。就有关争议，双方均主张适用中国法。

法院认为：领航公司和川崎会社之间并不存在由提单证明的海上货物运输合同关系，与领航公司存在海上货物运输合同关系的为 Sarjak 公司。依据中国《海商法》第四十二条规定，实际从事货物运输不能简单理解为利用自有船舶或经营船舶进行运输，还应包括海上货物运输的实际组织和参与，而本案中川崎会社不仅是全程运输的组织者，还是部分运输环节的实施者(涉案货物在由"Wes Amelie"轮运至鹿特丹后，被装载至中远海运公司所属的"COSCO HARMONY"轮运往天津新港，发生了转船运输；因两程船舶分属两家不同的船公司，如无川崎会社的组织与协调，上述转船运输将不会顺利进行；川崎会社与中远海运公司等船公司签订的《船舶共用和箱位分配主协议》第 20.1 条约定，箱位购买方（即川崎会社）应负责在装港和卸港保管并照料集装箱和货物，安排转运以及在目的港交付——川崎会社需要实际参与到海上货物运输的部分环节中并履行相应的运输义务），实际从事了涉案货物的运输，符合海商法中关于实际承运人的认定。因此，川崎会社作为本案实际承运人主体适格，因此，Sarjak 公司为契约承运人，川崎会社为实际承运人。

法院另认为：涉案货物货损发生的具体时间无法认定，进而货损是否发生在川崎会社的责任期间也无法认定；领航公司未能依据中国《海商法》第八十一条规定举证证明涉案货损发生于承运人责任期间。

综上，一审法院判决：驳回原告领航公司的诉讼请求。

案例索引

一审：天津海事法院(2017)津 72 民初 112 号民事判决书。

简要评述

本案中，川崎会社是否为涉案货物的实际承运人系双方争议的核心问题。中国《海商法》第四十二条规定，实际承运人是指接受承运人委托，从事货物运输或者部分运输的人，包括接受转委托从事此项运输的其他人。因此，川崎会社并非"Wes Amelie"轮和"COSCO HARMONY"轮的船舶所有人或管理人，亦未实际进行涉案货物的运输，不符合中国《海商法》关于实际承运人的定义。但是，值得注意的是，一审法院认为，实际从事货物运输不能简单地理解为利用自有船舶或经营船舶进行运输，还应包括海上货物运输的实际组织和参与。进而，本案中的川崎会社不仅是全程运输的组织者，还是部分运输环节的实施者，故川崎会社符合海商法中关于实际承运人的认定。考虑到实际承运人在海上货物运输法律关系中的显要地位，本案判决对中国《海商法》第四十二条所规定的"实际承运人"的解释，对识别海上货物运输合同承运人、实际承运人等主体的法律地位及其权利义务，具有重要的实践意义。

法条依据

《中华人民共和国海商法》第四十二条、第四十六条、第八十一条；《中华人民共和国民事诉讼法》第六十四条第一款。

理论要点

实际承运人与承运人的分离是社会分工不断深化的结果，正如当初商人和承运人的分化。因而，继《瓜达拉哈拉公约》确立实际承运人之后，《汉堡规则》于 1978 年首次确立了海运实际承运人制度。目前，实际承运人已成为海上货物运输关系中的重要主体，其相关法律制度则是海上货物运输法的重要内容，并对船、货双方的权利义务乃至管辖等程序法或冲突法问题有着重要的影响和意义。例如，在定期租船合同下，承租人与托运人签订海上货物运输合同，但实际完成运输的是船舶出租人（船舶所有人或光船承租人），由此导致提单持有人常常找不到货损的索赔对象而引发诸多争议。①

然而，如何理解"实际承运人"及其所涉定义用语的含义并识别实际承运人的主体地位是司法实践中的难题。① 例如，应如何理解中国《海商法》第四十二条"实际承运人"定义中的"委托""从事""运输"？② 港口经营人是否属于中国《海商法》第四十二条规定的实际承运人？实际承运人签发提单后的法律地位是否会发生变化？在多次转租船的情况下是否存在多个实际承运人？③ 等等。④ 对这些问题，部分立法或司法实践已相应地予以明确。例如，中国《海商法》第四章规定：实际承运人要就其实际进行的运输部分与承运人承担相同责任，但承运人承担法律外的责任或减少法律赋予的权利的特别约定，对实际承运人不发生效力，除非经实际承运人书面同意（《海商法》第六十一条规定：本章对承运人责任的规定，适用于实际承运人，但实际承运人责任的范围与承运人责任并不完全相同，如《海商法》第四章对承运人责任的规定并非全部适用于实际承运人，且《海商法》第十三章有关承运人诉讼时效的规定不能直接适用第六十一条的规定）；承运人和实际承运人都负有责任的，应在此范围内承担连带责任；即使将全部或部分运输任务委托给实际承运人进行，承运人仍须就全程运输对提单持有人负责，除非在运输合同中已明确约定特定运输由特定实际承运人进行，同时约定承运人不负责任时。此外，随着船公司之间合作关系的日益紧密，以舱位互换⑤、联合经营等方式合作从事运输的情况也很常见，并已成为《中华人民共和国国际海运条例》明确规定的国际船舶运输经营者的经营方式之一。因此，作为海上货物运输的组织和操控者并不一定是船舶所有人或光船承租人，而可能是与船舶所有人或者光船承租人共同完成了运输。

概括而言，依据中国《海商法》之规定，实际承运人应满足两个基本条件：接受承运人委托或转委托；实际从事货物运输的行为。⑥ 换言之，实际承运人须接受承运人的委托参与了货物运输，这种委托并非一定表现为委托合同，反而通常表现为运输合同、租船合同等。此外，实际承运人必须实际运输了货物；如果受托人在接受承运人委托后又将运输任务全部转委托给他人的，不属于实际承运人范畴。

---

① 李澜：《我国海上货物运输实际承运人认定之司法实证研究》，载《海大法律评论》2015年辑刊，第137~170页。

② 上海海事法院（2003）沪海法商初字第207号民事判决书；海口海事法院（1996）海商初字第037号民事判决书，海南省高级人民法院（1996）琼经终字第137号民事判决书，最高人民法院（2003）民四提字第5号民事判决书。刘栋：《现代集装箱海运业务中实际承运人的识别——大连SC有限公司诉香港YT有限公司、HH海运有限公司无单放货赔偿纠纷案》，载《世界海运》2011年第9期，第47~48页。

③ 上海海事法院（2009）沪海法商初字第243号民事判决书，上海市高级人民法院（2010）沪高民四（海）终字第71号民事判决书，最高人民法院（2011）民提字第16号民事判决书。

④ 朱作贤、王晓凌：《关于实际承运人识别中的几个法律问题》，载《世界海运》2011年第1期，第35~40页。

⑤ 刘博林：《舱位互换经营模式下实际承运人的认定》，载《水运管理》2022年第8期，第22页。

⑥ 上海海事法院（2009）沪海法商初字第243号民事判决书，上海市高级人民法院（2010）沪高民四（海）终字第71号民事判决书，最高人民法院（2010）民提字第16号民事判决书；大连海事法院（1996）大海法商初字第72号民事判决书，辽宁省高级人民法院（1997）辽经终字第39号民事判决书，最高人民法院（2000）交提字第6号民事判决书。

本案中，川崎会社并非"Wes Amelie"轮和"COSCO HARMONY"轮的船舶所有人或管理人，亦未实际进行涉案货物的运输。因此，川崎会社仅仅符合中国《海商法》关于实际承运人的第一个条件——川崎会社系接受契约承运人Sarjak公司的委托而进行涉案货物运输。但是，双方对川崎会社是否符合第二个条件(即川崎会社是否实际从事了涉案货物的运输)存在较大争议。一审法院认为，实际从事货物运输不能简单理解为利用自有船舶或经营船舶进行运输，还应包括海上货物运输的实际组织和参与。就本案而言，川崎会社不仅是全程运输的组织者，还是部分运输环节的实施者。首先，涉案货物在由"Wes Amelie"轮运至鹿特丹后，被装载至中远海运公司所属的"COSCO HARMONY"轮运往天津新港，发生了转船运输，而两程船舶分属不同两家船公司，如无川崎会社的组织与协调，上述转船运输将不会顺利进行。其次，川崎会社与中远海运公司等船公司签订的《船舶共用和箱位分配主协议》明确约定"箱位购买方(即川崎会社)应负责在装港和卸港保管并照料集装箱和货物，安排转运以及在目的港交付货物"，表明川崎会社需要实际参与到海上货物运输的部分环节中，履行相应的运输义务。综上所述，一审法院认为川崎会社接受契约承运人Sarjak公司委托后，实际从事了涉案货物的运输，符合中国《海商法》关于实际承运人的定义。

✏️ **导入案例 1-3**

提单记名收货人自接收提单时起为法律意义上的收货人

2017年10月24日，金海洋纸业(被告；反诉原告)与美国HT公司签订买卖合同，自HT公司处进口一批可用作原料的废纸。该合同约定：货物数量2000吨，CIF青岛，单价190美元/吨；打包以40英尺集装箱运输，集装箱到港后的使用期不少于14天；最晚装船期限为2017年11月30日；所有货物必须于12月20日之前运到青岛港，装船口岸为美国主港；信用证结算方式，最晚装船后28天过期；卖方在交货前应就货物申请做CCIC装船前检验，并作为跟单单据。

马士基航运(原告；反诉被告)接受HT公司委托承运该批货物的一部分，并于2017年11月30日签发装船日期为11月23日、编号为96283125的正本提单。该提单载明：托运人为HT公司，收货人和通知方均为金海洋纸业；船名航次为MAERSKSARNIA745E；装货港为纽约港，卸货港为青岛港；货物名称为10个40英尺集装箱的废纸。

12月6日，HT公司向金海洋纸业开具了商业发票。该商业发票显示：10个40英尺集装箱的废纸；2017年11月23日装船，预计2018年1月2日到港。金海洋纸业持有全套正本提单，可认定其已支付了该项货款。

该票货物抵达目的港后，金海洋纸业因不能清关而未提取货物。2018年4月28日，黄岛海关向青岛马士基航运发出《关于尽快办理超期货物退运的函》，该函记载：马士基航运承运进境的提单号为962831251、574481915的两票固体废物存在超期未报关情况；请承运人或通知收货人尽快将其退运出境。

5月18日，金海洋纸业应马士基航运要求出具包括该票货物在内的《弃货声明》：

"即日起放弃提单编号为 574481915、962266480、962831251 三票货物的全部权利，但贵公司需保证：因该三票货物不能提货而在贵公司、青岛港及退运过程中产生的所有费用，均与我公司无关，贵公司不得再向我公司追究任何责任；该三票货物全部退运出境后，贵公司不得以任何形式就上述费用对我公司提起诉讼或仲裁。若贵公司违反上述义务，该弃货声明自始无效，我公司仍保留就上述货物所有权向贵公司索赔的权利。"

11 月 30 日，马士基航运将包括本案该票货物所涉 10 个集装箱在内的 40 个集装箱装船退运。易言之，马士基公司收到该声明后，11 月 30 日将案涉货物运离青岛港。

2019 年 1 月 15 日，马士基航运出具退运的海运单副本显示：托运人为马士基航运青岛分公司，收货人和通知方均为 HT 公司；船名航次为 MAERSKWESTPORT847S；装货港为青岛港，卸货港为纽瓦克港；货物名称为 40 个 40 英尺集装箱的废纸。

另查明，金海洋纸业持有两份《中华人民共和国限制进口类可用作原料的固体废物进口许可证》，有效截止日期为 2017 年 1 月 1 日至 12 月 31 日。许可证载明：商品名称为废纸，报关口岸为济南。2017 年 7 月 18 日，国务院办公厅发布《禁止洋垃圾入境推进固体废物进口管理制度改革实施方案》；10 月 11 日，海关总署发布 2017 年第 48 号公告；12 月 29 日，环境保护部发布《进口可用作原料的固体废物环境保护控制标准——废纸或纸板》。这些政策提高了洋垃圾进口的门槛，严格了固体废物的检验要求。在此背景下，金海洋纸业的该票涉案货物 11 个集装箱未获进关许可，且自 2017 年 12 月 31 日原许可证到期后未取得新的固体废物进口许可证。

法院还查明，2018 年 1 月 26 日，英国蓝天公司上海代表处出具证据。该证据显示，在 2016—2017 年中国市场上，40 英尺超高集装箱的价格大约为 4500 美元。此外，2019 年 2 月 28 日，青岛联丰物流公司出具一份《情况说明》，该情况说明书载明：就有关涉案货物（提单 574481915、962266480、962831251 项下的 40 个 40 英尺超高集装箱）自其卸至青岛港之时起，至其应黄岛海关要求装船退运之时止，共产生相应的港口建设费、堆存费、港务费等涉案费用。

基于上述，马士基航运请求法院判令金海洋纸业承担 962831251 号提单项下货物堆存所产生的集装箱超期使用费、码头操作费、堆存费、退运费等费用。金海洋纸业提出抗辩并因货物被退运后的货款损失提出反诉请求：请求法院判令马士基航运承担其涉案货损。

一审法院认为：本案系涉外海上货物运输合同纠纷；双方当事人均选择适用中华人民共和国法律；金海洋纸业是提单持有人，也是提单记载的收货人，而马士基航运受托承运货物并签发正本提单，系海上运输的承运人；案外人 HT 公司是托运人；根据权利义务对等原则，金海洋纸业明确放弃提货权利，其虽系涉案运输的提单持有人，但不构成法律意义上的收货人，不应对马士基航运承担提单项下的民事责任。此外，中国《海商法》第八十七条、第八十八条设定了承运人的减损义务，因此，马士基航运选择退运系减损的合理方式，但应当及时自行采取措施，而海关当局的指令并非其履行法定义务的前提条件。再次，金海洋纸业放弃了提取货物的权利，法律后果是其未取得货物的所有权，同时也丧失了提单项下的请求权，且马士基公司如何处理退运货物与其无法律上的利害关系。

综上所述，一审法院判决：驳回原告马士基航运的诉讼请求；驳回反诉原告金海洋纸业的诉讼请求。马士基航运不服一审判决，提起上诉，请求撤销一审判决，改判支持马士基航运的全部诉讼请求。

二审法院对一审法院查明的事实予以确认。另，二审法院认为：金海洋纸业作为买方通过信用证结算而合法取得提单；该提单是记名提单，金海洋纸业是记名收货人；作为记名收货人，金海洋纸业自接收提单起即具有提取货物的权利，且为该提单的收货人，故一审法院认定金海洋纸业仅为提单持有人，而不是法律意义上收货人的错误，应予纠正。另，马士基航运索赔集装箱超期使用费、堆存费和码头操作费均不是因收货人弃货而合理卸载产生的损失。此外，马士基航运未能提供提单背面条款，亦未能证明其主张的损失是否属于提单约定应由收货人承担的费用，故马士基航运应承担举证不能的责任。综上所述，二审法院判决：驳回马士基航运有限公司的上诉请求，维持原判。

马士基航运不服二审判决，申请再审。再审法院认为：马士基公司承运了案涉货物，金海洋公司为收货人；马士基公司以其将案涉货物实际运离青岛港的行动解释为其概况接受金海洋公司的弃货声明。因此，再审法院裁定：驳回马士基航运的再审申请。

案例索引

一审：青岛海事法院(2018)鲁 72 民初 2048 号民事判决书。
二审：山东省高级人民法院(2019)鲁民终 2310 号民事判决书。
再审：最高人民法院(2020)最高法民申 3975 号民事裁定书。

简要述评

承运人与托运人是海上货物运输合同的双方当事人，而收货人则是由托运人"拉入"海上货物运输合同或其相应运输单证之中的。因此，收货人的主体地位及其权利义务常常成为立法上、理论上与实践中的争议点。本案紧扣中国《海商法》相关规定，对金海洋公司法律意义上的收货人地位进行了确认，合理、清楚地明确了收货人主体地位的识别标准及其相应义务，对类似海事纠纷具有较强的实践参考意义，提高了中国海事审判质效和司法公信力，并提升了中国海事审判的国际影响力。

法条依据

《中华人民共和国海商法》第四十一条、第四十二条、第七十八条、第八十六条、第八十七条、第八十八条、第二百六十九条；《中华人民共和国民事诉讼法》第六十四条、第一百七十条、第二百条、第二百零四条；《最高人民法院关于适用〈中华人民共和国民事诉讼法〉的解释》第三百九十五条第二款。

理论要点

收货人是指根据运输合同或根据运输单证或电子运输记录有提货权的人。收货人可以是基于买卖合同取得货物的买方，也可以是基于提单转让的提单持有人。① 此外，收货人可能是海上货物运输合同托运人本人，亦可能是托运人之外的海上货物运输合同的第三人（非海上货物运输合同的当事人）。

实践中，收货人的权利义务通常依据提单等运输单证予以确定。但是，由于收货人本身并未参与海上货物运输合同的订立，不是海上货物运输合同的当事人，所以，收货人在目的港拒绝提货或支付到付运费情形下并不受该海上货物运输合同的约束。相应地，目的港费用的承担风险以及目的港货物交付等事项最终均应由海上货物运输合同双方当事人之一的托运人承担。否则，硬性要求承运人只能向收货人收取到付运费或要求收货人承担目的港拒绝提货的责任，将会不合理地加重承运人的负担。对此，2021 年最高人民法院《全国法院涉外商事海事审判工作座谈会会议纪要》第 61 条明确规定：提单持有人在目的港没有向承运人主张提货或者行使其他权利的，因无人提取货物而产生的费用和风险由托运人承担；承运人依据运输合同关系向托运人主张运费、堆存费、集装箱超期使用费或者其他因无人提取货物而产生费用的，人民法院应予支持。

因此，收货人主体法律地位的认定及其权利义务的确定将对承运人、托运人双方当事人的权益产生实质性的影响，尤其是运费到付或运输单证明确载明收货人承担目的港相关费用的情形下。② 然而，各相关立法有关收货人的规定过于简单且标准多元。③ 此外，贸易类型多元化、运输单证现代化、运输环节链条化等亦使得海上货物运输中收货人的认定更为复杂。例如，因进口管制等原因，运单上的收货人往往只是进口商，而非最终的收货人，"通知人"一栏显示的才可能是真实的收货人；在复杂的货运情况下，主运单和分运单上所示的收货人的意义亦有所不同。因此，有必要通过明确收货人提取货物的权利依据、统一收货人的认定标准，以完善收货人之界定，促进国际贸易、维护航运秩序。④

就本案而言，涉案提单是记名提单，承运人为马士基航运，收货人为金海洋纸业。根

---

① 宁波海事法院(2011)甬海法商初字第 46 号民事判决书，浙江省高级人民法院(2011)浙海终字第 101 号民事判决书；上海海事法院(2013)沪海法商初字第 1747 号民事判决书。

② 上海海事法院(2006)沪海法商初字第 738 号民事判决书。

③ 上海市高级人民法院(2016)沪民终 256 号民事判决书，最高人民法院(2018)最高法民申 3348 号民事裁定书；青岛海事法院(2012)青海法海商初字第 958 号民事判决书，山东省高级人民法院(2014)鲁民四终字第 106 号民事判决，最高人民法院(2016)最高法民再 17 号民事判决书；北海海事法院(2011)海商初字第 76 号民事判决书，广西壮族自治区高级人民法院(2014)桂民四终字第 44 号民事判决书；青岛海事法院(2014)青海法海商初字第 751 号民事判决书，(2015)鲁民四终字第 152 号民事判决书，最高人民法院(2016)最高法民申 2157 号民事裁定书；青岛海事法院(2014)青海法海商初字第 1024 号民事判决书，山东省高级人民法院(2017)鲁民终 415 号民事判决书。

④ 朱小菁：《论海上货物运输合同中收货人的界定》，载《中国海商法研究》2021 年第 2 期，第 78~83 页。

据中国《海商法》有关收货人的规定，收货人的身份是以权利来源和权利范围认定，而不以权利是否行使而确定，所以金海洋纸业不仅是提单持有人，而且是适格的收货人。金海洋纸业因其固体废物许可证过期且无法及时重新办理新的许可证而在目的地不能提货并出具《弃货声明》，其行为已构成拒绝提货。因此，马士基航运主张的集装箱超期使用费、堆存费和码头操作费均不是因收货人弃货后处理货物而产生的合理卸载的费用，实为拒绝收货之前产生的费用，所以马士基航运有权依据中国《海商法》第八十六条、第八十七条向金海洋纸业索赔。但是，马士基航运因未能提供相应证据而最终承担举证不能的不利后果。

第二节　海上货物运输合同的成立与效力

中国《海商法》对海上货物运输合同的成立及其效力等基础问题未作明确规定，因此，相关问题应适用中国《民法典》等基本法。具体而言，海上货物运输合同是双方当事人意思表示一致的结果，其订立一般要经过要约和承诺两个阶段，并自承诺生效时成立且生效。此外，海上货物运输合同可以采用书面形式、口头形式或其他形式，但是，为便于事后双方发生纠纷时举证，各国法律亦要求以书面形式订立，如中国《海商法》第四十三条规定：承运人或者托运人可以要求书面确认海上货物运输合同的成立；但是，航次租船合同应当书面订立。此外，需注意的是，对海上货物运输合同效力的认定将影响整个案件的裁判，与双方当事人均有直接的利害关系，因此，司法实践中应通过对海上货物运输合同的综合分析来判断其效力。

📝 导入案例 1-4

海上货物运输合同亦应通过要约、承诺而订立

2016 年 1 月 12 日，宝世顺公司控股股东宝鸡公司就埃及桩管项目钢管海洋运输及港口操作、绑扎加固事宜进行招标。该招标文件的主要内容为：货物数量为 112000 吨钢管，自 2016 年 1 月 22 日至 2016 年 5 月 14 日分十二船运输；装货港为秦皇岛港、鲅鱼圈港和上海港，目的港为埃及塞得港、塞得东港或塞得西港；投标人的工作范围包括装货港卸车、转运、集港堆放、装船以及相关出口清关手续的办理，并负责船上的垫料、加固和平舱、理舱以及到目的港的海洋运输和卸货；付款条件为在货物到达目的港运输质量完好的情况下，在收到提单后 60 日内支付；投标人应缴纳保证金；投标采用两轮报价制，并在中标后 3 个工作日内与宝世顺公司签订海洋运输及港口操作代理合同。

2016 年 1 月 17 日，振华公司到宝世顺公司处进行投标，但未缴纳保证金。1 月 20 日，振华公司向宝鸡公司及宝世顺公司发送投标澄清函，对海运费、绑扎固定费、滞期费、港杂费等作出变更。1 月 22 日，宝世顺公司向振华公司发出中标通知书，中标价格与振华公司最后一次报价一致，但增加了港杂费及绑扎费合计最高不超过二次报价价格的规定，并通知振华公司于 1 月 25 日来宝世顺公司处签订合同。1 月 24

日，振华公司确认收到了中标通知书。此后，宝世顺公司通过邮件多次向振华公司发送合同文本，但由于双方对条款未达成一致意见，未签订书面合同。2月26日，宝世顺公司将墨西哥项目余款向振华公司支付完毕。

2016年1月13日，为出运第一船钢管，振华公司作为货运代理人代宝世顺公司与澳亚航运签订航次租船合同，约定卸货港为塞得西港。

1月27日，船舶开航后，振华公司将船东提单样本发至宝世顺公司，提单记载卸货港为埃及塞得港。宝世顺公司收到样本后回复要求将卸货港更改为塞得东港。振华公司作为承运人共为宝世顺公司出运三船钢管，提单中均记载卸货港为埃及塞得港，三船中均为船舶离开装货港后，宝世顺公司要求在塞得东港卸货。

3月18日，宝世顺公司向振华公司确认已出运的第二、三、四船的海运费、绑扎费和港杂费等金额，同时确认如要求在埃及塞得东港卸货，其应承担该港靠泊卸货高出塞得西港杂货码头的各项港口费用，并自行提供合适的卸货吊具，保证承运船舶到达卸货港后24小时内靠泊卸货，确认承担除天气因素之外超过24小时免费时间产生的一切非因船方导致的船舶延滞及卸货中止等涉案损失。上述费用将在收到提单日起60日内支付。

3月12日，振华公司与宝世顺公司因港口费用、船期延迟、卸货港协调等问题产生争议，经协商未能解决。由此，振华公司发出声明函，停止后续货物的发运。

因振华公司停止了剩余90000吨钢管的发运，宝世顺公司于4月5日向包括振华公司在内的船公司发出邀请函，进行第二次招标。4月29日，振华公司向宝鸡公司和宝世顺公司发出报价函，以海运费135美元/吨基于不管装管卸货条款（包含但不限于秦皇岛港至塞得西港内锚地海运费卸货费、内锚地至最终交货地驳船费、内锚地浮吊费，吊具使用费，合理的船舶清关等待费用）投标，有效期至2016年5月31日。

5月6日，宝世顺公司和易航公司签订埃及桩管项目海洋运输委托代理合同。该合同约定：目的港为埃及塞得东港；装卸条款为FILOL/S/D（含绑扎、加固、吊钩下交货）；海运费为142美元/吨；滞期费为13000美元/天。

5月11日，振华公司在未得到宝世顺公司回复且据悉宝世顺公司已委托其他公司出运货物的情况下，以邮件方式通知撤回/撤销2016年4月29日的要约报价。

本案项下的2529.11吨钢管已由"蓝宝石"轮运至塞得东港，并产生绑扎加固费、码头费用、滞期费等涉案费用，按照合同约定宝世顺公司应向易航公司支付海运费。

另查明，2016年1月16日，宝世顺公司作为卖方与SOH公司签订钢管供应合同，约定为CFR塞得东港。另，塞得港分为塞得西港和塞得东港；在散杂货业务中塞得港基本被理解为塞得西港；塞得东港为私人集装箱码头，名称为SCCT，紧邻本案货物的项目地；塞得西港至塞得东港、项目地需使用驳船运输。

基于上述，宝世顺公司向一审法院起诉，请求判令振华公司赔偿其涉案运费差价损失。

一审法院认为：案件具有涉外因素，双方均选择适用中国法；因双方都是将

112000吨钢管作为拟订立的海上货物运输合同的数量，在双方的磋商文件中从未有订立单航次运输合同的意思表示，因此，112000吨钢管的海上货物运输应属于一个合同（以下简称涉案合同）项下；涉案合同的主体为宝世顺公司与振华公司；本案的招投标、中标文件及宝世顺公司与振华公司的往来邮件表明振华公司系以海运承运人的身份与宝世顺公司进行的磋商，承担海运承运人的义务，收取海运费，因此，涉案合同为海上货物运输合同，而非货运代理合同。

另，一审法院认为：（1）本案项目非强制招标范围，而是自愿招标项目，故宝世顺公司享有选择是否适用招标的权利。（2）本案项目虽采用"招标"字样，但双方实际实施的程序不符合《招标投标法》的规定，不属于《招标投标法》意义上的"招标"行为；振华公司在与宝世顺公司的磋商过程中对相关程序问题未提出异议，其也实际履行了部分船次运输，因此，应适用《合同法》来判定涉案合同的效力。进而，依据《合同法》的规定，合同成立要经过要约、承诺两个阶段，且承诺生效时合同成立。因此，2016年1月12日，宝鸡公司发出招标文件为要约邀请，1月17日振华公司提交投标文件为要约，后在宝世顺公司承诺之前又通过填写价格确认单、发送投标澄清函、签署价格确认单等行为对自己的要约内容作出实质性变更，构成新的要约，1月22日，宝世顺公司向振华公司发出中标通知书为承诺。（3）涉案合同约定的是运至塞得西港的运费，因此，振华公司对于运至塞得东港的运费可相应的要求变更，宝世顺公司在已出运的三船货物的费用确认中同意承担在塞得东港卸货高出在塞得西港卸货的各项港口费用，也能证明其同意变更。后，因双方对运输至塞得东港的运费金额未能达成一致意见，振华公司停止了发运，而宝世顺公司与易航公司就剩余未运输的货物签订了运输合同，可以认定双方解除了涉案合同。

综上所述，一审法院判决：振华公司对因解除涉案合同造成的损失承担20%的责任；振华公司赔偿宝世顺公司涉案损失184614.4元人民币（宝世顺公司实际支付的运费（不含绑扎加固费）扣减合理运输费用：（142美元/吨×吨数－绑扎加固费－60美元/吨×吨数－塞得东港码头费用－滞期费）×20%，其中美元按照涉案合同约定的汇率1∶6.45折算人民币）；驳回宝世顺公司的其他诉讼请求。

宝世顺公司不服一审判决，提起上诉，请求改判振华公司赔偿宝世顺公司海运费差价损失。振华公司提出抗辩，并提起上诉，请求撤销一审判决中振华公司赔偿宝世顺公司涉案损失的这一项，改判驳回宝世顺公司的诉讼请求。

二审法院对一审法院查明的事实予以确认，并认为：振华公司向宝世顺公司发出要约，自宝世顺公司发送的中标通知书到达振华公司时，承诺生效，振华公司与宝世顺公司成立海上货物运输合同关系；宝世顺公司在招标文件中未明确指定目的港为塞得东港，振华公司在未确认目的港信息的情况下以塞得西港运费报价发出要约，导致在合同履行过程中双方对目的港、运费产生争议且无法协商一致继续履行，双方对于合同的解除均存在过错，故一审法院依据案件整体情况，酌定双方责任比例，判令双方分别承担解除合同所造成的损失是准确的。

综上所述，二审法院判决：驳回宝世顺公司与振华公司的上诉请求，维持原判。

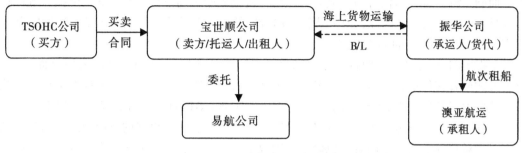

图 1-2　涉案主体法律关系图

案例索引

一审：天津海事法院(2016)津 72 民初 800 号民事判决书。
二审：天津市高级人民法院(2019)津民终 80 号民事判决书。

简要评述

海上货物运输合同是作为平等主体的船货双方意思表示一致的结果。因中国《海商法》对此未做特别的、具体的规定(除航次租船合同应书面订立外)，海上货物运输合同的成立及其效力受中国《民法典》等基本法规制。根据中国《民法典》第四百七十一条的规定，海上货物运输合同的订立亦应采取要约、承诺的方式。本案中，振华公司与宝世顺公司间虽未签订书面合同，但双方在书面的招标、投标、中标文件、投标澄清函以及往来邮件中，对双方之合同权利义务作出了要约、承诺，且相关条款、文义均与海上货物运输相关。综上，双方订立的涉案合同系合法有效的海上货物运输合同。因此，本案判决明确了订立海上货物运输合同所采用要约、承诺的具体方式，对涉案争议法律关系的性质以及双方当事人权利义务的确定具有关键性的作用。

法条依据

《中华人民共和国合同法》第十三条、第二十六条第一款、第三十条、第三十一条、第三十六条、第四十二条(已废止，参见中国《民法典》第四百七十一条、第四百八十四条、第四百八十八条至第五百条)；《中华人民共和国涉外民事关系法律适用法》第三条；《中华人民共和国民事诉讼法》第三十六条、第一百七十条第一款第一项、第二百五十三条；《最高人民法院关于适用〈中华人民共和国民事诉讼法〉的解释》第五百二十二条第四项。

理论要点

1. 海上货物运输合同的成立及其效力

海上货物运输合同是双务有偿合同，其订立亦须通过要约、承诺之方式，且可采用书面、口头或其他形式。对此，中国《海商法》第四十三条规定："承运人或者托运人可以要求书面确认海上货物运输合同的成立。但是，航次租船合同应当书面订立。电报、电传和传真具有书面效力。"①因此，海上货物运输合同的订立及其成立、效力等基本法律问题应适用中国《民法典》合同编之规定。

依据中国《民法典》第四百六十九条第一款，当事人订立合同，可以采用书面形式、口头形式或者其他形式，包括推定形式、公证形式、视听资料形式、批准或登记形式。此外，较中国《海商法》第四十三条而言，中国《民法典》第四百六十九条第二款规定了合同书、信件、电报、电传、传真等可以有形地表现所载内容的、更多的书面形式。同时，该条第三款对数据电文的书面效力也做了特别规定。本案中，振华公司、宝世顺公司通过招标、投标、中标文件以及投标澄清函、往来邮件对合同的权利义务作出了要约、承诺。其中，涉案招标文件中的海运费、港口操作、加固绑扎等项目均为运输费用及运输附随项目所产生的费用，而振华公司在投标文件中亦对其钢管类运输业绩、海洋运输方案、滞期费作了详细说明。因此，双方之间成立海上货物运输合同法律关系。

最后，因中国《海商法》对海上货物运输合同的效力未做具体规定，海上货物运输合同的效力应适用中国《民法典》第五百零二条第一款之规定：依法成立的合同，自成立时生效，但是法律另有规定或者当事人另有约定的除外。

2. 海上货物运输合同的变更或解除

依据中国《民法典》第四百六十五条，依法成立的合同对合同当事人具有法律约束力，但是法律另有规定的除外。因此，海上货物运输合同具有通常意义上的合同效力，对双方当事人具有法律赋予的约束力，而合同任何一方均不能任意变更或者解除合同。然而，国际航运实践中，在海上货物运输合同成立之后，尚未履行或尚未完全履行之前，可基于法律规定、法院或仲裁机构的裁判行为或者当事人的法律行为等原因，常常出现海上货物运输合同的一方当事人在运输合同仍可履行的情况下主动提出变更合同或解除合同的情况。

对此，中国《海商法》第四章第八十九条至九十一条对海上货物运输合同的解除做了明确的规定：船舶在装货港开航前，托运人可以要求解除合同，但应支付约定运费的一半且负担装货、卸货等有关费用；船舶在装货港开航前，因不可抗力或者其他不能归责于承运人和托运人的原因致使合同不能履行的，双方均可以解除合同，并互相不负赔偿责任；因不可抗力或者其他不能归责于承运人和托运人的原因致使船舶不能在合同约定的目的港卸货的，除合同另有约定外，船长有权将货物在目的港邻近的安全港口或者地点卸载，视为已经履行合同。

除中国《海商法》的具体规定外，海上货物运输合同双方当事人亦可依据中国《民法典》第六章第五百四十三条至第五百五十六条以及第八百二十九条等规定而变更海上货物运输合同。同时，就海上货物运输合同的解除而言，除中国《海商法》第八十九条至第九十一条之明确规定外，海上货物运输合同双方当事人亦可依据中国《民法典》第七章第五百五十七条至第五百七十六条以及第八百二十九条等规定而终止海上货物运输合同双方当事人的权利义务。

---

① 孙思琪著：《海上货物运输法教程》，法律出版社 2022 年版，第 42~43 页。

📝**导入案例1-5**

二审判决后解除货运合同的新事实不符合再审理由

2016年10月10日，华戎公司与EV公司签署销售合同，约定由EV公司向华戎公司购买86套电动车配件，货价共计29000美元，由华戎公司负责门到门运输并承担全部运输费用。

11月9日，华戎公司与格林公司签署国际多式联运合同，约定：运输路线为无锡—上海—印度加尔各答—尼泊尔加德满都，运输时长30~35天；华戎公司先行支付80%运费，尾款在货物到达收货人工厂前2~3天支付。随后，华戎公司按约定方式向格林公司支付人民币29730元的运输费用。

11月13日，货物在无锡工厂装柜，经陆路运输至上海港，并于11月16日装船出运。格林公司出具了该公司格式提单，载明：华戎公司为托运人，收货人EV公司；运输方式CY-DOOR。

上述国际多式联运合同相关条款载明：华戎公司负有准确、及时提供进出口所需全部文件的义务；格林公司可以以代理人或经营人身份办理受托业务；格林公司如签发提单，则其为国际多式联运经营人。另外，该合同第4.2.1条明确，约定费用不包括因单证问题导致的中途港或目的港延迟清关、延迟查验、延迟转运而产生的集装箱超期使用费、仓储费、码头逾期费、卡车滞期费等额外费用。

货物办理出运期间，格林公司曾建议华戎公司以整车品名清关，因此，华戎公司遂以电动车名义申报出口，申报货价为29000美元。运输期间，格林公司以货物在中转港印度加尔各答因单证问题被海关查验、暂扣等理由，要求华戎公司支付额外费用，但华戎公司提出这一部分的争议将来在法院解决，同意先按格林公司预估费用预先支付，之后华戎公司预付了人民币73635元。随后，格林公司在尼泊尔加德满都再次以货物被当地海关查验、暂扣等理由，要求华戎公司支付额外费用。但是，因华戎公司拒绝再次支付，货物运输中途停滞，未能送达华戎公司客户。庭审之日，经询问和释明，双方均明确表示涉案运输合同应当继续履行。

基于上述，华戎公司认为，被告作为专业货代公司，应当有专业的报关清关能力，但货物却两次被海关查验、暂扣，由此产生的额外费用应由被告全部承担。此外，因格林公司的违约行为导致货物至今未能交付境外客户，致使华戎公司蒙受经济损失。为此，华戎公司以格林公司违约导致其预期收益无法实现并遭受经济损失为由，向上海海事法院提起诉讼，请求判令格林公司：赔偿货物损失(含电动车货价、首笔运输费用、预交的10%关税、清关小费、手续费、登报费、门牌制作费、赴尼泊尔差旅费)；返还已支付的额外费用；销售合同项下损失；等等。

一审法院认为：本案纠纷为海上货物运输(多式联运)合同纠纷；华戎公司未按货物实际出运状况予以申报清关，格林公司则未能完成涉案货物运输事宜，且双方均未尽到减损义务，但考虑到格林公司作为专业的货代公司，在目的地又有办事机构，应当具有比华戎公司更专业的处理清关事项的能力，以及华戎公司的申报听从了格林公司的建议等因素，格林公司应分担纠纷产生以及中转港额外费用的过半责任；格林公司未能证明源自货物清关申报引起的额外费用已实际产生并已由其实际对外支付；涉案货损缺乏相应的事实依据和法律依据；首笔运输费用系双方约定支付的预付费用，该费用不因运输过程中发生争议而应由格林公司退还；关税、清关小费、手续费、登报费、门牌制作费等费用，因缺乏证明手续，不足以认定实际产生，且前述费用均属销售合同项下费用；赴尼泊尔差旅费无法证实机票列明人员是否原告公司员工，以及该费用是否当属必要发生之费用；销售合同项下损失应属销售合同项下费用及非可合理预见之损失。此外，涉案运输合同尚未履行完毕，当事双方庭审中均明确表示合同应当继续履行，故原、被告均可庭外继续履行合同。庭外履行过程中，如另有损失和费用产生的，可待损失和费用产生并最终固定以后，各自另行主张权利。综上所述，一审法院判决：格林公司应向华戎公司返还已支付的额外费用；驳回华戎公司其他诉讼请求。

华戎公司不服一审判决，提起上诉，请求撤销一审判决；改判支持其一审诉讼请求，判令格林公司赔偿货物损失并支付损害赔偿等。

二审法院经审理查明：涉案货物出口由上海汇智达国际物流有限公司负责申报，申报品名为电动车、电动马达，而格林公司对此证据的真实性、合法性均无异议；对一审查明的其他事实予以确认。

二审法院认为：格林公司一审、二审中均表示涉案货物目前仍在保税仓库，只要支付相关费用，就具备继续履行的条件；华戎公司亦未提供证据证明涉案货物已灭失。因此，由于涉案货物损失未能确定，华戎公司要求格林公司赔偿涉案货物损失的主张依据不足，其可待涉案合同履行情况明确后再行主张。综上所述，因华戎公司二审中要求继续履行合同，故本院对其上诉请求不予支持。一审法院认定事实清楚，适用法律正确，应予维持。据此，二审法院判决：驳回上诉，维持原判。

华戎公司不服二审判决，向最高人民法院申请再审。再审法院查明：华戎公司在本院询问过程中表示，该公司已于本案二审判决后向格林公司发出了解约函，解除了涉案国际多式联运合同；华戎公司又以解除涉案国际多式联运合同，要求格林公司赔偿相关损失为由，再次向上海海事法院提起诉讼；上海海事法院于 2020 年 1 月 8 日立案，并已开庭审理。因此，再审法院认为：华戎公司解除涉案合同属于在本案二审判决作出后新出现的案件事实，且华戎公司基于该事实主张格林公司承担货损责任已向上海海事法院另行起诉。因此，华戎公司因二审判决后新出现的事实申请再审本案，不符合中国《民事诉讼法（2017 年修正）》第二百条的规定。综上所述，再审法院裁定：驳回华戎公司的再审申请。

📇 案例索引

一审：上海海事法院（2017）沪 72 民初 1766 号民事判决书。

二审：上海市高级人民法院（2018）沪民终 525 号民事判决书。

再审：最高人民法院（2020）最高法民申 1857 号民事裁定书。

📝 **简要评述**

海上货物运输合同的解除，既受中国《海商法》调整，又受中国《民法典》约束，且应遵循特别法优先于普通法的适用原则。本案中，双方当事人在一审、二审审理中主张继续履行合同，并于二审判决之后解除涉案海上货物运输（多式联运）合同，不符合中国《海商法》第八十九条至九十一条有关海上货物运输合同解除的规定，故应适用中国《民法典》关于合同解除的相关规定。此外，争议双方当事人一致同意继续履行海上货物运输合同的，双方当事人是否按约履行其合同项下之义务应待合同履行期限届满时再予以判定，其货损损失等有关损失或费用亦应在合同履行期限届满时才能最终固定，并另行主张权利。

📋 **法条依据**

《中华人民共和国合同法》第八条、第一百零七条、第一百一十三条第一款、第一百二十条（已废止，参见《中华人民共和国民法典》第四百六十五条、第五百七十七条、第五百八十四条、第五百九十二条）；《中华人民共和国海商法》第一百零二条；《中华人民共和国民事诉讼法（2017年修正）》第六十四条第一款、第一百七十条第一款第（一）项、第一百七十五条、第二百条、第二百零四条第一款；《最高人民法院关于适用〈中华人民共和国民事诉讼法〉的解释》第三百九十五条第二款。

📑 **理论要点**

依据中国《海商法》第八十九条至九十一条第一款规定，船舶在装货港开航前：（1）托运人可以要求解除合同；但是，除合同另有约定外，托运人应当向承运人支付约定运费的一半；货物已经装船的，应当负担装货、卸货和其他与此有关的费用。（2）因不可抗力或者其他不能归责于承运人和托运人的原因致使合同不能履行的，双方均可以解除合同，并互相不负赔偿责任。除合同另有约定外，运费已经支付的，承运人应当将运费退还给托运人；货物已经装船的，托运人应当承担装卸费用；已经签发提单的，托运人应当将提单退还承运人。（3）因不可抗力或其他不能归责于承运人和托运人的原因致使船舶不能在合同约定的目的港卸货的，除合同另有约定外，船长有权将货物在目的港邻近的安全港口或者地点卸载，视为已经履行合同。此外，依据中国《民法典》第五百五十七条第二款，合同解除的，该合同权利义务关系终止。此外，该法第五百六十六条第一款、第二款规定：合同解除后，尚未履行的，终止履行；已经履行的，根据履行情况和合同性质，当事人可以请求恢复原状或者采取其他补救措施，并有权请求赔偿损失；合同因违约解除的，解除权人可以请求违约方承担违约责任，但是当事人另有约定的除外。因此，中国法下海上货物运输合同解除的法律后果主要包括以下几个方面：终止履行、恢复原状或采取其他补救措施、赔偿损失、承担违约责任等。

就本案而言，争议双方当事人在一审庭审中均明确表示合同应当继续履行，而华戎公司在二审中仍要求继续履行合同，故华戎公司的货物损失不能固定，可待华戎公司的损失和费用产生并最终固定以后，另行主张权利。此外，二审判决后，华戎公司解除了涉案国际多式联运合同，其货物损失已固定，构成新的案件事实。由此，华戎公司以要求格林公司赔偿相关损失为由，再次向上海海事法院提起诉讼，而上海海事法院于 2020 年 1 月 8 日立案，并经开庭审理后作出上海海事法院(2020)沪 72 民初 79 号民事判决：对华戎公司的诉讼请求不予支持。此后，华戎公司不服(2020)沪 72 民初 79 号民事判决，提起上诉。上海市高级人民法院经开庭审理，认为华戎公司未提供证据证明涉案货物受损、失去价值或已灭失，故涉案货物损失未能确定，故华戎公司要求格林公司赔偿涉案货物损失的主张依据不足。因此，二审法院作出上海市高级人民法院(2021)沪民终 311 号民事判决：驳回上诉，维持原判。

此外，本案二审判决后合同解除的新事实不符合中国《民事诉讼法(2017 年修正)》第二百条"再审理由"之规定：当事人的申请符合下列情形之一的，人民法院应当再审：有新的证据，足以推翻原判决、裁定的；原判决、裁定认定的基本事实缺乏证据证明的；原判决、裁定认定事实的主要证据是伪造的；原判决、裁定认定事实的主要证据未经质证的；对审理案件需要的主要证据，当事人因客观原因不能自行收集，书面申请人民法院调查收集，人民法院未调查收集的；原判决、裁定适用法律确有错误的；审判组织的组成不合法或者依法应当回避的审判人员没有回避的；无诉讼行为能力人未经法定代理人代为诉讼或者应当参加诉讼的当事人，因不能归责于本人或者其诉讼代理人的事由，未参加诉讼的；违反法律规定，剥夺当事人辩论权利的；未经传票传唤，缺席判决的；原判决、裁定遗漏或者超出诉讼请求的；据以作出原判决、裁定的法律文书被撤销或者变更的；审判人员审理该案件时有贪污受贿，徇私舞弊，枉法裁判行为的。因此，最高人民法院经审查裁定：驳回华戎公司的再审申请。事实上，最高人民法院的再审裁定与华戎公司就合同解除后所遭受的损失向上海海事法院提起诉讼并经一审、二审且做出判决的情况相契合。

第二章　承运人的权利与义务

◎**本章引言**　承运人的权利义务是海上货物运输法的核心和基础。航运初期，因海上货物运输面临特殊的海上风险，为鼓励航运业的发展，逐步形成了航海过失免责、非合同之诉抗辩权、海事赔偿责任限制等一系列特殊法律制度。随着社会发展和科技进步，船舶抵御海上风险的能力大大提高，使得海上货物运输法律制度的背景条件发生变化，但海运承运人权利义务并未发生重大改变。了解海运承运人权利义务的起源、发展及其内容，对把握海上货物运输法具有重要的意义。

◎**本章重点**　适航义务；货物留置权；航海过失免责；赔偿责任限制；非合同之诉抗辩权

第一节　承运人的主要义务

海上货物运输承运人的义务主要包括以下几项：谨慎处理使船舶处于适航状态、妥善和谨慎地管理货物、按约定的或习惯的或地理上的航线将货物运往卸货港、接收/交付货物等。

📝 **导入案例 2-1**

承运人因船舶不适航、绕航而延迟交货时不能限制赔偿责任

2015 年 7 月 28 日，环球维萨有限公司（以下简称环球公司）购买的 798.92 吨鲱鱼装载于俄罗斯海事检验检测有限公司（以下简称检验公司）光租的"米科夫教授"轮（船东为 ROSMORPORT）。检验公司的代理人盈丰公司签发两份提单，均载明：托运人为 PETROKAM，收货人为凭指示，通知方为祥云公司，承运人为检验公司。8 月 7 日，俄罗斯联邦政府机构就上述货物签发原产地证书，明确载明运输方式和路线为经水路由"米科夫教授"轮按"白令海—俄罗斯海参崴—中国大连"航线运输。

8 月 5 日，环球公司与翔和会社签订买卖合同，约定环球公司出售风干调味鱼片287.6 吨，同年 9 月 20 日至 10 月 17 日分四批发货，发货地和目的地分别为大连和东京。合同另约定：如延迟发货 10 日以上，卖方需赔偿买方合同总价款的 10%；延迟发货 20 日以上，卖方需赔偿买方合同总价款的 20%；延迟发货 30 日以上，卖方需赔偿买方合同总价款的 30% 以及买方在日本市场出现的违约损失，且买方有权解除合同。

8 月 6 日，环球公司委托祥云公司收取提单并与其签订委托加工合同，约定：由

祥云公司将环球公司进口的上述鲱鱼加工成风干调味鱼片,并负责将加工成品按照8月5日所签买卖合同约定的日期分批出口至日本。

11月28日,鲱鱼运抵大连港,祥云公司受环球公司委托办理货物通关、提货手续,并委托海联公司接收货物。12月3日、4日,海联公司分别出具货物情况说明、在库证明,明确确认:在其接收货物前,鲱鱼存在质量问题,包括货物外包装破损率达到35%~45%;破损货物风干现象严重,未破损货物也存在风干问题;破损货物已变质、发黄,未破损货物中也存在变质、发黄的现象;部分货物外包装存在油渍痕迹。

10月27日,翔和会社向环球公司提出违约赔偿,要求环球公司赔偿合同总价款的30%。12月15日,翔和会社、环球公司及祥云公司签订赔偿协议,约定环球公司支付388260美元作为其未能按时供货的违约赔偿。2016年1月5日,环球公司向翔和会社支付上述赔偿款项。

2016年5月20日,祥云公司出具证明,证明其按照涉案鲱鱼现状进行了加工,成品数量为287.6吨,其中合格成品241.584吨,不合格成品46.016吨。

此外,2015年6月2日,俄罗斯海事注册机构在"米科夫教授"轮船舶入级证书上批注"1号发电辅机无法正常工作""船舶在未有1号辅助发电机的情况下仅能在2015年6月4日前航行"。7月28日,该轮自俄罗斯海出发,8月15日抵达海参崴港,停留17天后于9月2日起航,9月13日抵达韩国釜山港,停留69天后又于11月21日从韩国釜山港起航,11月28日抵达目的港大连港。2016年4月21日,"米科夫教授"轮维修了辅助发电机、锅炉部件、海泵、主机增压器等(涉案主体法律关系见图2-1)。

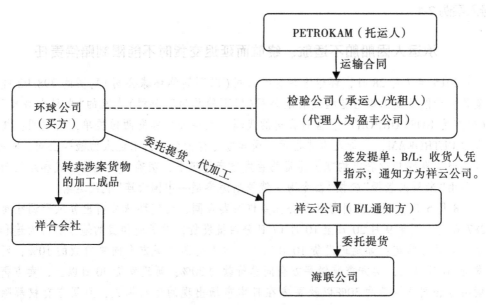

图2-1 涉案主体法律关系图

基于上述，环球公司请求判令检验公司赔偿其货物损失及违约损失 55 万美元及利息。双方均主张适用中国法。

一审法院认为：环球公司虽非涉案提单载明的通知方，但涉案货物由其购买并支付货款，且提单通知方祥云公司持有提单并提取货物的行为均是因环球公司的委托所为，故环球公司系涉案货物的所有人以及涉案提单的收货人；涉案船舶于 2015 年 6 月 4 日后处于不适航状态；涉案船舶偏离约定航线至釜山港且滞留 69 天，构成不合理绕航和迟延交付，且检验公司违反管货义务，故检验公司不能援引迟延交付货物经济损失的赔偿限制；涉案货物发生损坏、品质下降，但无法认定其具体损失数量与贬值程度。

综上所述，一审法院判决：检验公司赔偿环球公司损失 388260 美元（笔者注：与环球公司向翔和会社赔偿的数额一致）及相应利息。检验公司不服一审判决，提起上诉。

辽宁省高级人民法院二审判决：驳回上诉，维持原判。检验公司不服二审判决，申请再审。最高人民法院再审裁定：驳回检验公司的再审申请。

案例索引

一审：大连海事法院（2016）辽 72 民初 121 号民事判决书。
二审：辽宁省高级人民法院（2019）辽民终 663 号民事判决书。
再审：最高人民法院（2020）最高法民申 4750 号民事裁定书。

简要述评

谨慎处理使船舶处于适航状态，是承运人的首要义务。此外，承运人应妥善、谨慎地管理货物，并负有合理速遣等义务。因此，船舶不适航、不合理绕航、未尽管货义务，导致货物灭失、损坏或迟延支付的，承运人应承担赔偿责任，且不能享受海事赔偿责任限制。本案中，涉案货物在运输中发生损坏、品质下降，但货主未能证明货物损坏的具体数量和贬值程度的，无法向承运人索赔，因为加工而成的不合格成品数量可能涉及原料使用、加工工艺、人员素质等诸多因素，并不能当然推断所有不合格成品均系因运输中的货物损坏而导致的。本案为大连海事法院发布的 2019 年典型案例之一。

法条依据

《中华人民共和国海商法》第四十七条、第四十八条、第四十九条第一款、第五十条第一款和第三款、第五十六条、第五十七条、第五十九条第一款；《中华人民共和国民事诉讼法》第二百条、第二百零四条第一款；《最高人民法院关于适用〈中华人民共和国民事诉讼法〉的解释》第三百九十五条第二款。

理论要点

1. 承运人应谨慎处理使船舶处于适航状态
船舶适航可分为狭义适航和广义适航。其中，狭义船舶适航是指船舶的船体、船机在设计、结构、性能和状态等方面能够抵御航次中通常出现的或能合理预见到的风险。广义的船舶适航除了包含狭义船舶适航外,还包括以下几个方面:妥善配备船员、装备船舶和配备供应品;使货舱、冷藏舱、冷气和其他载货处所适于并能安全收受、载运和保管货物;① 船舶应有的文件或证书适航,符合船旗国及靠港法律法规要求。

在中国《海商法》以及《海牙规则》《海牙-维斯比规则》等大多数国家立法或国际公约下,适航义务是一项强制义务,不得通过合同约定予以排除,亦不因将船舶交于其受雇人或独立合同人(如修船厂)、码头装卸工人由托运人雇佣而免除。② 此外,在不强制适用的情况下,适航义务通常通过"首要条款"并入提单或其他运输合同之中。因此,适航是承运人的最低限度义务。但是,适航义务是相对的、具体的:承运人只须采取一名具有通常要求的技能并谨慎行事的船舶所有人可能采取的各种为特定情况所合理要求的措施。③

至于船舶开航前和开航当时,较为合理的解释应为从装货开始至船舶解缆或起锚离泊之时(船舶将离开装货港)。因此,即使船舶在航行期间或中途挂靠港停靠期间丧失适航性,承运人也不违反适航义务。为此,《鹿特丹规则》将船舶适航义务扩展至"开航前、开航当时和海上航程中"。

须注意的是,承运人违反谨慎处理使船舶适航的义务而导致货物灭失或损坏的,承运人不得援引免责条款,即使船舶不适航系因可免责的航海过失所导致。④ 但是,承运人最终是否承担赔偿责任还需综合考虑合同条款或提单条款的明确约定。例如,英国法院遵循商业合同解释之基本原则——与当事方一样拥有所有背景知识的合理人将如何理解合同所使用条款的含义,从而判决承运人对船舶不适航导致的甲板货受损,可凭甲板货免责条款免除赔偿责任,因为提单条款明确约定:The Carrier shall in no case be responsible for loss of or damage to the cargo, howsoever arising... in respect of deck cargo; loaded on deck at shipper's and/or consignee's and/or receiver's risk; the carrier and/or Owners and/or Vessel being not responsible for loss or damage howsoever arising.⑤

最后,船舶不适航还可能会对共同海损分摊请求、保险赔偿产生影响。例如,船舶不适航致使搁浅全损,保险人不负赔偿责任;⑥ 船舶未配备持有适任证书的船员属于船舶不

---

① Ciampa v. British India Steam Navigation Co. [1915] 2 K. B. 774. 山东省高级人民法院(2015)鲁民再字第 2 号民事判决书;司玉琢等著:《新编海商法学》,大连海事大学出版社 1999 年版,第 131~133 页。

② Alize 1954 v. Allianz Elementar Versicherungs AG (The CMA CGM LIBRA)[2021] UKSC 51; Riverstone Meat Company, Pty. , Ltd. v. Lancashire Shipping Company, Ltd. (1961) 1 Lloyd's Rep. 57. [加]威廉台特雷著:《国际海商法》,张永坚等译,法律出版社 2005 年版,第 64~65 页。

③ [美] G. 吉尔摩、C. L. 布莱克著:《海商法》(上),杨召南等译,中国大百科全书出版社 2000 年版,第 197 页。

④ Paterson Steamships, Ltd. v. Robin Hood Mills, Ltd. (1937) 58 Ll. L. Rep. 33.

⑤ Aprile SPA v. Elin Maritime Ltd. (The "Elin") [2019] EWHC 1001 (Comm).

⑥ 上海海事法院(2019)沪 72 民初 463 号民事判决书,上海市高级人民法院(2021)沪民终 359 号民事判决书;青岛海事法院(2020)鲁 72 民初 189 号民事判决书,山东省高级人民法院(2020)鲁民终 2538 号民事判决书,最高人民法院(2021)最高法民申 1061 号民事裁定书。

适航，故而，若船舶不适航与保险事故有因果关系，保险人依照保险条款可免除赔偿责任。①

2. 承运人有义务按照约定的或习惯的或地理上的航线将货物运往卸货港

货物装船后，船舶应及时开航，并按约定的或习惯的或地理上的航线尽快驶往目的港，以便将货物及时交付收货人。亦即，船舶应合理速遣，不得进行不合理绕航。

船舶绕航可分为合理绕航和不合理绕航。所谓合理绕航，是指船舶为了船货共同利益，或存在其他合理需要而驶离航线的行为。否则，即构成不合理绕航，承运人应对此造成的货物损失承担赔偿责任。

除立法明确规定为海上救助或企图救助人命或财产而绕航属于合理绕航外，判断船舶是否合理绕航，需综合考虑绕航的原因、目的以及船舶航行路线、合同约定②等多项因素。例如，船舶为躲避台风或战争风险而驶离航线，属于合理绕航；船舶载运易流态化散装固体货物，承运人有合理依据怀疑货物水分含量过高，判断货物不适合安全运输，其采取的绕航和停航晒货等合理措施的，属于合理绕航；③ 班轮运输中船舶挂靠非基本港属于承运人正常业务的习惯航线的，属于合理绕航。④ 然而，若合同约定直达运输而承运人却进行了转船、绕航，则构成不合理绕航。⑤ 再如，本案中涉案船舶偏离涉案货物原产地证书明确载明的航线而挂靠釜山港，且承运人不能证明存在免责事由，亦构成不合理绕航。

📝 导入案例 2-2

承运人对其违反管货义务而导致的货损应承担赔偿责任

2011 年 6 月 20 日，重庆红蜻蜓油脂有限责任公司（以下简称"红蜻蜓公司"）与和谐农业公司签订买卖合同，约定：红蜻蜓公司购买巴西大豆 2011 散装 60000 公吨，正负 10% 依船只指定以及 5% 依船长决定，依买卖合同价格计算。此外，合同对含油量、蛋白质、破碎粒、杂质、水分、总损伤粒、热损伤粒等质量指标以及所有其他标准和条件做出明确要求。

红蜻蜓公司与 Ogi Ocean Gateen Terrises Co. Ltd 签订租约，承租"幸运草"轮（香港籍）运输涉案货物。8 月 10 日，BRAZ Shipping Maritima Ltda 代表"幸运草"轮船长签发五套提单，均载明：托运人分别为（卖方指定的）五家公司；收货人凭指示；通知方红蜻蜓公司；船名"幸运草"；装货港巴西桑托斯，卸货港中国南通。另外，提单正面注明"与租约合并使用"，但未标明租约日期；提单背面条款中无法律适用条款。

8 月 10 日，SGS 巴西公司在桑托斯港对涉案货物进行装货质量检验，检验结果：

---

① 天津市高级人民法院（2018）津民终 392 号民事判决书。
② 司玉琢、张永坚、蒋跃川编著：《中国海商法注释》，北京大学出版社 2019 年版，第 86 页。
③ 上海海事法院（2011）沪海法商初字第 753 号民事判决书，上海市高级人民法院（2013）沪高民四（海）终字第 24 号民事判决书，最高人民法院（2015）民申字第 1896 号民事裁定书。
④ 上海海事法院（2014）沪海法商初字第 620 号民事判决书。
⑤ 山东省高级人民法院（2020）鲁民终 2770 号民事判决书。

水分 12.6%、杂质 0.9%、总损伤粒 7.9%、热损伤粒 0.8%、破碎粒 7.2%、含油量20.63%、蛋白质 36.34%。同日，太保重庆公司就涉案货物运输签发保险单，载明：被保险人为红蜻蜓公司；承保险别为中国太平洋财产保险股份有限公司海洋运输货物保险条款一切险、战争险，以及短量险。

9月15日，买卖双方确认合同单位价格为 507.88 美元/公吨 FOB 包括理舱费和平舱费；最终装载的货物数量为 65736.68 公吨。9月5日，和谐农业公司开具商业发票，总金额为 33386345.04 美元。

9月25日，货物运抵南通。10月6日，卸货完毕，共计卸货 44373.68 吨。此前，9月20—21日，在舟山港减载货物 21363 吨。因卸货时发现货损，南通 CIQ 于9月26日起对涉案货物进行调查和检验，并于12月24日出具品质检验证书，证书载明"幸运草"轮在南通所卸货物样品的检验结果为水分 11.7%、含油量 21.6%、破碎粒 7.4%、总损伤粒 19.39%、热损伤粒 11.15%、蛋白质 36.56%，并评定南通所卸货物总损伤粒、热损伤粒不符合买卖合同的要求。

2012年7月24日，南通 CIQ 作出验残证书，证书载明：现场勘查发现四个船舱内的大豆结块，呈暗黄色，其中两个船舱的大豆表面有霉变现象，呈灰白色；开舱通风后，各舱大豆的表层平均温度在 40℃ 以上。随后，南通 CIQ 与港方计算出不同程度的受损大豆重量分别为：严重霉变 600.16 吨、轻度受损 9499.46 吨、中度受损 11090.12 吨、严重受损 1257.34 吨，合计残损 22447.08 吨，并记载于验残证书。证书结论为：上述大豆的残损在卸货前业已发生；综合以上数据，建议本批残损大豆贬损 23103184 元。

就涉案货损，红蜻蜓公司向重庆仲裁委员会提起仲裁。2015年2月3日，重庆仲裁委员会裁决：以合同约定及南通 CIQ 验残证书结论为基础，认定短量及霉变大豆的赔偿金额为 3819532.377 元、热损大豆的赔偿金额为 18758491 元、加工21846.92 吨热损大豆合计费用 2517042 元；太保重庆公司向红蜻蜓公司支付保险赔款合计 24320807.53 元及利息以及法律事务费用 18 万元。

2015年4月28日、6月15日，太保重庆公司分两次向红蜻蜓公司支付保险赔款及利息，共计 26113624.09 元。6月17日，红蜻蜓公司向太保重庆公司出具权益转让书。

需注意的是，长春花公司原审提交的证据 11《温度记录》记载："幸运草"轮在2011年8月11日当地时间 0800 时至9月19日当地时间 0800 时各舱温度在 26℃~34℃。证据 12《甲板日志》记载：2011年8月8—10日，"幸运草"轮在装货期间曾因雨中断装货。在运输途中，"幸运草"轮分别在 2011 年8月25日、26日、29日、30日、9月15日的 0800—1600 时对货舱通风 8 小时，共计 40 小时。9月20—21日，"幸运草"轮在舟山港减载第 2 舱、第 6 舱、第 4 舱的货物。对此，原审法院认为：整个航行期间，该轮货舱通风 5 天，累计 40 小时；航行途中，船方未对各货舱实施温度监控；该轮的甲板日志记录在 2011 年8月11日至9月19日各舱温度在 26℃~34℃，但该记录仅仅是该时段内每日 8 时的测量结果，不能完整地反映整个航程中货物的温度变化；虽然"幸运草"轮通风 40 小时，但未对货物温度进行正常准确的监控,因此该通风并没有针对性,不能认定为适时适当通风;完好大豆的外形呈圆形或椭圆形,堆在一起时彼此之间必然存在缝隙,让空气流通成为可能,且地表空气热空气向上升,冷空气往下降,故对表层货物的适当通风应能影响到中底层货物,除非大豆已变质结块并形成隔层。

综上所述,红蜻蜓公司是提单持有人和收货人,长春花公司为承运船舶"幸运草"轮的所有人,系承运人;案件具有涉外因素,而双方未约定应适用的法律,因此,依据最密切联系原则适用中国法;承运人在其责任期间内存在管理货物过失,并导致货物损坏,且不能免责。因此,原审法院判决长春花公司赔偿太保重庆公司21712859元及利息。

一审判决后,长春花公司提起上诉,请求撤销原审判决,改判驳回太保重庆公司对长春花公司提出的全部诉讼请求。

二审法院对一审查明的事实予以确认,并另查明:长春花公司原审提供的证据11《温度记录》关于通风的方式载明:从温暖的装货港驶往寒冷地区,空气露点低于舱内,且空气干燥,因此通风以排除舱内湿气;如果空气露点比舱内低很多(10℉),且空气湿度低于舱内,如果要突然通风,空气进入货舱过多,在与空气接触的表面会出汗,因此需要缓慢通风及少量空气;船舶在热带&夏季区域航行,船舶货舱结构因热传输效应而加热、冷却,上甲板底面和侧壁出很多汗,因此日落前加强通风;需"检验记录"栏涉及"空气温度相对湿度""空气温度露点""货舱平均温度""货舱平均露点"等多项记录项,但上述四项记录项未记录任何数据。二审法院认为,承运人未针对承运船舶结构并依照散装大豆运输的特点,在航行途中严格测量及记录货舱温度、货舱内外露点、干湿度等数据,确保有针对性地对承运大豆进行合理通风,在涉案运输过程中通风措施不当,未妥善、谨慎管理货物。因此,二审法院判决:驳回上诉,维持原判。

长春花公司不服二审判决,向最高人民法院提出再审申请,被裁定驳回。

📇 **案例索引**

一审:武汉海事法院(2012)武海法商字第01085号民事判决书。
二审:湖北省高级人民法院(2017)鄂民终677号民事判决书。
再审:最高人民法院(2018)最高法民申2411号民事裁定书。

📝 **简要述评**

承运人管理货物需要发挥通常要求的或所运货物特殊要求的知识与技能。因此,运输不同的货物,承运人管理货物的义务将有所不同。这给承运人是否违反管货义务的确认带来一定的难度。本案中,承运人未针对所运大豆采取合理的通风措施,存在未妥善管理货物的过失。另外,涉案大豆损失金额系参考市场价格并依据卸货前业已发生的大豆损坏数量和程度(第三方出具了验残证书)而认定,并未涉及货物卸离船舶并交付收货人之后产生的损失。

🔲 法条依据

《中华人民共和国海商法》第四十六条、第四十七条、第四十八条、第五十一条、第五十五条；《中华人民共和国民事诉讼法》第一百七十条第一款第一项、第一百四十二条、第二百零四条第一款、第二百五十三条；《中华人民共和国涉外民事关系法律适用法》第四十一条；《最高人民法院关于适用〈中华人民共和国民事诉讼法〉的解释》第三百九十五条第二款。

🔲 理论要点

承运人应当妥善地、谨慎地装载、搬移、积载、运输、保管、照料和卸载所运货物。如果承运人违反了管货义务，应对由此造成的损失承担责任。[①]

所谓"妥善"，通常是指技术上的要求，它要求承运人、船员或其他受雇人员在管理货物的各个环节中应发挥通常要求的或为所运货物特殊要求的知识与技能。"谨慎"，则通常指责任心上的要求，它要求承运人、船员或其他受雇人员在管理货物的各个环节中发挥作为一名能胜任货物装卸或海上货物运输工作的人可预期表现出来的合理谨慎程度。[②]

实践中，涉及承运人管理货物的有关争议更多地体现为承运人针对特定货物运输类型而负有的具体义务，如大宗货物、集装箱货物运输。其中，尤以大豆运输产生的争议最为突出。[③] 与本案例相类似，最高人民法院在另一判决中认为：根据《国际海运危险货物规则》和《固体散装货物安全操作规则》的要求，豆粕类货物运输要进行测温和通风，必要时应适用惰性气体采取降温措施；运载涉案货物的船舶"淮阳"轮航海日志记载本案豆粕在运输过程中有4次通风，没有进行测温的记录，因此广州远洋公司存在管理货物不当的情况，而原审法院对此的认定并无不当。[④]

依据中国《海商法》第四十四条、第四十八条规定，承运人管理货物的义务是强制性义务，而海上货物运输合同、提单或其他运输单证中的条款不得减损承运人管理货物的义务。亦即，承运人管理货物的义务是其最低限度义务。[⑤] 然而，为契合实践需求，《鹿特丹规则》第十四条第二款规定，承运人与托运人可以通过合同明确约定由托运人、单证托运人或收货人装载、操作、积载、卸载货物，只要不影响公约第四章"承运人的义务"之其他规定以及第五章至第七章有关"承运人对灭失、损坏或迟延交付所负的赔偿责任""有关特定运输阶段的补充条款(绕航、舱面货、海上运输之前或之后的运输)""托运人向承运人履行的义务"的规定。此外，《鹿特丹规则》将承运人的管货义务由装载、搬移、积

[①] 广州海事法院(2008)广海法初字第392号民事判决书，广东省高级人民法院(2009)粤高法民四终字第44号民事判决书。

[②] 司玉琢等著：《新编海商法学》，大连海事大学出版社1999年版，第136页。

[③] 沈军：《海事审判视野下国际海上货物运输承运人责任研究》，上海海事大学2022年博士学位论文，第53~54页。

[④] 最高人民法院(2012)民监字第17号民事裁定书。

[⑤] 司玉琢：《海商法专论》，中国人民大学出版社2007年版，第122页。

载、运输、保管、照料、卸载等七个环节扩展至九个环节，即增加了接收和交付货物两个环节。

📝 **导入案例 2-3**

承运人应按提单约定等条件向提单持有人交付货物

2014 年 2 月 5 日，矿物公司与 SGL 公司签订买卖合同，向 SGL 公司出售铁矿粉，数量 50000 湿吨，+10% 由买家选择，原产国伊朗，生产商 SABA 公司，货物价格 59.75 美元/干吨。19 日，双方签订补充协议，将数量更改为 45500 湿吨。

2 月 6 日，先锋公司与 CBH 公司签订买卖合同，购买铁矿粉，数量 50000 湿吨，+10% 由买家选择，原产国伊朗，生产商是 SABA 公司，货物价格 59.75 美元/干吨。

船舶所有人奥迪塞斯公司与海王公司签订期租合同，约定：将"AUDAC X"轮期租给海王公司，船员由奥迪塞斯公司配备；船舶所有人授权承租人或者其代理人依据大副收据的记载代表船长或船舶所有人签发提单。涉案货物运输期间，海王公司为"AUDAC X"轮的期租承租人；海王公司与 Radiant 公司签订航次租船合同，约定由 Radiant 公司租用"AUDAC X"轮运输涉案货物。

2 月 28 日、3 月 12 日，SGL 公司分两次向矿物公司支付买卖合同货款合计 50%。矿物公司随后向 SGL 公司开具发票。

3 月 4 日，"AUDAC X"轮签发大副收据，记载托运人为矿物公司。同日，"AUDAC X"轮船长代表"AUDAC X"轮出具授权书，授权 Rainbow 公司就涉案航次代表船长签发正本提单。3 月 4 日，Rainbow 公司代表"AUDAC X"轮船长签发一套编号为 RM/BN/CH/011 的提单。

先锋公司按照买卖合同向 CBH 公司支付了 50% 首付款，取得编号为 RM/BN/CH/011 的全套提单，提单载明：托运人先锋公司，收货人和通知方凭指示，起运港波斯湾港，目的港中国任一主要港口，运输船舶"AUDAC X"轮，货物铁矿粉，数量45475.213 湿吨。但是，先锋公司称其持有的提单系 Radiant 公司的员工直接到 Rainbow 公司位于伊朗的办公室内领取的。

此外，矿物公司亦取得一套编号为 RM/BN/CH/011 的全套提单，且与先锋公司持有的上述提单一致，仅部分印刷字体及签章存在细微差别。

4 月 23 日，SABA 公司发函称涉案货物系其出售给矿物公司，编号为 RM/BN/CH/011 的提单项下货物已转让给矿物公司。同日，Radiant 公司的前员工 Lelia 出具声明，称自己以前是 Radiant 公司或 SGL 公司的员工，并在 4 月 12 日将包括正本提单在内的全部正本文件交给了矿物公司。

4 月 12 日，货物运抵上海港。6 月 3 日，先锋公司口头要求提货，被拒绝后向一审法院申请查封涉案货物。同日，法院裁定查封涉案货物。

6 月 4 日，先锋公司持提单向海王公司的上海港代理人上海华港国际船舶代理有限公司要求提货，被拒绝。6 月 5 日，Rainbow 公司向海王公司发函，确认先锋公司所持提单非其签发的正本提单，其签章系伪造。同时，Rainbow 公司确认矿物公司持有的提单系真实有效的提单；奥迪塞斯公司、海王公司均认可 Rainbow 公司关于先锋公司所持提单系伪造的意见。

6 月 4 日，美匡公司提出仲裁申请，要求矿物公司向其归还 5000000 美元、利息、律师费等。7 日，矿物公司与美匡公司达成和解协议。6 月 30 日，中国海事仲裁委员会上海分会裁决矿物公司具有表面提货权，并要求矿物公司将涉案提单交付给美匡公司，由美匡公司向承运人提货，以抵偿拖欠的货款 5000000 美元及利息。

至此，先锋公司和美匡公司均针对承运人提出诉请，要求承运人交付货物或等值的货物价款，并赔偿拒绝交付货物所造成的损失。在案件审理过程中，货物价格大幅持续下跌，各方当事人均以减少损失、固定货值、减少货物堆存费用等理由向一审法院申请将涉案货物变卖。12 月 23 日，经过竞价，先锋公司取得涉案货物。

综上所述，一审法院认为，矿物公司持有的提单系涉案货物的真实有效提单。但是，美匡公司提出仲裁申请时，涉案货物因存在两套正本提单并出现争议而被一审法院查封。因此，矿物公司在明知涉案货物已被法院查封，手中提单提货权存疑，需根据法院判决明确是否存在提单权利的情况下，仍以涉案货物抵偿债务，并与美匡公司达成和解协议，其行为属于无权处分。进而，美匡公司不能依据和解协议或仲裁裁决书取得凭提单提取涉案货物的权利。矿物公司应当在确实享有涉案货物处分权之后，再以提单作为涉案货物的有效权利凭证抵偿债务。因此，美匡公司未取得本由矿物公司持有提单记载的货物权利，该提单权利仍由矿物公司享有。

先锋公司和美匡公司均不服一审判决，提起上诉。二审法院判决：驳回上诉，维持原判。双方均向最高人民法院申请再审。

原审法院查明的事实，再审法院予以确认。再审法院另查明：矿物公司与 SGL 公司、先锋公司与 CBH 公司分别签订的两份买卖合同，均采用 FOB 术语，且指向同一货物；2014 年 2 月 10 日，Radiant 公司代先锋公司与海王公司签订航次租船合同，并代付运费；大副收据记载的托运人是矿物公司，但最终提单上记载的托运人变更为先锋公司(经矿物公司同意)；美匡公司、先锋公司分别持有的两套提单均载明托运人为先锋公司。

因此，再审法院认为：涉案提单系代表船长或船舶所有人签发，应视为奥迪塞斯公司签发；先锋公司是 FOB 买卖合同的买方，亦是航次租船合同的承租人(其地位可视为契约托运人)，因此，将提单签发给先锋公司并不违背航运实践；先锋公司与海王公司是航次租船合同关系，而与奥迪塞斯公司存在提单运输关系；矿物公司、奥迪塞斯、海王公司和美匡公司并未提供可以证明先锋公司伪造提单的确凿证据(亦即，一审法院、二审法院关于先锋公司所持提单系伪造的结论不能成立)；大副收据上已被记载为托运人的矿物公司同意在提单上将先锋公司记载为托运人，意味着矿物公司放弃了托运人所享有的通过对提单的背书转让来控制货物流转、保障货款安全的权利；案涉提单系指示提单，其转让离不开提单载明的托运人的背书，故而矿物公司既非提单上载明的托运人，亦非通过完整的背书流转而取得涉案提单，其取得涉案提单的来源存在瑕疵，进而，通过以物抵债获得提单的美匡公司(系有独立请求权的第三人)所获得的权利不可能优于矿物公司。因此,美匡公司无法凭借其占有的提单对抗、排斥先锋公司持有的提单,且先锋公司有权凭借其提单向承运人主张提货(涉案主体法律关系见图2-2)。

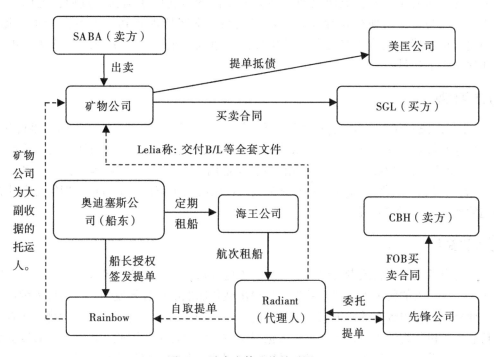

图 2-2 涉案主体法律关系图

基于上述,再审法院判决:撤销一审判决主文第一项(即撤销一审关于"驳回先锋公司的诉讼请求"的判决),维持一审判决主文第二项,即"驳回美匡公司的诉讼请求"。

📇 案例索引

一审:上海海事法院(2014)沪海法商初字第 838 号民事判决书。
二审:上海市高级人民法院(2016)沪民终 119 号民事判决书。
再审:最高人民法院(2018)最高法民再 240 号民事判决书。

📝 简要述评

海上货物运输合同基于货物买卖合同而订立,并服务于货物买卖合同,但二者是相互独立的两种合同。FOB 买卖合同下,提单签发给海上货物运输合同的托运人(买方)或发货人(卖方),均符合航运实践,其关键在于买卖合同双方当事人的约定。因此,承运人识别涉案货物提单的真伪并不以贸易合同权利义务的履行为基础,而在于提单本身的真伪,亦即提单持有人获取提单的依据是否合法,如本案所涉美匡公司持有的指示提单是否经过有效连续背书。此外，本案所涉货物的运输船舶先后签订定期租船合同、航次租船合同，Rainbow 则代表船长签发提单，而船长系由定期租船合同的出租人(即奥迪塞斯公司)负责配备，因此，Rainbow 代表船长签发提单，应视为代表船舶所有人奥迪塞斯公司签发，故而奥迪塞斯公司是涉案货物的承运人。进而，提单的托运人先锋公司与奥迪塞斯公司存在提单法律关系。本案所涉货物存在着两套正本提单，且两套提单的持有人均主张提货，并由此产生争议。最终，法院判决为长达七年的系列纠纷画上了句号。

🗐 法条依据

《中华人民共和国海商法》第七十一条、第七十二条；《中华人民共和国民事诉讼法》第二百零七条第一款、第一百七十条第一款第二项；《中华人民共和国涉外民事关系法律适用法》第三条、第八条；《最高人民法院关于适用〈中华人民共和国涉外民事关系法律适用法〉若干问题的解释(一)》第一条；《最高人民法院关于审理海上货运代理纠纷案件若干问题的规定》第八条第一款。

🗐 理论要点

货物由承运人接收或者装船后，应托运人的要求，承运人应当签发提单。提单可以由承运人、承运人的代理人、船长签发。提单由载货船舶的船长签发的，视为代表承运人签发。此外，提单中载明的向记名人交付货物，或者按照指示人的指示交付货物，或者向提单持有人交付货物的条款，构成承运人据以交付货物的保证。因此，承运人负有接受交运货物、经要求后签发提单以及正确、及时、合理地按照约定交付货物的义务。

货物未能在明确约定的时间内，在约定的卸货港交付的，为迟延交付。承运人未能在明确约定的时间届满六十日内交付货物，有权对货物灭失提出赔偿请求的人可以认为货物已经灭失。除依照中国《海商法》第四章规定承运人不负赔偿责任的情形外，由于承运人的过失，致使货物灭失、损坏、因迟延交付而灭失或损坏的，承运人应当负赔偿责任。如果承运人与托运人未明确约定交付货物的时间，即使承运人未能在合理时间内交付货物，亦不构成迟延交付。[1]

须注意的是，当货物从船上卸下交给港口或海关保管时，如果根据卸货港国内法或港口习惯、租船合同或提单上明示条款的规定，这些机构享有接收海运货物的排他性权利，则视为交付已完成。[2]

此外，记名提单是否须凭正本提单交付货物，不同国家立法或公约的规定有所不同。例如，依据中国《海商法》第七十一条规定，记名提单也是承运人据以交付货物的凭证，[3]然而，美国《统一商法典》《联邦提单法》均规定：记名提单项下的货物无须凭单放货，只

---

[1]　司玉琢著：《海商法专论》，中国人民大学出版社 2007 年版，第 139 页。

[2]　[加]威廉台特雷著：《国际海商法》，张永坚等译，法律出版社 2005 年版，第 76 页。

[3]　刘寿杰：《解读〈最高人民法院关于审理无正本提单交付货物案件适用法律若干问题的规定〉》，载《中国海商法年刊》2009 年第 3 期，第 24 页。

要交给记名收货人即可。①

第二节　承运人的主要权利

海上货物运输合同是双务、有偿合同,其承运人享有与托运人义务相对应的诸项权利。例如,运费、亏舱费、滞期费及其他合理费用的请求权,货物提存权,货物留置权,等等。此外,海运承运人还享有各国为鼓励航运冒险事业而赋予的一些特殊权利,如航海过失等免责权利、海事赔偿责任限制权、单位赔偿责任限制权、非合同之诉抗辩权等。

为避免赘述,并便于理论知识点的体系化阐释,本节仅针对承运人的几项特殊权利展开案例分析,而其对应于托运人义务的权利则放入第三章第二节"托运人的主要义务与责任"中一并分析。

📝 导入案例 2-4

承运人因航海过失导致货物损失而不负赔偿责任

2012 年 2 月 28 日,中国人民财产保险股份有限公司北京市分公司作为保险人和被保险人河南新开元贸易有限公司签订货物运输保险合同。次日,涉案货物(即保险标的物)由"DONGFANGQIANG"轮自新港出运,后被转运至"BARELI"轮上,前往加纳特马。智利南美轮船公司签发涉案货物的清洁提单。该提单记载:托运人是河南新开元贸易有限公司,安泰迪卡公司是"BARELI"轮的实际承运人。另,安泰迪卡公司是"BARELI"轮的船舶所有人。

3 月 15 日,"BARELI"轮在拟进港靠泊福州港航行过程中偏离航道,于江阴航道触礁,导致该轮船体中部断裂,船舶沉没,部分集装箱没入水中或漂失。事发后,悦之保险公估有限公司接受船方的委托对涉案船舶获救的集装箱进行检验,未发现涉案货物集装箱,遂出具全损证明,认为涉案集装箱及内装货物因船舶搁浅事故而全损。

8 月 13 日,中国人民财产保险股份有限公司北京市分公司向被保险人赔付46460.49 美元。随后,被保险人出具权益转让书,中国人民财产保险股份有限公司北京市分公司取得代位求偿权。

福建海事局对事故经过调查后认为:"BARELI"轮船舶证书齐全有效,船员配备符合最低安全配员要求,船舶的各种配备均处于正常工作状态;事故原因是"BARELI"轮在进港航行时未认真执行航行计划,未保持正规了望、未勤核船位、未采用安全航速,在进港航行时未使用手动舵航行、船长不在驾驶台操纵指挥,三副在不熟悉通航环境的情况下冒险航行,导致船舶严重偏离航道,造成触礁事故发生。因此,涉案事故系单方责任事故,由"BARELI"轮负全部责任。

---

① 武汉海事法院(1999)武海法宁商字第 80 号民事判决书;上海海事法院(2003)沪海法商初字第299 号民事判决书。

10月16日，安泰迪卡公司和案外人法国达飞轮船股份有限公司向宁波海事法院（即一审法院）申请设立非人身伤亡海事赔偿责任限制基金。一审法院作出（2012）甬海法限字第1号民事裁定，裁定准许设立基金。智利南美轮船公司申请作为涉案海事赔偿责任限制基金的共同设立人。法院经审查认为，智利南美轮船公司属中国《海商法》第二百零四条规定的有权主张海事赔偿责任限制的主体。

于是，中国人民财产保险股份有限公司北京市分公司在宁波海事法院公告债权登记期间就其损失申请债权登记。宁波海事法院（2013年）作出甬海法登字第2-125号民事裁定书准予其申请。遂后，中国人民财产保险股份有限公司北京市分公司提起确权诉讼。原、被告双方选择适用中国法。

法院认为：保险人赔偿保险赔偿款并取得权益转让证书，可以代位索赔；导致货物损失的船舶搁浅事故是由于船长、船员在驾驶船舶或者管理船舶中的过失造成的，因此，承运人和实际承运人可享受航海过失免责。因此，一审法院判决：驳回原告中国人民财产保险股份有限公司北京市分公司的诉讼请求。

案例索引

一审：宁波海事法院（2013）甬海法权字第179号民事判决书。

简要述评

航海过失免责是海运承运人所特有的一项特殊权利，不同于陆路运输通常采用的严格责任原则（如中国《民法典》第八百三十二条）。实践中，涉及航海过失免责的海事纠纷比例并不高，最终承运人能成功主张航海过失免责的更少。本案中，承运人充分证明货物损坏与航海过失之间的因果关系，故承运人不承担赔偿责任。在涉案船舶沉没事故引发的另外一系列货物损坏索赔案中，法院同样认为承运人享有航海过失免责权利，如中国人民财产保险股份有限公司合肥市分公司与法国达飞轮船股份有限公司海事债权确权纠纷案。[1]

法条依据

《中华人民共和国海商法》第五十一条、第二百零四条；《中华人民共和国民事诉讼法》第六十四条第一款、第二百五十九条；《中华人民共和国涉外民事关系法律适用法》第三条；《中华人民共和国海事诉讼特别程序法》第九十三条、第一百一十六条第二款。《最高人民法院关于审理海事赔偿责任限制相关纠纷案件的若干规定》第四条。

理论要点

基于鼓励航运事业的发展[2]、船东对船员监督功能的欠缺[3]、海上危险的特殊性[4]、

---

[1] 宁波海事法院（2013）甬海法权字第176号民事判决书。
[2] 张新平著：《海商法》，五南图书出版社2002年版，第353~354页。
[3] 林群弼著：《海商法论》，三民书局2004年版，第401页。
[4] 杨仁寿著：《海商法论》，三民书局1985年版，第154页。

海损风险的分担和海事立法的统一①等因素，有关公约或国内立法通常赋予承运人对火灾、天灾、战争或武装冲突、政府行为、司法扣押、罢工、货物自然特性或固有缺陷等原因导致的货物灭失或损坏享有免责权利。例如，中国《海商法》第 51 条第 1 款规定了 12 项免责事由，《海牙规则》第 4 条第 2 款则规定了 17 项免责事由。

比较而言，航海过失免责是最为特殊的海运承运人免责制度。所谓航海过失免责，是指船长、船员、引航员或者承运人的其他受雇人在驾驶船舶或者管理船舶中的过失导致货物灭失或损坏的，承运人不负赔偿责任。其中，"驾驶船舶过失"是指船长、船员、引航员等在船舶航行或停泊操纵上的过失，而"管理船舶过失"则指船长、船员等在维持船舶的性能和有效状态上的过失。② 值得注意的是，晚近，理论界与立法上对海运承运人航海过失免责制度出现了存废之争。③

实践中，承运人的免责权利，尤其是航海过失免责，通常与船舶适航、管理货物义务、管理船舶过失等问题交织在一起。④ 对此，应依据货物损坏的因果关系以及承运人能否免责等各种因素，按比例承担赔偿责任。例如，在 Great China Metal Industries Co. Ltd. v. Malaysian International Shipping Corp. Bhd⑤ 案中，因船舶遭遇恶劣天气且驾驶人员疏忽，涉案货物遭受损坏。最终，法院仅允许承运人依靠"恶劣天气等非过失因素"免责。

关于管理船舶过失与管理货物过失，应依据船长、船员、引航员或承运人的其他受雇人员的行为目的加以区别。⑥ 例如，典型的比较案例是：船员为检查舱盖是否严密，打开舱盖检查后未关闭严密，致使海水进入货舱而造成货物湿损，则构成管理船舶过失；船员为检查船舱里的货物状态，打开舱盖进入货舱检查之后舱盖未关闭严密，致使海水进入货舱而造成货物湿损，则构成管理货物过失。

📝 **导入案例 2-5**

承运人未设立基金亦可享受海事赔偿责任限制

2015 年 4 月 24 日，山东轻工公司与瑞士路易达孚公司签订买卖合同，约定：购买大豆油，价格为成本加运费，目的港为泰州港，付款方式为信用证；山东轻工公司

---

① 司玉琢主编：《海商法专题研究》，大连海事大学出版社 2002 年版，第 12 页。

② 司玉琢等编著：《新编海商法学》，大连海事大学出版社 1999 年版，第 140~141 页。

③ 郭瑜著：《海商法的精神——中国的实践和理论》，北京大学出版社 2005 年版，第 68~69 页；胡正良、韩立新、孙思琪等著：《〈海商法〉修改基本理论与主要制度研究》，法律出版社 2021 年版，第 266 页；张一桢、蒋正雄：《关于废除〈海商法〉中过失免责制度之思考》，载《华东政法大学学报》2019 年第 5 期，第 159~167 页。

④ 上海海事法院（2012）沪海法商初字第 1208 号民事判决书；杨婵：《台风免责抗辩的司法审查》，载《航海》2016 年第 4 期，第 12~16 页。

⑤ （1994）1 LI. L Rep. 335；Rowson v. Atlantic Transport Co. ［1903］2 K. B. 666 (C. A.)。

⑥ Great China Metal Industries Co. Ltd. v. Malaysian International Shipping Corp Bhd，（1994）1 Lloyd's Rep 455.

承诺接受船长的准备就绪通知书，装卸时间自船舶已准备好卸货并递交准备就绪通知书后 6 小时起算，或者当船舶已停泊，无论是否通关，是否检疫，是否在港口，是否已停泊，以较早者为准。

5 月 7 日，山东轻工公司与路易达孚公司再次签订三份买卖合同，约定向路易达孚公司购买三批大豆油，成本加运费，目的港分别为秦皇岛港、广州港和泰州港，付款方式均为信用证，其他条款与第一份合同相同。

7 月 23 日、24 日，山东轻工公司与益海哈尔滨公司分别签订三份采购合同，约定：益海哈尔滨公司购买大豆油；交货地点和方式为益海哈尔滨公司指定的目的港岸罐内交货（三份合同的目的港分别为秦皇岛港、泰州港和广州港）；交货期限为 2015 年 10 月 20 日前在指定交货地点交付；付款方式为益海哈尔滨公司须在交货期限内一次或分次付清全部货款；具体付款时间为货到指定交货地入罐，商检放行并出具相关卫生证书之后；目的港码头费用由益海哈尔滨公司承担；货物所有权和风险自货物交付时转移。

6 月 25 日，为履行上述四份买卖合同，路易达孚公司与原油船租用公司签订航次期租合同，承租利比里亚籍"埃克莱奥斯"轮（船舶所有人为拉雷多公司）运输涉案货物，租期为南美洲至中国或印度港口的一个 40~90 日正常航次期间。

8 月 6 日，上述四份买卖合同项下的大豆油共计 42000 吨于巴西巴拉那瓜港装入"埃克莱奥斯"轮。装船前，SGS 巴西公司为涉案货物出具质量证书、重量证书、卫生证书、非转基因证书、原产地证明、前三航次货物证书、装货港检验检疫证书等文件。其中，质量证书显示，经过取样化验分析，涉案货物装船前的杂质含量为 0.01%，水分及挥发物含量为 0.09%；前三个航次货物证书显示涉案船舶前三个航次曾装运过尿素硝酸铵溶液。货物装船后，由 Agencia Maritima Cargonave Ltda 代船长签发七套已装船清洁指示提单，提单的托运人分别为四家公司，收货人均为凭指示，通知方均为山东轻工公司，目的港分别为广州港、秦皇岛港和泰州港。

山东轻工公司经托运人背书取得涉案全部正本提单。山东轻工公司在货物装船的同时与中国平安财产保险股份有限公司签订七份海上货物保险合同（分别对应七份提单），并支付保险费。

8 月 14 日，路易达孚公司向山东轻工公司开具与四份销售合同相对应的商业发票。山东轻工公司于 2015 年 11 月 4 日支付全部货款。

依据第二份买卖合同及其相应提单，涉案货物中的一部分货物应在秦皇岛港卸船，山东轻工公司为此支付了秦皇岛港港建费、报关费、出入境检验检疫费和进口服务费。

9 月 15 日，"埃克莱奥斯"轮靠泊于秦皇岛港。16 日开始向秦皇岛金海粮油工业有限公司的岸罐内卸货。卸货过程中，发现已卸货物有分层现象，遂停止卸货（此时已卸货物约 1087 吨）。22 日、24 日，中检秦皇岛公司与各方代表进行联合取样施封，后于 11 月 9 日出具报告，认为卸港货物遭受海水及前航次货物残留污染。因此，益海哈尔滨公司拒绝接收货物。经协商，山东轻工公司与益海哈尔滨公司于 2015 年 10 月 15 日协议解除双方之前签订的三份采购合同。上述合同解除后，为减轻损失，山东轻工公司决定将全部涉案货物转运至日照港进口，遂于 2016 年 1 月 6 日与路易达孚公司签订转港协议书。该协议书约定：路易达孚公司同意在约定条件满足的前提下，向船方发出指令，将卸货港全部变更为日照港；山东轻工公司同意承担路易达孚公司已向原油船租用公司支付的，因涉案船舶在秦皇岛港停泊以及之后的转港而发生的滞期费。

2016 年 1 月下旬，山东轻工公司将已卸货物中的约 198 吨以陆运方式自秦皇岛港运至日照港日照金粮公司岸罐，同时将剩余货物回装上"埃克莱奥斯"轮，与涉案其他货物一起以海运方式自秦皇岛港运抵日照港，并全部卸至日照金粮公司岸罐内。转运过程中，山东轻工公司支付货物包装费、陆运费、中转费、仓储费、进口关税、增值税、滞报金、出入境检验检疫费和港建费等。

1 月 20 日，山东轻工公司委托佳联国际拍卖有限公司和山东光彩银星拍卖有限公司拍卖涉案全部货物。3 月 12 日，中检山东公司在日照对涉案货物进行检测分析，并于同年 9 月 22 日出具鉴定报告，认定涉案货物遭受海水及前航次货物残留污染。

3 月 24 日、5 月 31 日，涉案货物分别达成买卖合同拍卖成交。为拍卖货物，山东轻工公司支付货物检验费、拍卖佣金以及从日照金粮公司岸罐至黄海粮油公司罐内的短途运输费。

2018 年 1 月 9 日，山东正通价格事务所有限公司受山东轻工公司委托出具价格认证结论书，认定涉案大豆油在 2016 年 2—5 月的国内市场销售价格为：2016 年 2 月每吨人民币 7300 元，3 月每吨人民币 7300 元，4 月每吨人民币 7200 元，5 月每吨人民币 7150 元。4 月 2 日，中检秦皇岛公司受山东轻工公司委托出具残损检验鉴定报告，认为涉案货物因海水和前航次货物残留而遭受污染，将极大增加加工过程中油品的损耗。10 月 26 日，受一审法院委托的国宏信公司出具价格评估报告书，证明完好的涉案大豆油在国内市场上 2016 年 3 月 24 日的销售价格为每吨人民币 7220 元，同年 5 月 31 日的销售价格为每吨人民币 7116 元。

另，2017 年 2 月 20 日，山东轻工公司的名称变更为山东省轻工业供销有限公司。

于是，山东轻工公司向一审法院起诉，请求判令拉雷多公司赔偿其货物贬值损失及其利息以及其他损失。拉雷多公司在诉讼中提出海事赔偿责任限制抗辩。对于有关争议，双方当事人均选择适用中华人民共和国法律。

一审法院认为，拉雷多公司是涉案船舶所有人，其与山东轻工公司依据涉案提单成立海上货物运输合同关系，是涉案海上货物运输合同的承运人。因此，一审法院判决：拉雷多公司赔偿山东轻工公司货物损失及其利息、其他损失；对上述赔款，拉雷多公司在"埃克莱奥斯"轮海事赔偿责任限额范围内清偿。拉雷多公司不服一审判决，提起上诉。二审法院判决：驳回上诉，维持原判。拉雷多公司不服二审判决，申请再审。最高人民法院裁定：驳回拉雷多公司的再审申请。

📇 案例索引

一审：天津海事法院(2015)津海法商初字第 763 号民事判决书。

二审：天津市高级人民法院（2019）津民终 168 号民事判决书。

再审：最高人民法院（2021）最高法民申 1976 号民事裁定书。

📝 简要述评

海事赔偿责任限制是船舶所有人、救助人、船舶经营人或出租人所特有的一项法定权利。亦即，海事赔偿责任主体有权依法将一次海事事故所引发的各类限制性债权的赔偿数额限制在一定范围内。作为一项权利，只要符合中国《海商法》第十一章规定的相关条件，责任主体可以在诉讼中直接申请海事赔偿责任限制，亦可通过申请设立海事赔偿责任限制基金来主张权利。因此，本案判决对责任主体依据法律规定限制其赔偿责任时所必须履行的法定程序做了明确规定——设立海事赔偿责任限制基金并不是责任主体享有海事赔偿责任限制权利的前提条件，对鼓励航运业的发展具有较强的实践意义。

📖 法条依据

《中华人民共和国合同法》第一百一十三条第一款（已废止，参见《中华人民共和国民法典》第五百八十四条）；《中华人民共和国海商法》第四十六条、第五十一条、第五十五条、第二百零四条第一款、第二百零七条、第二百一十条、第二百七十七条；《中华人民共和国民事诉讼法》第六十四条第一款、第二百条、第二百零四条第一款、第二百五十三条；《最高人民法院关于适用〈中华人民共和国民事诉讼法〉的解释》第三百九十五条第二款；《最高人民法院关于审理海事赔偿责任限制相关纠纷案件的若干规定》第十三条。

📋 理论要点

海事赔偿责任限制是海商法特有的一项法律制度，该制度有利于鼓励航运业、海上救助和海上保险事业的发展。

各国立法或国际条约一般对享受海事赔偿责任限制的海事请求做出明确规定，即限制性债权。此外，船舶所有人、船舶出租人、船舶经营人、救助人以及相关责任人，均可依法享有海事赔偿责任权利。例如，中国《海商法》就对这些问题做了明确的规定。

海事赔偿责任主体依法按其船舶吨位计算其赔偿责任限额。在此限额内，各项限制性海事请求依法定顺序受偿。然而，实践中，各项限制性海事请求、非限制性海事请求往往与船舶优先权保护的海事请求相交叉，使得纠纷解决变得极为复杂。

海事赔偿责任主体可以申请设立海事赔偿责任限制基金，包括人身伤亡基金和非人身伤亡基金。责任人设立责任限制基金后，向责任人提出请求的任何人，不得对责任人的任何财产行使任何权利；已设立责任限制基金的责任人的船舶或者其他财产已经被扣押，或者基金设立人已经提交抵押物的，法院应当及时下令释放或者责令退还。

海事赔偿责任主体就同一事故向海事请求人提出反请求的，双方的请求金额应当相互抵销；海事赔偿责任限额仅适用于两个请求金额之间的差额。

此外，设立海事赔偿责任限制基金的意义仅在于限定了赔偿金额的范围以及暂时避免责任方的船舶或其他财产受到保全措施的影响。换言之，设立海事赔偿责任限制基金不是援引责任限制（责任主体享有海事赔偿责任限额）的前提条件，亦不意味申请人当然地享有海事赔偿责任限制，更不意味着申请人对赔偿责任的承认。亦即，这些问题需要进一步的司法程序另行予以确认。

📝 **导入案例 2-6**

承运人因过失导致货物损失时可享受单位赔偿责任限制

2017 年 3 月 7 日，中国电力公司与送变电公司签订合同，约定送变电公司就科特迪瓦电网发展和改造项目提供仓储服务及内陆运输机具和车辆的供货和服务。嗣后，送变电公司向上海徽福公司购买涉案货物。

5 月 26 日，徽福公司出具相关发票，载明购买方为送变电公司，货物为汽车起重机。

5 月 19 日，中国电力公司就涉案货物运输向华泰财险北京分公司投保，华泰财险北京分公司出具货物运输保险单，保险单载明投保人和被保险人为中国电力公司，装载工具为"凤凰松"轮，运输路线从起运地厂家仓库经中转地上海港至目的地科特迪瓦工地现场。

5 月 20 日，中国电力公司委托中远公司对涉案货物进行运输。随后，中远公司安排"凤凰松"轮在上海港装载本案货物。中国上海外轮代理有限公司以中远公司名义签发抬头为中远公司的正本提单。该提单记载：托运人为中国电力公司，收货人和被通知人为中电科特迪瓦公司，船舶为"凤凰松"，装运港为中国上海港，卸货港为科特迪瓦阿比让港，运费预付。

7 月 15 日，涉案货物运抵阿比让港。16 日，涉案货物在进行起重作业时因钢丝吊索断裂而从高处下落至船舱底部(约 1.5 米)，遭受损失。中国电力公司遂出具确认函，授权中设公司就受损货物向中远公司提出索赔。于是，中设公司于 7 月 16 日向中远公司发送索赔函，声称中设公司保留就货损向中远公司索赔的权利。

7 月 17—18 日，有关各方在阿比让港对相关汽车起重机进行了联合检验。其中，受华泰财险北京分公司委托的欧米茄海事公司认定该货物应被视为推定全损；受中国电力公司委托的涉案货物生产厂家徐州工程机械集团有限公司建议采购新车一部；巴德集团科特迪瓦公司代表船东委托的 WIGGINS 公司则认为只是轻微受损，但明确仅仅是预估。

华泰财险北京分公司称，经与被保险人中国电力公司协商，涉案货物最终的理赔金额为 175211.52 美元以及检验费 3412.27 美元。2018 年 4 月 16 日，华泰财产保险有限公司分别向中国电力公司和 UNILEXMARITIME 汇付上述保险理赔款和检验费。17 日，中国电力公司向华泰财险北京分公司出具赔款收据和权益转让书。此外，就涉案货损，提单上载明的收货人中电科特迪瓦公司也确认由中国电力公司索赔。因此，华泰财险北京分公司依法取得代位求偿权。

因此，华泰财险北京分公司向一审法院起诉，请求判令中远公司赔偿其损失及利息。对相关争议，双方当事人均选择适用中华人民共和国法律。

一审法院认为，中国电力公司与中远公司之间成立海上货物运输合同关系，中国电力公司是托运人，中远公司是承运人。因此，一审法院判决：中远公司应予赔偿华泰财险北京分公司的损失；中远公司享有单位赔偿责任限制权。中远公司不服一审判决，提起上诉。二审法院经审理后判决：驳回上诉，维持原判。

📇 案例索引

一审：广州海事法院(2018)粤 72 民初 1044 号民事判决书。
二审：广东省高级人民法院(2020)粤民终 43 号民事判决书。

📝 简要述评

在诸多海上货物运输纠纷案件中涉及单位赔偿责任限制的纠纷案件并不多，尤其是能够成功享有单位赔偿责任限制权利的案例更是少之又少(参见"案例 2-7")。本案中，华泰财险北京分公司未能充分证明货物损失系中远公司或其受雇人、代理人故意或者明知可能造成损失而轻率地作为或者不作为所造成的。因此，中远公司不存在丧失单位赔偿责任限制的情况，亦即，中远公司有权按照《中华人民共和国海商法》第五十六条的规定享受单位赔偿责任限制。本案一审曾在"中国庭审公开网"上两次开庭直播，具有较强的代表性和示范性。

📋 法条依据

《中华人民共和国海商法》第四十六条第一款、第五十一条、第五十六条、第五十九条、第二百五十二条第一款、第二百六十九条、第二百七十七条；《中华人民共和国保险法》第六十四条；《中华人民共和国民事诉讼法》第六十四条第一款、第一百七十条第一款第一项；《中华人民共和国海事诉讼特别程序法》第九十三条；《最高人民法院关于适用〈中华人民共和国民事诉讼法〉的解释》第九十条。

📑 理论要点

除海事赔偿责任限制外，单位赔偿责任限制和迟延交付经济损失赔偿限制也是承运人赔偿责任限制的一项重要内容。其目的也是针对海上特殊风险而鼓励航运业的发展。

依据中国《海商法》第五十六条之规定，承运人对货物的灭失或损坏的赔偿限额，按照货物件数或者其他货运单位数计算，每件或者每个其他货运单位为 666.67 计算单位，或者按照货物毛重计算，每千克为 2 计算单位，以二者中赔偿限额较高的为准。但是，托运人在货物装运前已经申报其性质和价值，并在提单中载明的，或者承运人与托运人已经另行约定高于本条规定的赔偿限额的除外。

此外，承运人对货物因迟延交付造成经济损失的赔偿限额，为所迟延交付的货物的运费数额。货物的灭失或者损坏和迟延交付同时发生的，承运人赔偿责任限额适用本法第五十六条第一款规定的限额。此外，承运人的赔偿数额超过上述赔偿限额时，承运人才有必要申请单位赔偿责任限制或迟延交付经济损失赔偿限制。因此，承运人的赔偿责任限制权利实质上是一定程度的免责权利。

但是，经证明，货物的灭失、损坏或者迟延交付是由于承运人的故意或者明知可能造成损失而轻率地作为或者不作为造成的，承运人不得援用单位赔偿责任限制或迟延交付经济损失的赔偿限额。

最后，单位赔偿责任限制、迟延交付经济损失赔偿限制可能与前述海事赔偿责任限制重叠适用。此种情况下，单位赔偿责任限额、迟延交付经济损失赔偿限额可能进一步受海事赔偿责任限额的限制。亦即，一次事故引发的有关限制性海事请求的诸项单位赔偿责任限额、迟延交付经济损失限额和其他限制性债权的总额不得超过其海事赔偿责任限额。

📝 **导入案例 2-7**

港口经营人是承运人的独立合同人，享有单位赔偿责任限制权

2009 年 11 月，无锡博世公司与巴西卖方双方签订 EXW 卖方工厂交货的设备买卖合同，并约定由买方指定运输承运人。

2010 年 3 月，博世公司与泛亚班拿货代联系进口运输。同时，泛亚班拿货代与巴西泛亚班拿有限公司（以下简称巴西泛亚班拿公司）联系运输事宜。同年 4 月 23 日，巴西泛亚班拿公司委托米斯那重型运输有限公司从位于巴西库里提巴的工厂提取三台涉案设备，开始库里提巴到巴拉那圭港口的陆路运输。5 月 11 日，涉案设备在进入巴拉那圭港口区域后、装上船舶前被摔坏。

涉案货物保险人人保无锡和泛亚班拿货代提交的联合货损勘验报告显示，涉案货物系"在码头堆场集装箱搬运至 MONTE SARMIENTO 轮船时因发生事故造成里面机械和部分栓绳遭受损坏"，双方对此没有争议。

11 月，人保无锡根据货物运输保险单与博世公司签订赔偿协议，确认按受损设备发票金额的 88% 作为最终定损金额进行赔付，并于 12 月向博世公司实际赔付人民币 400 余万元并取得代位求偿权。于是，人保无锡在上海海事法院对巴西泛亚班拿公司提起追偿之诉。对有关争议，双方均选择适用中国法。

另查明，巴西泛亚班拿公司签发提单。该提单载明：起运港为巴西巴拉那圭港口，目的港为中国上海，承运人为巴西泛亚班拿公司。

一审、二审法院认为：泛亚班拿货代应为多式联运经营人而非货运代理人，其与博世公司之间成立多式联运合同关系；涉案货物虽因损坏而未装上船舶并实际出运，但货损发生于巴拉那圭港口区域以内，并已由港口方实际接收货物，应视为海运段运输已经开始，故涉案货损发生于海运区段，并应适用《海商法》相关规定确定当事人的责任；涉案货损发生在泛亚班拿货代责任期间内的海运区段，且非因巴西泛亚班拿公司的故意或者明知可能造成损失而轻率地作为或者不作为造成，泛亚班拿货代有权依据中国《海商法》第五十六条的规定主张单位赔偿责任限制。因此，一审、二审法院均判决：涉案事故发生在海运阶段；泛亚班拿货代享有单位赔偿责任限制权。

人保无锡不服二审判决，向最高人民法院提出再审申请。再审法院裁定：驳回人保无锡的再审请求。

📖 案例索引

一审：上海海事法院(2011)沪海法商初字第 1201 号民事判决书。

二审：上海市高级人民法院(2012)沪高民四(海)终字第 94 号民事判决书。

再审：最高人民法院(2014)民申字第 1188 号民事裁定书。

✍ 简要述评

承运人对集装箱货物的责任期间是指从装货港接收货物时起至卸货港交付货物时止，货物处于承运人掌管之下的全部期间。实践中，船舶接收货物与海运承运人在装货港接收货物的时间节点并不完全重合；集装箱货物往往在根据船公司的指令进入集装箱堆场之时(更准确地说是集装箱卡车越过集装箱堆场闸机的那一刻)就处于船公司的掌控之下，而货物的运输则相应地进入海运阶段。此外，港口经营人是海运承运人的独立合同人(有学者主张可视为实际承运人)，其作业属于海运承运人的委托行为。

货物的灭失或者损坏发生于多式联运的某一运输区段的，多式联运经营人的赔偿责任和责任限额，适用调整该区段运输方式的有关法律规定。本案案涉事故发生于海运区段，应当适用中国《海商法》相关规定确定当事人的责任。因此，泛亚班拿货代有权依据中国《海商法》第五十六条的规定主张单位赔偿责任限制。因此，本案判决对明确海上货物运输承运人责任期间或多式联运合同之海运区段具有较强的实践意义。

📖 法条依据

《海商法》第四十六条、第五十六条、第七十一条、第一百零五条；《中华人民共和国民事诉讼法》第二百条、第二百零四条第一款。

📋 理论要点

海上货物运输承运人的受雇人、代理人、独立合同人的法律地位及其权利义务应与承运人的权利义务保持衔接或一致。否则，极易导致承运人丧失其依据海上货物运输法而本应享有的免责或赔偿责任限制权利。因此，各国国内立法或国际公约通常赋予承运人的受雇人、代理人、独立合同人享有承运人的抗辩理由及赔偿责任限制权利。

实践中，因海上货物运输合同而引发的争议，一般按照违约行为处理。但是，一些国家法律赋予货主可以选择违约之诉或侵权之诉。因此，如果货主主张侵权之诉，承运人将无法享有海上货物运输法赋予其的免责或赔偿责任限制等权利。该种情形最早是由"喜马拉雅"轮案[1]所引起。该案中，客轮乘客 Adler 因舷梯未放好而摔伤，且承运人依合同享有免责权利，因此 Adler 绕开合同而起诉船长和水手长疏忽职守(Adler 与船长等承运人的受雇人无合同关系)。最后，法院判决 Adler 胜诉，船长和水手长应对其侵权行为负赔偿责任。之后，基于此案判决，承运人在提单上订立"喜马拉雅条款"，并不断扩展其适用

---

① Adler v. Dickson and Another, (1954) 2 Lloyd's Rep. 122; Adler v. Dickson and Another, (1954) 2 Lloyd's Rep. 267.

范围：在非合同之诉情况下，承运人的受雇人、代理人或独立合同人可以享有承运人的抗辩理由及赔偿责任限制等权利，不论海事请求人是否为合同的一方，也不论是根据合同或根据侵权行为提起。① 随后，该条款逐渐得到广泛认可与适用，并得到中国《海商法》以及《海牙规则》《汉堡规则》等国内立法和国际公约的承认。

概括而言，随着"喜马拉雅条款"的发展变化，承运人享有非合同之诉抗辩权，其受雇人、代理人或独立合同人（甚至实际承运人）在受雇或受委托范围内的行为亦可享有承运人的抗辩理由及赔偿责任限制等权利。理论上，有学者主张，"实际承运人"和"运输"均应摒弃其狭义的理解：实际承运人应包括港口经营人；运输应包括装卸、仓储、保管等服务。② 实践中，因为合同或提单中载入"喜马拉雅条款"以及相关立法对此制度的承认，货主已实无必要选择侵权之诉，因此海上货物运输纠纷中的"非合同之诉"案件较为少见。③ 例如，提单持有人并非收货人的（如基于贸易融资持有的金融机构），亦可主张违约之诉。④

第三节　承运人的责任期间

承运人在其责任期间内应对其掌管之下的货物负责。除立法对承运人责任期间做出明确规定外，承运人与托运人往往在合同或运输单证中也对承运人的责任期间做出约定。实践中，海上货物运输合同或运输单证中有关承运人责任期间的约定，可以通过实际履行行为而变更。

导入案例 2-8

码头装卸等作业可能改变承运人之"钩到钩"责任期间

2014 年 8 月 30 日，达飞集团作为全程承运人承运 11 个集装箱货物（海产品）从几内亚科纳克里港运至广州黄埔港。达飞集团签发记名提单，收货人为大连博远公司。提单记载了 11 个集装箱的号码和封条、每个集装箱装货的件数和毛重，其中编号为 TRIU8421903 的涉案集装箱显示装货 1153 件，毛重 28157 千克，铅封号为 A0172741。同时，提单注明：上述货物是由托运人申报，承运人不负责任。

10 月 28 日，涉案货物运抵广州南沙。南洋公司接受达飞集团的委托作为二程承运人将货物从南沙运至黄埔港。南洋公司签发二程提单，记载达飞广州分公司为托运

① 傅廷中：《非合同之诉》，载《世界海运》1999 年第 3 期，第 54~55 页；黄建设：《承运人在非合同赔偿中的抗辩权》，载《水运管理》2001 年第 9 期，第 17~21 页。
② 司玉琢著：《海商法专论》，中国人民大学出版社 2007 年版，第 221、244~246 页；The New Zealand Shipping Company Limited v. A. M. Satterthwaite & Company Limited，（1974）1 Lloyd's Rep. 534；The "Suleyman Stalskiy"，（1976）2 Lloyd's Rep. 609.
③ 上海海事法院（2009）沪海法商初字第 1124 号民事判决书，上海市高级人民法院（2010）沪高民四（海）终字第 136 号民事判决书，最高人民法院（2013）民申字第 35 号民事裁定书。
④ 青岛海事法院（2018）鲁 72 民初 375 号民事判决书。

人，大连博远公司为通知方，提单记载的 11 个集装箱的号码和封条与达飞集团签发的全程提单记载的一致，其中涉案集装箱的铅封号未变，但提单只记载了 11 个集装箱的总重量和总件数，却未详细载明每个集装箱装载货物的件数和重量。同时，提单载明由托运人装箱、计数和封箱。

10 月 29 日，涉案货物运抵中外运公司经营的东江仓码头堆场。中外运公司操作中心出具的集装箱作业情况查询单显示，涉案集装箱进场时的铅封号为 A0172741。集装箱残损单则批注该集装箱"左上深凹、左右两侧多处凹"。达飞集团提供的黄埔海关进出口货物过磅称重单记载，涉案集装箱于 10 月 30 日过磅称重，显示涉案集装箱货物毛重为 18520 千克。亦即，涉案集装箱货物出现短少。于是，大连博远公司以涉案集装箱货物短少为由起诉达飞集团，要求赔偿其损失及其利息等。后经一审法院主持调解，达飞集团与大连博远公司于 2016 年 11 月 14 日自愿达成和解协议，由达飞集团支付大连博远公司 30 万元，作为该案的全部和最终的解决方案。达飞集团作出赔偿后，以南洋公司和中外运公司对货物损失应承担责任为由，提起本案诉讼。诉讼中，原、被告均选择适用中国法。

为证明涉案集装箱是在南洋公司、中外运公司掌管期间发生的货物短少，达飞集团委托了广州海正保险公估有限公司进行检验。广州海正保险公估有限公司出具检验报告，记载了检验的事实经过，并得出结论：涉案集装箱的铅封在运输途中被修改，且有 451 箱货物丢失，但是由于缺乏材料文件，无法确认铅封修改的日期和地点、铅封是否被修改，以及货物是否被窃/丢失。（补充说明：(1)10 月 30 日，题述集装箱在江仓码头接受当地海关的检查，打开集装箱箱门前，集装箱的铅封编号曾被修改，原来的铅封编号 A0172741 丢失；锁于集装箱把手上的是一个被修改的编号难以识别的马士基铅封。随后，当地海关重新换了铅封，编号为 929633。(2)11 月 3 日，题述集装箱送达广州市天烨冷冻仓储。送达时，箱门妥善关闭，编号 929633 的新铅封完好无损。打开箱门时，检验人员发现货物并未装满，仅装了大约一半。另外，所有的货物都装在大小一致的纸箱中，且货物的名称都用中文写在纸箱上。但是，集装箱内不同的货物混合在一起。拆箱操作于当天 12：00 时左右结束。拆箱完成后，检验人员检查了题述集装箱的外观，发现集装箱结构状况良好。随后，集装箱内的货物被转移到冷冻仓库进行分拣与检查，发现 451 箱货物丢失。但是，与装箱单对比却多出 36 箱其他鱼和 1 个混合装着各类鱼的箱子。(3)收货人的报关代理人声称：题述集装箱在南沙港和新加坡(或巴生港)两个港口转运时曾进行卸货/装运操作。)

一审法院认为，达飞集团主张南洋公司作为二程承运人在其掌管货物期间发生货物短少，要求南洋公司承担赔偿责任，达飞集团应负举证责任。然而，南洋公司接收货物后签发的提单只记载 11 个集装箱货物的总重量，并没有具体记载每个集装箱货物的重量，而达飞集团签发的全程提单记载货物在装货港由托运人装箱、计数和封箱，并记载每个集装箱的重量；南洋公司在南沙港转运时仅以集装箱外表状况进行接收，对集装箱箱内货物件数和数量无法核实；货物运抵中外运公司码头后，该公司出具的货物交接单上并没有关于集装箱铅封破损的记录。因此，一审法院判决：驳回达飞集团的诉讼请求。达飞集团不服一审判决，提起上诉。

二审法院对一审查明的事实予以确认，并另查明：涉案集装箱运至中外运公司码头存储时铅封已丢失；南洋公司与中外运公司存在港口作业合同；涉案集装箱的卸船费由达飞集团支付给中外运公司。因此，二审法院认为：涉案货物从南沙运至黄埔港，南洋公司签发二程提单，记载南洋公司为承运人，达飞集团为该区段的托运人，通知人为大连博远公司；"钩到钩"条款。但是，涉案货物运至黄埔港后，南洋公司委托中外运公司从事码头装卸及货物集港业务，并将货物运至码头仓库仓储，因此，货物此时仍处于南洋公司掌管之下，并致使二程提单"钩到钩"条款发生实质变更，即改变了南洋公司的责任期间——延长至将货物交付给收货人时止；涉案集装箱运抵中外运公司东江仓码头堆场后接受海关开箱检查之时，集装箱铅封发生丢失，且达飞集团已赔偿大连博远公司相应货损。

因此，二审法院判决：涉案货物在南洋公司责任期间发生货损，南洋公司应就此损失承担赔偿责任。

南洋公司不服二审判决，申请再审。再审法院重点审查了二审判决认定案涉货物损失发生在南洋公司责任期间是否正确的问题，其中包括南洋公司责任期间是否变更。再审法院认为：南洋公司签发二程提单未对涉案集装箱外观情况做批注，但货物运抵东江仓码头堆存，在交付给收货人之前发现集装箱铅封丢失、货物短少，故南洋公司未能完成将货物完好交付的义务；案涉货物在东江仓码头堆存期间仍处于南洋公司掌管之下，故南洋公司应对涉案货损承担赔偿责任。因此，再审法院裁定：驳回南洋公司的再审申请。

案例索引

一审：广州海事法院(2017)粤72民初514号民事判决书。
二审：广东省高级人民法院(2018)粤民终1949号民事判决书。
再审：最高人民法院(2021)最高法民申6360号民事裁定书。

简要述评

海上货物运输合同可以通过实际履行行为而变更，合同约定的运输方式及对应的承运人责任期间亦可根据实际履约情况而变更。本案中，提单载明二程承运人责任期间为"钩到钩"，但货物运抵目的港后二程承运人通过其独立合同人从事卸载、集港等业务，从而将其作为承运人的责任期间"钩到钩"延长至将货物交付给收货人时止。航运实践中，同类性质的案件比较常见，例如，最高人民法院(2015)民提字第225号判决书认定：如果货物交付的实际履行情况与提单记载不相符，承运人并未在提单记载的地点完成交付，而是继续掌控货物，那么承运人的责任期间相应也应当延伸至其完成交付之时。再如，前引"案例2-7"中，集装箱货物在进入装货港区域后、装上船舶前被摔坏，则货物已由承运人接收，海运区段的运输已启动。

法条依据

《中华人民共和国海商法》第四十六条、第二百六十九条；《中华人民共和国民事诉讼法》第六十四条第一款；《中华人民共和国民事诉讼法》第一百七十条第一款第二项、第二百五十三条；《最高人民法院关于适用〈中华人民共和国民事诉讼法〉的解释》第九十条。

🗏 理论要点

承运人的责任期间，是承运人对货物应负责的期间，原则上是指承运人、其受雇人或受委托人掌管货物的整个期间。① 货物在承运人的责任期间内发生灭失或者损坏，除法律另有规定外，承运人应当负赔偿责任。

《海商法》第四十六条规定：承运人对集装箱装运货物的责任期间从装货港接收货物时起至卸货港交付货物时止，货物处于承运人掌管之下的全部期间。承运人对非集装箱装运的货物的责任期间，是指从货物装上船时起至卸下船时止，货物处于承运人掌管之下的全部期间。前款规定，不影响承运人就非集装箱装运的货物，在装船前和卸船后所承担的责任，达成任何协议。

此外，对处于承运人责任期间内的货物，中国《海商法》第四十四条、第四十八条为承运人设定了不得约定减损的强制管货义务，其中包括对《海商法》第四十六条有关承运人责任期间的规定。例如，在三木商事株式会社与香港裕星船务代理有限公司海上、通海水域货物运输合同纠纷案②中，提单背面条款约定，被告作为承运人对货物在装运港装上船前或在卸货港卸下船后的货物灭失或损失不承担责任，但一审法院认为根据中国《海商法》第四十四条的规定，该提单条款因违反中国海商法第四章的强制性规定而无效。

但是，这并不意味着在此期间内托运人必然不能介入对货物的管理，也并不意味着承运人必须对所有发生于其责任期间内的货损承担赔偿责任。例如，货物因海关要求拆掏箱查验，且查验期间负责相关搬移、开拆和重封货物的责任主体并非承运人，而是收货人或其代理的，如果货物具有相应特殊属性，易因开启、搬运、堆存、重封不当等原因致损，则收货人或其代理应在海关实施查验前事先声明、提请注意，并在查验期间内准备或采取相应措施加以预防及避免货物因此致损；若货物在承运人责任期间内由此致损的（例如，在货物离开卸港码头堆场的转栈过程中，海关介入进行检验并在查验完毕准备重新装入集装箱（再录入系统后才能"放行"）内时突降暴雨而致损的），则不属于承运人责任期间内保管照料货物不当所致，不能由承运人承担赔偿责任。③

---

① 司玉琢主编：《海商法》，法律出版社 2015 年版，第 107 页。
② 宁波海事法院(2013)甬海法商初字第 404 号民事判决书。
③ 上海海事法院(2020)沪 72 民初 437 号民事判决书，上海市高级人民法院 (2021) 沪民终 329 号民事判决书。

第三章　托运人、收货人的权利与义务

◎**本章引言**　托运人是海上货物运输合同的一方当事人。基于海上货物运输合同的双务、有偿特征，托运人的基本权利、义务对应于承运人的基本义务与权利。依据海上货物运输合同或有关运输单证提取货物的收货人是海上货物运输合同的第三方，其与承运人的权利义务关系依据提单来确定。此外，托运人在运输合同中为收货人设定权利、义务，应为此向承运人承担保证责任。

◎**本章重点**　货物控制权；货物损坏索赔权；保证义务；支付费用(包括到付运费)

第一节　托运人的主要权利

海上货物运输合同托运人的主要权利包括：要求承运人签发运输单证的权利、货物控制权、货物损坏索赔权等。

✍**导入案例 3-1**

承运人应对其错误签发提单的行为承担责任

2008 年 3 月 21 日，锦程纺织公司与案外人 P&G 公司签订买卖合同。该合同约定：出售亚麻男装，价格条款为 FOB 新港，P&G 公司按照约定开立信用证，指定货物运输承运人为韩国海空公司，信用证有效期为 2008 年 6 月 25 日。6 月 21 日，双方签订付款协议将付款形式变更为"如果货物到 P&G 公司第一客户手后 30 天内没有因为此集装箱内货物的质量提出索赔，贵司应当立即付全款"。

6 月 26 日，锦程纺织公司将买卖合同项下亚麻男装装入 1 个集装箱内交付给指定的承运人韩国海空公司。韩国海空公司向 P&G 公司签发已装船清洁提单。该提单记载：托运人为 P&G 公司，起运港为天津新港，卸货港为美国纽约。

7 月 21 日，涉案货物到达卸货港。之后，承运人将涉案货物交付正本提单持有人。

7 月 22 日，锦程纺织公司按韩国海空公司指示将起运港杂费支付给青岛卡斯公司。锦程纺织公司一直未收到涉案货物价款，未能进行核销退税。

锦程纺织公司以韩国海空公司未向其签发提单且未经其同意即将货物交付他人，导致锦程纺织公司遭受损失为由，请求法院判令韩国海空公司赔偿其货物损失及利息。双方当事人未就纠纷适用何种法律做出任何约定，但双方在本案纠纷中均援引中国法律进行诉讼，因此本案应以中国法为准据法。

另，法院查明：从双方往来信函以及以往业务的操作习惯看，在以往的运输中，韩国海空公司均将提单签发给锦程纺织公司。

法院认为：依据《海商法》第四十二条，托运人包括本人或者委托他人以本人名义或者委托他人为本人将货物交给与海上货物运输合同有关的承运人的人，可见，不论是否参与了海上货物运输合同的订立，实际向承运人交付货物的人，是法定的托运人；韩国海空公司接受P&G公司的委托承运货物，为涉案货物运输的承运人，而锦程纺织公司作为实际向承运人交付货物的人，依法应认定为托运人，享有对韩国海空公司的诉权；锦程纺织公司与P&G公司之间的付款协议是双方履行买卖合同过程中就付款而签订的，该协议与海上运输无关，不能成为承运人签发提单的依据，而且，从该协议的履行情况来看，买方收到货物后未在约定的期间内提出质量异议，因此该协议不能证明货物存在质量问题；在本案无特别约定的情况下，韩国海空公司依据锦程纺织公司与P&G公司之间的付款协议将提单签发给P&G公司，与操作习惯不符；从提单作为承运人接收货物或者将货物装船的证明以及承运人保证据以交付货物的凭证等法定功能来看，在买卖合同没有特别约定的情况下，提单应签发给实际交付货物的托运人，以便该托运人通过控制提单保留对货物的控制权。

因此，一审法院判决：韩国海空运输有限公司赔偿锦程纺织公司货款损失及利息。

案例索引

一审：天津海事法院(2009)津海法商初字第292号民事判决书。

简要述评

货物由承运人接收或装船后，应托运人的要求，承运人应签发收货待运提单或已装船提单。提单的签发与交付可以证明货物已由承运人接收或装船，且可以保证托运人对货物的控制权，进而保障托运人在运输合同和买卖合同中的各项权利。而且，海上货物运输合同与国际货物买卖合同应遵循合同相对性原则。因此，本案中，承运人的权利义务不受国际货物买卖合同双方当事人有关付款协议的影响，亦即，承运人应按照海上货物运输合同的约定或法定义务而向实际托运人签发提单。无论从理论或实践角度来说，本案对于明析国际货物买卖合同与海上货物运输合同的相对独立关系以及承运人签发提单的对象主体等法律问题具有较强的实践价值和理论意义。

法条依据

《海商法》第四十二条、第七十一条；《中华人民共和国民法通则》第一百零六条第二款(已废止，参见《中华人民共和国民法典》第一百七十六条)；《中华人民共和国民事诉讼法》第六十四条第一款、第二百二十九条。

理论要点

本案例与下一案例"案例3-2"所涉争议与理论要点相交叉且极为近似，故本案例之

"理论要点"将放在下一案例之后一并分析。

导入案例 3-2

托运人有权要求承运人签发提单并享有货物控制权

2019 年 5 月，龙鼎公司通过其代理人众诚公司以出具委托书的形式，委托凯帆深圳公司出运发票编号 SYXX-1 及 SYXX-2 的货物，委托书均载明预配船期 5 月 10 日，提单需要确认后再出单。5 月 21 日，凯帆深圳公司向龙鼎公司开具代理运费发票。6 月，龙鼎公司再次通过其代理人众诚公司以电邮提单资料的形式，委托凯帆深圳公司出运发票编号 SYXX-3 及 SYXX-4 的货物。

凯帆深圳公司受托后以电邮方式出具三张提单确认件。其中，编号 GLFE1XXXX148 及 GLFE1XXXX149 的提单对应发票编号 SYXX-1 及 SYXX-2 的货物，并记载：托运人均为龙鼎公司，收货人均为 HOME FURNITURE INTERNATIONAL LLC，起运港均为中国上海，目的港分别为美国洛杉矶和萨凡纳，船名航次分别为 ONEARCADIAXXXE 和 SEASPANZAMBEZIXXXE，集装箱编号分别为 TCKUXXXX771 和 SEGUXXXX941，运输条件均为堆场至堆场（CY-CY），货物描述均为毛重 7338.75 公斤的 285 箱沙发，装船日期均为 2019 年 5 月 16 日，运费均为到付。另外，编号 GLFE1XXXX181 的提单对应发票编号 SYXX-3 及 SYXX-4 的货物，并记载：目的港为美国萨凡纳，船名航次为 YMUBIQUITYXXXE，集装箱编号为 ONEUXXXX040 和 DRYUXXXX365，货物描述为毛重 14677.50 公斤的 570 箱沙发，装船日期为 2019 年 6 月 28 日，提单的托运人、收货人、起运港、运输条件、运费支付等内容与前述两份提单记载一致。

前述三份提单确认件抬头均为 Global Goodwill Logistics Corp.，承运人签发栏处亦载明 Global Goodwill Logistics Corp. 作为承运人，但未见承运人实际签章。凯帆公司系经交通运输部登记备案的无船承运业务经营人，登记的公司英文名称为 Global Goodwill Logistics Corp.，凯帆深圳公司作为其分支机构亦系经交通运输部登记备案的无船承运业务经营人，登记的公司英文名称为 Global Goodwill Logistics Corp. Shenzhen Branch。

5 月 21 日，龙鼎公司代理人众诚公司发送邮件至凯帆深圳公司，载明针对发票编号 SYXX-1、提单编号 GLFE1XXXX148 的货物，要求凯帆深圳公司必须等龙鼎公司的电放保函才可以安排电放，没有龙鼎公司的通知不允许私自放货。同日，凯帆深圳公司就此电邮回复收到。

7 月 16 日，龙鼎公司通过邮政速递发送函告于凯帆深圳公司，载明：发票编号 SYXX-1 及 SYXX-2 的货物已于当年 6 月初到港，且在无龙鼎公司通知电放及提供电放保函的情况下已被境外客户提取；另，对于即将到港的发票编号 SYXX-3 及 SYXX-4 的货物，明确要求凯帆深圳公司在龙鼎公司书面通知电放后才能放货。次日，凯帆深圳公司签收该函。

另查明：涉案编号 TCKUXXXX771 集装箱货物于 5 月 31 日运抵目的港卸船、6

月 4 日交付收货人、6 月 7 日空箱返还；编号 SEGUXXXX941 集装箱货物于 6 月 21 日运抵目的港卸船、6 月 25 日交付收货人、6 月 26 日空箱返还；编号 ONEUXXXX040和 DRYUXXXX365 集装箱货物于 7 月 23 日运抵目的港卸船、7 月 29 日交付收货人、7 月 30 日及 31 日空箱返还；涉案货物报关单记载前两个集装箱货物的 FOB 价格分别均为 14677.50 美元，而后两个集装箱货物的 FOB 价格分别为 29155.05 美元。

于是，龙鼎公司请求法院判令凯帆公司、凯帆深圳公司共同赔偿其货款损失及其利息等费用。

一审法院认为：(1)龙鼎公司为托运人，提单抬头及承运人签发栏处均明确载明凯帆公司为承运人；(2)托运人龙鼎公司在委托书中已明确提单需在确认后出单，但承运人凯帆公司及其分支机构凯帆深圳公司均未按此要求在已有提单确认件的情形下向龙鼎公司签发提单，有违双方约定及法定义务；(3)在凯帆公司分支机构凯帆深圳公司已明确收悉须等龙鼎公司保函或通知才可安排电放的情形下，应当整箱交付的前两票集装箱货物却已在目的港拆箱，致使龙鼎公司失去货物控制权并无法收回全部货款；(4)后两票货物运抵目的港前，在凯帆公司分支机构凯帆深圳公司已明确收悉须等龙鼎公司书面通知电放后才能放货函件的情形下，应当整箱交付的后两箱集装箱货物亦在目的港拆箱。因此，一审法院判决：凯帆公司应向龙鼎公司赔偿其货款损失等。

凯帆公司不服一审判决，提起上诉。二审法院对一审查明的事实予以确认，并认为：凯帆公司与龙鼎公司之间成立海上货物运输合同关系，因此，凯帆公司作为承运人具有出具提单的义务，且在未出具提单的情况下，未经龙鼎公司通知不能放货。因此，二审法院判决：驳回上诉，维持原判。

📖 案例索引

一审：上海海事法院(2020)沪 72 民初 57 号民事判决书。
二审：上海市高级人民法院(2020)沪民终 480 号民事判决书。

📝 简要述评

实践中，托运人往往根据自己情况对货物运输与提单的签发作出特别的安排，以充分保证自己控制货物、收取货款等权利。本案中，龙鼎公司明确要求提单需要确认后再出单，且涉案货物须等龙鼎公司通知或电放保函才能安排放货。亦即，凯帆公司具有出具提单的义务，且在未出具提单的情况下，未经龙鼎公司通知不能放货。因此，凯帆公司未按托运人指示无单而放货，导致托运人对货物失去控制且无法收回全部货款。对此，凯帆公司应承担赔偿责任。

📖 法条依据

《中华人民共和国合同法》第一百零七条、第一百一十三条(已废止，参见《中华人民共和国民法典》第五百七十七条、第五百八十四条)；《中华人民共和国海商法》第四十一条、第四十三条、第五十五条第一款、第七十一条、第七十二条；《中华人民共和国民事诉讼法》第六十四条第一款、第一百七十条第一款第(一)项、第一百七十五条、第二百五十三条。

📑 **理论要点**

1. 承运人负有签发提单的义务

提单是海上货物运输合同的证明,也是承运人接收或交付货物的凭证。提单的签发或交付将影响托运人或提单持有人对货物的控制权和贸易合同下货款的收取与结算。依据中国《海商法》第七十二条,货物由承运人接收或装船后,应托运人的要求,承运人应当签发提单,且提单可由承运人授权的人或载货船舶的船长签发。因此,在海上货物运输关系中,签发提单是承运人的一项法定强制义务。

实践中,无船承运人以自己名义将货物运输委托给实际承运人时,可能存在承运人向托运人签发无船承运人提单而实际承运人向承运人(承运人与实际承运人之运输合同的托运人)签发海运提单的情形。亦即,两份运输合同或提单应保持相对独立性。因此,此种情形下,承运人、实际承运人应分别依其签发的提单履行义务并承担责任。①

签发提单的前提条件是货物已由承运人接收或装船。如果符合签发提单的条件而承运人拒不签发提单,法院可依托运人的申请作出海事强制令②(依据《中华人民共和国海事诉讼特别程序法》第五十六条)。但是,2020年《最高人民法院关于审理海上货运代理纠纷案件若干问题的规定》第七条规定:海上货运代理合同约定货运代理企业交付处理海上货运代理事务取得的单证以委托人支付相关费用为条件,货运代理企业以委托人未支付相关费用为由拒绝交付单证的,人民法院应予支持;合同未约定或约定不明确,货运代理企业以委托人未支付相关费用为由拒绝交付单证的,人民法院应予支持,但提单、海运单或者其他运输单证除外。③

此外,需注意的是,FOB贸易术语下的卖方和买方可能同时成为海上货物运输合同的实际托运人(发货人)和契约托运人。此种情况下,若卖方和买方均要求承运人或货运代理人签发提单时,实际托运人的单证交付请求权具有优先性。④ 否则,承运人或货运代理人应赔偿FOB卖方因未取得提单而丧失货物控制权所遭受的损失。⑤

最后,未向承运人订舱的贸易合同的卖方(发货人)未表明其实际托运人身份,亦未在货物交付出运后及时要求承运人签发提单,怠于行使自身权利,以致承运人无法识别其地位、身份而将提单签发给合同托运人的,卖方将无权请求承运人赔偿其因此所造成的货

① 上海市高级人民法院(2018)沪民终451号民事判决书。
② 上海海事法院(2023)沪72行保7号非诉保全审查裁定书。
③ 青岛海事法院(2021)鲁72民初126号民事判决书,山东省高级人民法院(2021)鲁民终1856号民事判决书;宁波海事法院(2022)浙72民初1114号民事判决书,浙江省高级人民法院(2023)浙民终200号民事判决书。
④ 上海海事法院(2012)沪海法商初字第492号民事判决书,上海市高级人民法院(2012)沪高民四(海)终字第159号民事判决书。
⑤ 宁波海事法院(2014)甬海法商初字第316号民事判决书,浙江省高级人民法院(2015)浙海终字第160号民事判决书。

物损失。①

2. 货物控制权

国际货物运输服务于国际货物买卖。因此,两种合同的衔接是理论与实践的重要问题。由于货物运输使得货物的占有人与货物的权利人相分离,承运人按照托运人(货物权利人)的指示运输、保管、照料、交付货物成为托运人控制货物进而实现自身权利保障的关键。然而,中国《海商法》以及《海牙规则》《海牙-维斯比规则》《汉堡规则》对托运人的货物控制权均未做出明确规定。对此,中国《民法典》第八百二十九条规定:在承运人将货物交付收货人之前,托运人可以要求承运人中止运输、返还货物、变更到达地或者将货物交给其他收货人,但是应当赔偿承运人因此受到的损失。笔者认为,该条规定在《海商法》没有特别规定时应适用于海上货物运输。而且,在海上货物运输情形下,托运人依据该条享有的货物控制权并未对提单持有人的合法权益造成损坏,因为托运人的货物控制权应受海上货物运输合同和运输单证的约束。此外,《鹿特丹规则》第十章第五十条至第五十六条对托运人、托运人指定的收货人、单证托运人等的货物控制权做了明确规定。

实践中,因托运人或提单持有人的货物控制权而引发的纠纷比较多。例如,托运人对运抵国外港口之货物的退运请求的认定;② 承运人将货物交付收货人之前,托运人享有改港或退运等变更运输合同的权利,但是双方应遵循合同法之公平原则确定各方的权利义务;因航程等原因无法改港、退运的,承运人可以拒绝托运人的此项要求,但应及时通知托运人不能变更的原因。③

需注意的是,处于承运人责任期间的货物,承运人负有管货义务(中国《海商法》第四十八条),但因海关查验货物而要求收货人临时控制货物的,收货人对其临时控制(拆除箱封至重新铅封)期间的货物承担管货义务,亦即,承运人以拆除箱封与重新铅封的时点作为其临时移转与恢复对货物的控制权的时点,并对此期间内的货损不承担赔偿责任。④

此外,承运人无单放货,致使提单持有人失去对货物的占有或控制的,承运人应对其无单放货行为造成的提单持有人的货物损失承担赔偿责任。⑤ 例如,在 FOB 贸易合同下,买方订立海上货物运输合同,卖方向承运人交付货物,那么承运人应向实际托运人交付提单,并在当事人约定"电放"操作且实际托运人持有提单的情况下,应按照实际托运人的指示进行货物"电放"操作。⑥ 但是,非海上货物运输合同托运人之 FOB 贸易合同下的卖

---

① 上海海事法院(2012)沪海法商初字第 1302 号民事判决书。

② 广州海事法院(2017)粤 72 民初 221 号民事判决书。

③ 宁波海事法院(2015)甬海法商初字第 534 号民事判决书;浙江省高级人民法院(2016)浙民终 222 号民事判决书;最高人民法院(2017)最高法民再 412 号民事判决书。

④ 上海海事法院(2020)沪 72 民初 437 号民事判决书,上海市高级人民法院(2021)沪民终 329 号民事判决书。

⑤ 福建省高级人民法院(2016)闽民终 516 号民事判决书,最高人民法院(2021)最高法民申 6016 号民事裁定书;广东省高级人民法院(2018)粤民终 2456 号民事判决书,最高人民法院(2021)最高法民申 7603 号民事裁定书。

⑥ 宁波海事法院(2015)甬海法商初字第 1158 号民事判决书,浙江省高级人民法院(2016)浙民终 54 号民事判决书。

方将货物交给承运人后，未要求签发提单，且未对承运人出具的货代货物收据提出异议，然后在不持有提单的情况下无权仅凭货代货物收据要求承运人中止货物的交付。①

✍ 导入案例 3-3

大宗粮食散货海运货损的识别、认定及索赔

2015 年 1 月 27 日，原告厦门明穗公司与 ADM 公司签订买卖合同，向 ADM 公司购买一批美国玉米酒糟粕（金色）。同年 6 月，合同先后经两次修改，最终约定：利达公司为买方，ADM 公司为卖方；合同标的为美国产散装玉米酒糟粕（金色），价格为每吨 263.50 美元，数量为 40000 吨，买方可选择 10% 的增加或减少；货物应符合约定质量指标，且亨特色度 L 值大于或等于 50；货物数量及质量最终以卖方选定的独立第三方检验机构在装运港出具的证书为准；装运期为同年 7 月 1 日至 31 日；买方应于 6 月 13 日前提供 90 日远期无条件/不可撤销信用证。

6 月 23 日，明穗公司与利达公司签订进口代理协议，由利达公司代理明穗公司进口散装美国玉米酒糟粕 40000 吨（允许 10% 溢短装），FOB 每吨 263.50 美元，装运期为同年 8 月 15 日前，目的港为中国赤湾港、麻涌港或黄埔港。明穗公司向利达公司支付全部货款、关税、增值税和商检、码头、仓储、运输代理费等应由明穗公司支付的一切费用。

6 月 30 日，应利达公司申请，中国农业银行天津红桥支行开具不可撤销信用证，受益人为 ADM 公司，信用证期限为开证之日后 90 日。7 月 15 日，信用证进行修订，将货物数量变更为 40000 吨（+/− 10%）。

7 月 10 日，中国人民财产保险股份有限公司就涉案货物签发运输保险单，被保险人为利达公司，货物数量为 36007.466 吨，保险金额为 13329963.91 美元，运输工具为"大西洋墨西哥"轮，承保险别为一切险。为此，利达公司支付保险费。

8 月 10 日，涉案货物装上"大西洋墨西哥"轮并于同日启运。新船公司作为"大西洋墨西哥"轮船长季如星的代理人签发清洁提单。该提单记载：托运人为 ADM 公司，收货人为凭托运人或其受让人指示，通知方为利达公司，装货港为美国艾玛港，卸货港为中国麻涌/赤湾/黄埔/蛇口的一个安全港口的安全泊位；货物为美国玉米酒糟粕（金色），共 36007.466 吨，由托运人称重，数量与质量情况未知。同日，探索熏蒸公司对完成装载涉案货物的"大西洋墨西哥"轮进行熏蒸作业，并出具熏舱合规声明，建议经过熏蒸的货舱在整个航程期间（预计为 40 日）始终保持密闭状态。

---

① 广州海事法院（2012）广海法初字第 1033 号民事判决书，广东省高级人民法院（2015）粤高法民四终字第 70 号民事判决书，最高人民法院（2016）最高法民申 1605 号民事裁定书；广东省高级人民法院（2015）粤高法民四终字第 68 号民事判决书，最高人民法院（2016）最高法民申 1606 号民事裁定书；广东省高级人民法院（2015）粤高法民四终字第 69 号民事判决书，最高人民法院（2016）最高法民申 1604 号民事裁定书；广东省高级人民法院（2015）粤高法民四终字第 71 号民事判决书，最高人民法院（2016）最高法民申 1413 号民事裁定书。

8月10日，ADM公司向利达公司开具商业发票。12日，RMG公司就"大西洋墨西哥"轮承运的涉案货物出具质量证书与数量/重量证书。26日，根据利达公司的申请，RMG公司出具涉案货物分析证书，确认涉案货物在装船的时间和地点情况正常且符合销售条件。

8月14日，明穗公司通过中国工商银行厦门自贸试验区分行支付涉案货物运费。

8月24日，利达公司向中国农业银行天津红桥支行提交对外付款/承兑通知书，请求向收款人ADM公司支付进口玉米酒糟粕的货款9487967.29美元，付款人为利达公司。

9月10日，明穗公司、利达公司与港顺意达公司签订报关报检代理协议。该协议约定：明穗公司授权利达公司办理"大西洋墨西哥"轮载运的进口散装美国玉米酒糟粕货物到港后的报关、报检事宜，利达公司委托港顺意达公司具体办理上述进口货物的报关、报检事宜；相关费用由港顺意达公司直接向明穗公司收取。

9月17日，深圳中外运船务代理有限公司发出提货单，通知由"大西洋墨西哥"轮承运的美国玉米酒糟粕（金色）共36007.466吨预计于2015年9月19日运抵赤湾港。9月19日，货物运抵赤湾港，并开舱卸货，发现部分货物存在色差。27日，完成卸货，实际卸货共35975.03吨，并按色差分三类堆放于码头仓库及堆场。

9月21日、30日，利达公司为涉案货物分别缴纳两次进口关税。

9月28日，托马斯米勒（东南亚）私人有限公司作为英国汽船互保协会（欧洲）有限公司新加坡分公司的管理人，向利达公司出具保函，称英国汽船互保协会（欧洲）有限公司为"大西洋墨西哥"轮船东提供担保，担保金额不超过100万美元（包括利息及费用）。

12月28日，利达公司向中国农业银行天津红桥支行支付货款，用以偿还信用证项下的进口美国玉米酒糟粕款项。

另外，2015年6月25日至2016年3月4日，明穗公司先后通过转账、信用证等方式向利达公司支付款项合计人民币65865948.40元。2016年8月30日，利达公司出具一份情况说明，称：依据2015年6月23日签订的进口代理协议，利达公司为明穗公司的代理人，代理原告进口4万吨美国玉米酒糟粕；利达公司根据明穗公司指示，与ADM公司签订买卖合同，货物36007.466吨于2015年8月10日装载于"大西洋墨西哥"轮。

2015年9月19日，货物运抵目的港后发现部分货物颜色明显变深，给明穗公司造成损失。利达公司确认卸货时涉案货物的所有权人为明穗公司，利达公司不会因涉案货物货损向任何单位或个人主张任何权利，一切索赔权利均由明穗公司享有。

货物在赤湾港卸货后，因货物颜色变化，各相关方遂分别委托检验机构对涉案货物进行了检验。明穗公司与利达公司委托中国检验认证集团广东有限公司进行检验，而被告墨西哥公司通过华泰保险代理顾问服务有限公司广州分公司委托海江公估公司进行检验。两家检验机构分别进行了现场查勘，并分别出具检验报告。其中，中国检验认证集团广东有限公司报告认为涉案货物的亨特色度L值与在装货港检测结果相差较大，且不符合买卖双方贸易合同中对此项指标的约定，影响该批货物的销售和使用，并给出了实际损失金额等建议。9 月 30 日，各方商议取样事宜，但未能达成共识。10 月 21 日，各方再次商议，各方同意共同委托 SGS 公司对货物进行抽样。11 月 2 日，检验师与 SGS 检验员对涉案货物进行现场查勘。11 月 11—12 日，SGS 公司以及收货人、货物保险人、船东等各方代表继续联合取样。12 月 11 日，SGS 广州分公司出具 3 份检测报告（取代 SGS 广州分公司之前于 2015 年 12 月 4 日作出的三份报告），并认为三类货物之中仅第二类货物检测色度低于合同约定，建议进行 10% 的折价处理，其余货物检测色度高于合同约定，建议按无损处理。

期间，就卸入码头仓库和堆场的 34868.50 吨涉案货物，明穗公司先后进行了销售和拍卖。最终，2016 年 1 月 12 日，明穗公司对涉案货物进行拍卖，包括严重变色货物 5901.01 吨和轻微变色货物 2021.76 吨。新储（厦门）农业有限公司中标，中标价格为每吨人民币 1410 元（严重变色货物）和每吨人民币 1460 元（轻微变色货物），向明穗公司支付货款合计人民币 11272193.70 元。以上明穗公司销售和拍卖的卸载于深圳赤湾港的涉案货物合计 34799.64 吨（销售和拍卖的货款合计人民币 53380680.35 元），与卸载时的码头入库数量 34868.50 吨相比短少 68.86 吨，属于自然损耗，不计入损失总额。

综上所述，一审法院认为：SGS 广州分公司出具的检测报告，其可信度实难令人信服。中国检验认证集团广东有限公司的检验报告对涉案货物颜色状况的检验结果的可信度与证明力相对较高，应予采信；涉案货物在运输期间发生变化，发生实际损失，并经计算得出货物贬损率为 9.77%，发生损坏的货物数量为 34832.076 吨，故货物损失应为涉案货物的实际价值乘以贬损率，即（10798588 美元 + 人民币 46843.03 元）× 9.77% = 1055022.05 美元 + 人民币 4576.56 元。因此，判决被告墨西哥公司赔偿明穗公司上述损失及其利息。

墨西哥公司不服一审判决，提出上诉。广东省高级人民法院作出终审判决：驳回上诉，维持原判。

案例索引

一审：广州海事法院（2016）粤 72 民初 1446 号民事判决书。
二审：广东省高级人民法院（2018）粤民终 1769 号民事判决书。

简要述评

海上货物运输合同所涉货损索赔纠纷是常见纠纷类型之一。海上货物运输实践中，货损纠纷常常与货物自然特性（如大宗粮食散货海运货损原因难以查明）、承运人或托运人或独立合同人之过失、免责事项以及批量交易、各主体间复杂的法律关系等问题交织在一起，使得纠纷案件更加难以处理。本案中，涉案货物营养成分符合合同约定的质量要求，但货物颜色发生明显变化，货物质量降低并导致实际售价下降，仍构成货物损坏。本案判决以案件事实为依据，合理、公平地维护了双方当事人的权益，对确定大豆等大宗散货的货损及其赔偿责任的确定具有较强的实践参考价值。

🗒 法条依据

《中华人民共和国海商法》第四十六条、第四十八条、第五十条第一款第九项、第五十一条、第五十五条、第七十八条；《中华人民共和国合同法》第四百零三条第一款(已废止，参见《中华人民共和国民法典》第九百二十六条)；《中华人民共和国民事诉讼法》第六十四条第一款。

🗒 理论要点

在海上货物运输中，货物的灭失或损坏时有发生，其原因很多，但最常见的是承运人违反有关法律规定或合同约定。货物在海运承运人责任期间内发生灭失、损坏、短少或因迟延交付而造成经济损失的，承运人应承担赔偿责任，除非存在承运人免除赔偿责任的情形。

然而，海上货物运输中货损、货差或无单放货纠纷案件的新情况、新问题不断增多，其争议焦点通常涉及运输合同关系是否成立、无单放货、货损事实是否成立、货损的因果关系、赔偿数额的确定、货损是否发生在承运人责任期间、主体是否适格、货损原因是否属于可免责事由、承运人能否享有责任限制权利、准据法的确定与查明、是否超过诉讼时效、减损义务、联运货损①以及多个原因致损的责任分担、禁诉令、共同海损、关联案件交织、境外证据公证认证等诸多问题。此外，海上货物运输通常具有当事人众多、货物品类较多、技术性较强、法律关系复杂、取证困难等特征，且涉及贸易、保险、清关以及通知、检验、收集材料、证据保全或财产保全、索赔等环节，致使海上货物运输货损纠纷纷繁错杂，其处理则困难重重或存在很多障碍。

针对海上货物运输货损事实的认定，中国《海商法》作了明确的规定。其中，该法第八十一条规定：收货人在提取货物时应将货物灭失或损坏的情况书面通知承运人，否则此项交付视为承运人已按运输单证的记载交付以及货物状况良好的初步证据；货物灭失或者损坏的情况非显而易见的，在货物交付的次日起连续七日内，集装箱货物交付的次日起连续十五日内，收货人未提交书面通知的，适用前款规定；货物交付时，收货人已经会同承运人对货物进行联合检查或者检验的，无须就所查明的灭失或者损坏的情况提交书面通知。此外，该法第八十三条规定：收货人在目的港提取货物前或者承运人在目的港交付货物前，可以要求检验机构对货物状况进行检验；要求检验的一方应当支付检验费用，但是有权向造成货物损失的责任方追偿。另外，该法第八十四条则规定：承运人和收货人对本法第八十一条和第八十三条规定的检验，应当相互提供合理的便利条件。

实践中，货物品性不同，其货损的识别、认定与索赔，往往存在较大差异，需要进行个案分析，而难以统一其操作规范。例如，有些货损通过常识即可判断，有些需要鉴定检验，有些则难以鉴定检验；有些货物外观并没有发现可见的改变，但货物品质、性能发生了重大变化，也应认为存在货损。甚至，同类货物的货损在不同纠纷中也表现出较大的差

---

① 青岛海事法院(2018)鲁72民初1110号民事判决书；山东省高级人民法院(2020)鲁民终993号民事判决书。

异化。例如，海上货物运输中大豆损失认定纠纷中常常采用不同的标准来确定其实际损失：热损大豆实际折价销售贬值，① 热损大豆直接加工实际损失，② 以热损大豆实际加工生产证据材料为依据估损，③ 热损大豆进行了加工但无证据证明实际损失，④ 仅以试生产确定少许热损大豆实际损失并以此推算其余损失，⑤ 法定检验机构综合估损，⑥ 未认定实际损失而仅以明显错误数学模式估损(拉番数学模式)。⑦ 抑或，同一案件的一审、二审、再审法院亦有不同的处理，如涉案货物在未发生迟延交付、未经修复即已转卖且当时市场行情急剧暴跌的情形下，一审法院采用"货物修复费用替代法"，二审法院采用"货物实际价值差额法"，再审法院则采用"货物贬损率法"来定损。⑧ 其中，货物贬损率计算的一般公式是以目的港货物完好的市场价值减去受损货物的销售价值，再除以货物完好的市场价值。⑨ 然而，实践中，用来确定货物贬损率的两个价值参数往往也存在较大争议。⑩

📝**导入案例 3-4**

提单结汇被退回时发货人有权索赔无单放货所致的相关损失

2000 年 7 月 31 日和 8 月 7 日，浙纺公司作为卖方与 K 公司签订男、女生校服各20 万套的售货确认书，约定价格条款均为 FOB 上海，以信用证方式付款。

随后，浙纺公司作为 K 公司相关贸易项下不可撤销可转让信用证的被转让受益人，先后收到 HBZ Finance Limited 于 2000 年 8 月 7 日、8 月 8 日就男、女生校服各10 万套出具的 4 份相关信用证项下文件。这些文件提示：涉案货物的最终价格条款确定为 CNF UM QASR；男、女生校服的单价分别为 21.58 美元和 21.08 美元；货物出运期限为 2000 年 10 月 10 日，信用证有效期为 2000 年 10 月 24 日；托运人为 AL Hosan for Import and Export/AL Faris for Import；收货人为凭伊高教科研部指示；货物标签上需显示 AL HOSAN 或 AL FARIS 或 FAST 根据买方安排；货物出运前需经 K 公司授权的 R. A. Kalam 先生和 Nasir Kamal 先生质量检验；承运船舶船龄低于 20 年；

---

① 青岛海事法院(2017)鲁 72 民初 1337 号民事判决书。

② 武汉海事法院(2015)武海法商字第 01403 号民事判决书。

③ 北海海事法院(2013)海商初字第 129 号民事判决书。

④ 广州海事法院(1999)广海法深字第 92 号民事判决书。

⑤ 青岛海事法院(2004)青海法海商初字第 245 号民事判决书。

⑥ 广州海事法院(2015)广海法初字第 810 号民事判决书；广东省高级人民法院(2014)粤高法民四终字第 174 号民事判决书。

⑦ 厦门海事法院(2005)厦海法商初字第 353 号民事判决书；福建省高级人民法院(2010)闽民终字第 169 号民事判决书。

⑧ 青岛海事法院(2009)青海法海商初字第 277 号民事判决书；山东省高级人民法院(2011)鲁民四终字第 131 号民事判决书；最高人民法院(2013)民提字第 6 号民事判决书。

⑨ 青岛海事法院(2009)青海法海商初字第 277 号民事判决书；山东省高级人民法院(2011)鲁民四终字第 131 号民事判决书；最高人民法院(2013)民提字第 6 号民事判决书。

⑩ 上海市高级人民法院(2015)沪高民四(海)终字第 140 号民事判决书。

受益人声明全套副本文件连同不可转让提单需寄往埃及。

浙纺公司从国内 9 家服装生产厂商收购涉案货物以后,在起运港通过华海国际货运有限公司、鸿海国际船务货运公司、外联发国际货运有限公司和三星国际货运有限公司的依次代理,分 21 批次向立荣公司订舱出运,并取得了立荣公司代理人签发的涉案 21 套正本海运提单。该 21 套提单载明:托运人分别为 AL Hosan for Import and Export(对应其中 2 套提单)、AL Faris for Import(对应其中 7 套提单)和 Fast Trading and Contracting Head Office Qatar(对应其中 12 套提单)三家国外公司;收货人均为凭伊高教科研部指示;提单签发日分别为 2000 年 11 月 9 日至同年 12 月 14 日;货物为男生校服 86900 套、女生校服 34500 套。上述校服外销价合计 2602562 美元,国内含税收购价合计人民币 21414348.25 元,浙纺公司已向各生产厂商全额支付货款。

涉案货物出运时均已过规定的出运期限及信用证有效期,但浙纺公司仍按有关规定履行了出具声明、船龄证明、货物质检等手续,并向货运代理人华海国际货运有限公司支付海运费。庭审中,立荣公司确认其自三星国际货运有限公司收取了海运费。涉案货物出运以后,浙纺公司通过交通银行杭州分行向 HBZ Finance Limited 托收货款,但因无人赎单,全套贸易单证由银行退回,退单背面均未经伊高教科研部指示背书。立荣公司确认其已将涉案货物交伊拉克政府指定的伊拉克国家水运公司,后者将所有货物交付伊高教科研部,涉案正本提单均未收回。

为此,浙纺公司以立荣公司无正本提单放货为由提起诉讼,请求法院判令立荣公司赔偿其货款等损失。双方当事人均选择适用中国法处理本案争议。

一审法院认为:依据中国《海商法》,托运人包括缔约托运人和交货托运人,而不能以交货人名称是否在相应单证上载明作为认定其是否具有托运人资格的法定条件;涉案货物价格条款为 CNF,浙纺公司据此通过货运代理人向立荣公司订舱、交付货物和支付运费,立荣公司亦接收货物、出具提单和收取运费;虽然浙纺公司根据贸易合同约定,未将其名称在提单中载明,但浙纺公司无疑是涉案海上货物运输合同项下唯一的缔约托运人和交货人;浙纺公司未以其他方式与他人约定货物所有权的转移,故立荣公司仅依托运人的记载内容认为浙纺公司已转移货物所有权,缺乏充分的事实和法律依据;涉案提单未合法流转至伊高教科研部的情况下,涉案提单签发以后的第一合法持有人浙纺公司因托收未果而持有的提单当然不会记载有该提单记名指示人的指示背书,亦即,该提单未经贸易环节流转,且来自银行退单,故其持单形式合法,有权据以向相对人主张提单项下的权利;立荣公司作为承运人无单放货,致使浙纺公司未收回货款并由此遭受退税款项损失,但浙纺公司诉请的贴息损失是浙江省政府鼓励出口创汇的地方政策,对外不具有普遍约束力,该项损失不应列为浙纺公司的损失。

因此,一审法院判决:立荣公司赔偿浙纺公司货款损失、退税款损失及其利息。一审判决后,长荣公司提起上诉,并提交了经上海市公证员协会核对证明的台湾台北地方法院公证处出具的立荣公司于 2002 年 11 月 28 日与长荣公司合并、长荣公司为存续公司的公证书。

二审法院对一审法院查明的事实予以认定，并认为：立荣公司在本案中的权利义务依法应由长荣公司享有和承担；当提单主体与海上货物运输合同主体不一致时，在没有书面合同的情况下，对海上货物运输合同当事人的认定，可以根据双方当事人实际履行的事实等情况来确定，而不能完全取决于提单的记载，因为提单只是运输合同的证明，但不是唯一证明；浙纺公司委托货代公司向长荣公司交付货物、支付运费，并提出缮制提单的具体要求，长荣公司则完全按照浙纺公司的要求签发提单，将三家国外公司记载为名义托运人，并从货代公司处收取了涉案运费；托运人浙纺公司将未发生流转的提单交还给承运人长荣公司，即可向长荣公司主张该提单项下货物的权利。

综上所述，二审法院判决：驳回上诉，维持原判。

案例索引

一审：上海海事法院（2001）沪海法商初字第441号民事判决书。
二审：上海市高级人民法院（2003）沪高民四（海）终字第39号民事判决书。

简要述评

向承运人实际交付货物、接受承运人签发的提单并履行贸易合同项下向银行交单义务的人，因无人赎单并经银行退单后，作为提单的原始持有人，即使未被提单记载为托运人，亦未经提单相关指示背书，仍然具有托运人的主体资格。本案判决统一了审判实践中对托运人主体认定的不同理解，依法保护了我国大量存在的出口贸易中FOB卖方的利益和交易安全，堪称规范与价值相结合的典范。① 2009年《最高人民法院关于审理无正本提单交付货物案件适用法律若干问题的规定》以司法解释的形式对此予以明确规定。此外，本案判决是首例经台湾地区三级法院裁定认可的大陆法院作出的海事案件判决，对于海峡两岸相互认可和执行民商事裁判的司法实践具有积极的意义。②

法条依据

《海商法》第四十二条第三项第1~2目、第五十五条第一款、第七十一条、第七十二条、第七十三条；《合同法》第一百零七条、第一百一十三条第一款（已废止，参见《中华人民共和国民法典》第五百七十七条、第五百八十四条）；《民法通则》第四十四条第二款（已废止，参见《中华人民共和国民法典》第六十七条）；《民事诉讼法》第一百五十三条第一款第（一）项、第一百五十八条。

理论要点

海上货物运输之货损索赔必须以货损赔偿范围的界定为前提。通常，不同的货损类型

---

① 徐冬根：《规范与公正价值追求相结合的典范——评长荣公司无单放货赔偿纠纷上诉案判决》，载《法律适用》2004年第5期，第75页。
② 《海事审判十大典型案例》，载《人民法院报》2014年9月3日，第3版。

有着不同的赔偿范围,例如货物物理形态或本身价值损失之货物灭失或损坏、迟延交付造成的经济损失(市价损失)等。因此,承运人的赔偿范围、能否免责或享受责任限制往往成为海上货物运输纠纷的争议焦点。对此问题,《海商法》有规定的,适用《海商法》,但若《海商法》没有规定的,应适用《民法典》等其他相关法律。因此,承运人的赔偿范围除《海商法》第五十五条规定的货物实际价值损失之外,还应考虑货主遭受的其他合理的直接损失,如《民法典》第五百八十四条规定的合同履行后可以获得的利益(但不得超过违约一方订立合同时预见到或应当预见到的因违约可能造成的损失)。① 此外,其他合理损失还应包括但不限于货物检验费、贷款利息、公证认证费用以及退税款项损失等,如本案涉案货损除其自身货款未收回之损失外,还包括卖方因未进行国际贸易结算而遭受的退税款项损失。

中国《海商法》第五十五条对货物灭失、损坏的赔偿额以及货物的实际价值做了明确规定,其中货物的实际价值按照货物装船时的价值加保险费加运费计算②——承运人在海上货物运输合同项下不承担贸易风险因素(货物实际价值的确定应排除市价损失的影响,亦即,承运人的货损赔偿责任不应受所运货物市场价格波动的影响③)。但是,该条有关货物实际价值的规定未能契合市场实际情况以及收货人的实际损失。因此,货物的实际价值宜采用赔偿实际损失原则,按照货物在交货地交付时或者应当交付时的市场价格计算,以更加准确地反映托运人或收货人实际遭受的损失。此外,该条规定未明确货损索赔之权利主体。换言之,发货人、提单持有人、收货人、提单质权人等不同地位的主体对货损的索赔权限是不同的。因此,在货损索赔纠纷解决过程中,应按照相关立法以及具体的案件事实而分别处理。

需注意的是,如果货物同时发生货损和迟延交付情形,货物损失可能会有三种形态:非迟延交付造成的货损、迟延交付造成的货损、迟延交付造成的货损之外的其他经济损失。对此,承运人应分别依据《海商法》第五十五条、第五十七条以及《民法典》第五百八十四条等规定进行赔偿,其赔偿数额或限额是不同的:迟延交付导致货物实际灭失、损坏的情况,与迟延交付以外的原因所造成的货物灭失、损坏的情况适用同样的赔偿数额计算方式,而迟延交付导致货物灭失或损坏以外的其他经济损失的赔偿数额是以迟延交付货物的运费为限。

① 赵红主编:《上海海事法院三十年案例精选(1984—2014)》,法律出版社2015年版,第22~30页;《福建省宁德地区经济技术协作公司诉日本国日欧集装箱运输公司预借提单侵权损害赔偿纠纷上诉》,载《最高人民法院公报》1989年第3期,第28~31页。

② 上海海事法院(2016)沪72民初3196号民事判决书,上海市高级人民法院(2017)沪民终371号民事判决书,最高人民法院(2020)最高法民再214号民事判决书;宁波海事法院(2016)浙72民初380号民事判决书,浙江省高级人民法院(2017)浙民终5号民事判决书,最高人民法院(2018)最高法民申3403号民事裁定书;青岛海事法院(2009)青海法海商初字第276号民事判决书,山东省高级人民法院(2011)鲁民四终字第138号民事判决书,最高人民法院(2013)民提字第7号民事判决书。

③ 天津海事法院(2001)海商初字第46号民事判决书,天津市高级人民法院(2001)高经终字第229号民事判决书。

导入案例 3-5

因收货人索赔货物损失而引发的一系列追偿与索赔

华明公司因向美国出口货物，于 2008 年 6 月 20 日与卖方瀚盟公司签订买卖合同。瀚盟公司为履行上述买卖合同，又与武钢公司订立买卖合同。

随后，华明公司委托西马公司于 2008 年 7 月、8 月到武钢公司提货并将涉案货物通过陆路运至码头后，安排"大通江 1"号、"豫驻 1397"号、"黄州 555"号等多艘船舶在"鑫港 1 号"码头、"七站"码头装货，运单载明的托运人是西马公司，收货人是瀚盟公司，目的港为常熟市兴华公司码头。部分运单注明少数货物外包装断带或褶皱，或表面有污损。随后，华明公司委托常熟外代将涉案货物堆存于兴华公司仓库。2008 年 8 月 22 日、9 月 24 日，华明公司向其代理常熟外代支付码头费、堆存费和代理费等。11 月 24 日，华明公司向西马公司支付运费。

2008 年 8 月 10 日，格里戈公司所属"星海"轮在兴华公司码头装载上述货物 200 卷冷轧钢卷。因装货的大副收据和检验报告记载货物外包装有瑕疵，华明公司于 2008 年 8 月 8 日向星航公司(挪威公司)出具签发清洁提单的保函。随后，上海鹏华船务有限公司常熟分公司代表星航公司签发五份清洁提单。上述五份提单均载明：承运人是星航公司，托运人是华明公司，通知方是日铁贸易公司，从常熟港运到美国洛杉矶。

2008 年 8 月 6 日，日动保险公司根据约定向日铁贸易公司签发海上货物运输保险单。9 月 8 日，"星海"轮抵达美国洛杉矶港卸货，日铁贸易公司取得提单后在目的港报关提货。

10 月 30 日、11 月 18 日，日动保险公司对涉案货物进行检验，认为涉案货物受损，货物外部和内部包装有水湿、污染锈蚀或严重锈蚀，原因是直接将钢卷暴露在不包括氯化物的潮湿环境中所致。

2009 年 3 月 23 日，日动保险公司按保单约定向日铁贸易公司赔付其货物损失。6 月 22 日，日铁贸易公司向日动保险公司出具权益转让书。10 月 14 日，日动保险公司向武汉海事法院法院起诉格里戈公司和星航公司，要求法院判令两公司赔偿其保险赔偿损失。一审法院判决：驳回日动保险公司的诉讼请求。日动保险公司不服，向湖北省高级人民法院提起上诉。2013 年 12 月 18 日，湖北省高级人民法院判决星航公司向日动保险公司赔偿货物损失、检验费、公证认证费及利息；同时，驳回了日动保险公司对格里戈公司的诉讼请求。星航公司不服二审判决，申请再审。2014 年 12 月 18 日，最高人民法院再审裁定：驳回星航公司的再审申请。

2015 年 1 月 8 日，因华明公司向星航公司出具过签发清洁提单的保函，星航公司以海上货物运输合同纠纷为由，向上海海事法院起诉华明公司，请求判令华明公司向其赔偿湖北省高级人民法院前述判决确定的赔偿金额及利息等。2016 年 1 月 25 日，上海海事法院判决：华明公司向星航公司赔偿湖北省高级人民法院前述判决确定的赔偿金额及利息等费用。华明公司不服该判决，向上海市高级人民法院提起上诉。

因未交纳上诉费，该院于 2016 年 6 月 1 日裁定按自动撤回上诉处理。华明公司遂向一审法院武汉海事法院提起共同侵权之诉，要求法院判令西马公司、兴华公司、星航公司承担连带赔偿责任。

另查明：兴华公司用于堆存钢材的 W4、W5、W7 库房 2003 年 1 月 10 日竣工。该工程于 2003 年 4 月 8 日经验收符合现行国家规范要求，且工程质量评定为优良。兴华公司是提供货物装卸和仓储服务的中外合资企业，自 2005 年 10 月 19 日起即连续具有 ISO9001：2008 标准《管理体系认证证书》。

一审法院判决：驳回华明公司对西马公司、兴华公司、星航公司的诉讼请求。华明公司不服一审判决，提起上诉。二审法院判决：驳回上诉，维持原判。华明公司不服二审判决，申请再审。最高人民法院认为：本案华明公司提起的是侵权之诉，应适用过错责任原则，且华明公司应承担证明一审被告存在共同侵权行为的举证责任；华明公司在上海海事法院已做出判决的情况下就同一理由、事实、金额起诉星航公司，系"一案二诉"。因此，一、二审判决并无不当。最终，最高人民法院裁定：驳回华明公司的再审申请(涉案主体法律关系如图 3-1 所示)。

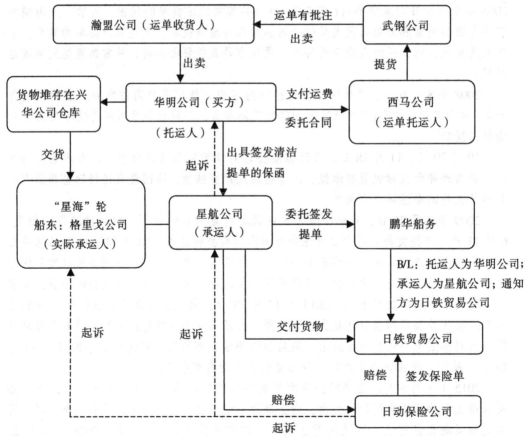

图 3-1　涉案主体法律关系图

案例索引

一审：武汉海事法院(2016)鄂72民初714号民事判决书。
二审：湖北省高级人民法院(2017)鄂民终89号民事判决书。
再审：最高人民法院(2017)最高法民申3090号民事裁定书。

简要述评

实际托运人华明公司因其交付的货物存在瑕疵而向承运人星航公司出具签发清洁提单的保函，从而与承运人星航公司就海上货物运输合同达成新的补充协议(保函非二者之间的担保合同)。星航公司就涉案提单项下货物损失做出赔偿后，有权依据该保函向华明公司进行追偿。对此问题，上海海事法院已于2016年1月25日作出判决：承运人星航公司在华明公司出具签发清洁提单保函的情形下因目的港交付的货物存在保函担保的问题而赔偿收货人之货损，华明公司应为此向星航公司承担保函下的赔偿责任。因此，华明公司在上海海事法院已对华明公司与星航公司之间有关货损责任承担作出判决的情况下向武汉海事法院提起诉讼，构成"一案二诉"。该案事实并不复杂，当事人之间的法律关系也较易认定，但因系追偿纠纷案件并涉及关联案件，本案的判决距离货损事实的发生时间已比较长久：本案起诉前已历经保险人向承运人代位索赔货损的一、二审和再审、承运人向华明公司追偿其涉案货损赔偿纠纷案的一审(上海海事法院)，以及华明公司就涉案货损对承运人提起的侵权之诉(本案)的一审、二审、再审等程序。

法条依据

《中华人民共和国民法通则》第一百三十五条、第一百三十七条、第一百四十六条第一款(已废止，参见《中华人民共和国民法典》第一百八十八条、《中华人民共和国涉外民事关系法律适用法》第四十四条)；《中华人民共和国侵权责任法》第二条、第三条、第八条(已废止，参见《中华人民共和国民法典》第一千一百六十五条、第一千一百六十八条)；《中华人民共和国民事诉讼法》第六十四条第一款、第一百四十二条、第一百七十条第一款第一项、第二百零四条第一款；《中华人民共和国涉外民事关系法律适用法》第四十四条；《最高人民法院关于适用〈中华人民共和国涉外民事关系法律适用法〉若干问题的解释(一)》第二条；《最高人民法院关于适用〈中华人民共和国民事诉讼法〉的解释》第三百九十五条第二款。

理论要点

收货人遭受货物损失，可以向承运人或货物保险人索赔。保险人赔偿收货人的货损并获得权益转让证书后，可以行使代位求偿权，依据海上货物运输合同或提单要求承运人赔偿其损失。若无免责或限制赔偿责任等情形，承运人应对保险人承担提单项下货物损失的赔偿责任。当然，如果此项货物损失系由托运人原因造成的，承运人有权向出具保函的托运人追偿其因赔偿货损而遭受损失。

1. 清洁提单保函及其效力

实践中，托运人在装货港将货物交付给承运人后，承运人应签发提单，以证明货物已由其接受或装船，并保证向收货人交付与提单记载内容一致的货物。因此，如果货物有瑕疵，承运人有权在提单上进行批注，载明货物存在的不良情况，亦即，承运人有权签发不清洁提单。此种情况下，为顺利结汇，托运人往往通过出具清洁提单保函而要求承运人签发清洁提单，即托运人在保函中承诺赔偿承运人因就有瑕疵的货物签发清洁提单而遭受的所有损失或费用。

但是，由于承运人签发的是清洁提单，且保函具有相对性，所以，承运人无权以保函对抗收货人，只能在赔偿收货人的货损之后再依保函向托运人进行追偿。因此，清洁提单保函是否具有法律效力将成为承运人能否向托运人追偿的关键。通常，如果托运人与承运人出于善意而出具保函，则该保函在承托双方之间具有法律效力，但是，如果承托双方合意损害第三方利益，该保函则构成欺诈，在承托双方之间亦无法律效力。① 对此，《最高人民法院关于保函是否具有法律效力问题的批复》指出：海上货物运输的托运人为换取清洁提单而向承运人出具的保函，对收货人不具有约束力。因此，不论保函如何约定，都不影响收货人向承运人或托运人索赔；对托运人和承运人出于善意而由一方出具另一方接受的保函，双方均有履行之义务。

此外，承运人依清洁提单保函向托运人追偿的前提是其已就提单项下的货物损坏向提单持有人做出赔偿。因此，依据《海商法》第二百五十七条，清洁提单保函的诉讼时效应自被认定为负有赔偿责任的承运人解决原赔偿请求之日起或收到受理对其本人提起诉讼的法院的起诉状副本之日起算。②

在法律性质上，由于清洁提单保函是由托运人签发给承运人的，属于托运人（债务人）自己做出的承诺，因此，该保函不构成民法中的保证合同。③

2. 保险人赔偿被保险人货损后享有代位求偿权

保险人代位求偿权是指保险人赔偿被保险人保险标的物损失后取得被保险人向造成保险标的物损失的责任第三方的求偿权利。保险人行使代位求偿权须具备以下几个条件：保险标的物发生保险责任范围内的损失是由第三人造成的；被保险人遭受损失后尚未向责任方索赔或索赔未果且尚未放弃索赔权；保险人已向被保险人做出赔付；在保险赔偿金额（含利息）范围内。④

保险人与被保险人通常签署权益转让证书，避免日后发生权益纠纷或带来不必要的麻烦。保险人行使代位求偿权既可以被保险人的名义，也可以自己的名义。但是，保险人以

---

① 司玉琢著：《海商法专论》，中国人民大学出版社 2018 年版，第 95 页。

② 天津海事法院（2021）津 72 民初 155 号民事判决书，天津市高级人民法院（2021）津民终 925 号民事判决书；司玉琢、张永坚、蒋跃川编著：《中国海商法注释》，北京大学出版社 2019 年版，第 403页。

③ 厦门海事法院（2010）厦海法商初字第 240 号民事判决书，福建省高级人民法院（2011）闽民终字第 412 号民事判决书，最高人民法院（2011）民提字第 313 号民事裁定书。

④ 上海海事法院（2022）沪 72 民初 686 号民事判决书，上海市高级人民法院（2023）沪民终 87 号民事判决书。

造成保险事故的第三者为被告提起代位求偿权之诉的，应以被保险人与第三者之间的法律关系确定管辖法院，[①] 且保险人与责任人之间的法律关系按被保险人与责任人的关系进行处理。[②] 需注意的是，中国《海商法》第二百五十三条与《保险法》第四十六条对因被保险人的故意而放弃向第三人追偿的规定有所不同，其中《保险法》的有关规定对保险人更有保障，更有利于保险人实现其代位求偿权。但是，《最高人民法院关于审理海上保险纠纷案件若干问题的规定（2020 修正）》第 1 条规定：审理海上保险合同纠纷案件，适用海商法的规定；海商法没有规定的，适用保险法的有关规定；海商法、保险法均没有规定的，适用民法典等其他相关法律的规定。

第二节　托运人的主要义务

海上货物运输海运托运人的义务主要包括以下几项：交付约定的货物、妥善包装货物、及时接收货物、危险货物通知义务、保证收货人真实存在并履行提单义务、付费义务等。

📝 导入案例 3-6

托运人交付承运人的大豆应符合运输要求

2016 年 9 月 26 日，晨曦公司与哥伦比亚谷物贸易有限公司签订销售合同。该合同约定：数量 60000 公吨-10% 溢短装，按合同溢价由卖方选择，装货港巴西所有港口，卸货港一个华北港口或一个华南港口或在下列地点的一个驳运港，舟山/宁波，驳运至上游不远于南京港的一个长江口岸，原产地巴西，包装散装，装运期 2017 年 3 月 1—31 日。另约定付款：一旦派船，最迟截止到执行船舶的预计到达时间（ETA），买方应向卖方指定的银行开立不可撤销信用证。

晨曦公司进口的上述涉案大豆由萨么科公司所属巴哈马籍"阿德兰特"轮承运。

2017 年 4 月 7 日，"阿德兰特"轮靠泊巴西巴尔喀雷纳港并开始装货。11 日，装货完毕。在整个 4 天装货期间有 4 次降雨停装过程。涉案货物分装在 7 个货舱。

11 日，AGENCIAMARITIMA CARGO RGONAVE LTDA 代表船长签发第 01~06 号清洁指示提单。01、02 号提单的托运人为 GLENCOREIM PORT ADORAE EXPORTADORA S.A.，03、04、05、06 号提单的托运人为 ADMDOBRASIL LTDA。六套提单收货人均为凭指示，通知方均为晨曦公司，承运船舶均为"阿德兰特"轮，装货港均为巴西巴尔喀雷纳港，卸货港均为中国任一港口，货物均为巴西大豆，运费均已预付。由晨曦公司提交的六套提单表明，提单背面均由托运人及晨曦公司背书，

---

① 大连海事法院(2022)辽72民初399号民事裁定书，辽宁省高级人民法院(2022)辽民辖终39号民事裁定书。

② 上海市高级人民法院(2015)沪高民四(海)终字第 55 号民事判决书，最高人民法院(2018)最高法民再196号民事判决书。

另加盖日照银行股份有限公司国际结算进口业务专用章，并注明"2017.6.16开证，××.61"。该批货物由晨曦公司向太保航运中心投保海上货物运输险。

4月11日，"阿德兰特"轮驶离巴尔喀雷纳港，后于5月25日到达日照港外锚地，并于该日递交了装卸准备就绪通知书。7月3日，该船进入日照港4号锚地。

另外，6月16日，晨曦公司开立信用证，并于7月6日承兑后自银行取得该六套正本提单。7月13日，晨曦公司取得中华人民共和国进境动植物检疫许可证。7月17日，日照CIQ受理涉案大豆报检。

8月22日，在"阿德兰特"轮靠泊日照港西5泊位并完成边检手续后，晨曦公司登轮检查货物，发现7个货舱表面大豆霉变/碳化严重。日照CIQ在登轮发现上述情况后禁止港口卸货，并要求晨曦公司等待进一步处理通知。9月2日，各方经多次讨论对"阿德兰特"轮所载大豆的卸货方案达成一致：在卸货过程中视受损程度划分为严重受损货物（A类）、较重受损货物（B类）、其他货物（C类），并对上述三种货物分开卸载、倒运、储存衡器集中、扦取代表性样品。经各方达成卸货及取样方案后，该轮于9月2日开始卸货，至9月15日全部分卸完毕。卸货过程是由港口的岸吊用抓斗卸到船边的漏斗上，然后装至漏斗下面的卡车上，然后再经过过磅后暂时存放在指定的堆场或仓库。

9月17日，船舶完成末水尺检验，并离港。日照CIQ参照有关标准，根据卸货前后进行的船舶吃水及船用物料的检测，经必要修正，计算出上述大豆卸货重量为65964吨。

2018年4月19日，日照CIQ就卸载大豆出具《残损检验鉴定证书》。该证书认为：上述大豆的残损系由于没有进行有效的通风，在"阿德兰特"轮船舱内受热所致；本批残损大豆按照严重受损大豆82%、较重受损大豆70%、轻度受损大豆53%的比例计算贬损。

青岛华安达海事服务有限公司受青岛华泰保险经纪有限公司委托，代表"阿德兰特"轮船东及其互保协会于2019年12月19日出具《检验报告》。该报告认定：货损发生的内在原因是大豆货堆的呼吸作用及部分大豆水分较高而导致货物自热，主要原因是船舶在日照港锚地候泊近3个月而导致大豆在船时间远超过安全储存期，在候泊过程中高水分大豆迅速发热致损；经调查本轮靠泊卸货严重延误的原因是收货人未及时办妥货物进口手续所导致的；本船大豆卸货完毕的时间是2017年9月15日，货物实际开始加工处理的时间是2017年12月26日，通过对比卸船时货物状况与加工时货物状况，发现货物品质严重恶化，这部分扩大的损失是由收货人迟延处理货物导致的；根据卸货港日照CIQ水尺计重结果显示，本船大豆卸货数量为65964吨，不存在短量的情形；日照CIQ以部分货物试加工情况确定整船货物损失明显不合理，收货人应进一步提供全部受损货物的加工、处理情况的证据来进一步评估其实际损失。

中国农业科学院作物科学研究所研究员王步军在另案中应太保航运中心委托，出具《专家意见》。其结论为："阿德兰特"轮大豆的热损伤粒质量指标和各舱豆堆的温度以及照片显示，该轮所载大豆受到了严重热损；根据大豆水分含量、豆堆温度和储藏时间三者关系，"阿德兰特"轮大豆的平均水分含量为 12.88%，安全期在 30 余天；各舱气温表明，"阿德兰特"轮大豆在 6 月中旬豆温明显上升；散装货轮舱内大豆一旦发热，唯一阻止发热的办法是尽快赶往目的地港并及时卸载；在每舱装载 1 万吨左右的散装货轮条件下，舱口盖两侧开闭与否对大豆的发热影响极其有限；"阿德兰特"轮大豆发生热损的根本原因是水分含量超过了安全水分临界值，约在装船后 30 余天微生物变得不稳定；长达 99 天的延误卸货，并且赶上 7、8 月的高温炎热气候，是发生严重货损的直接原因；"阿德兰特"轮大豆发热温度、热损伤粒率和霉变粒率推测模型表明，"阿德兰特"轮大豆在 5 月 13 日开始发热，抵达日照港时并未发生热损，大豆明显发热的时间在 6 月 22 日前后，热损随后发生并持续至开仓卸货。

于是，晨曦公司诉请法院要求承运人萨么科公司赔偿其涉案货物损失。

一审法院认为：双方未就其提单运输合同关系选择所适用的法律，依最密切联系原则应适用中国法；萨么科公司签发提单，系承运人；涉案货损的发生与货物装船时雨中作业、通风措施不当、货物在船舱滞留时间过长等因素有关；萨么科公司认为涉案大豆平均含水量超过 12.5% 的安全水分标准以及杂质较高是造成货损的客观原因，没有事实和法律依据；综合考虑相关事实与货损发生存在的因果关系，萨么科公司对本案货物损失承担 70% 的赔偿责任；萨么科公司已尽管理货物义务；货损因货物自然属性发生而免责的抗辩不能成立；萨么科公司享有海事赔偿责任限制。因此，一审法院判决：萨么科公司赔偿晨曦公司货物损失，但应受萨么科公司海事赔偿责任限额的限制。

萨么科公司不服一审判决，提起上诉。二审法院经审理认为：晨曦公司未获得太保航运中心的保险金赔偿，有权要求承运人赔偿其涉案货物损失；日照 CIQ 对货物贬值率作出的认定，具有证明力；萨么科公司未尽到谨慎的通风管货义务，应对因此造成的货损承担赔偿责任；在等待办妥进口及报检手续、等待交货过程中，船舱通风能力有限，萨么科公司并无处置在船货物的能力和权利，故一审法院认为萨么科公司未处置货物以减少损失，依据不足；晨曦公司在提起本案的同时，亦对太保航运中心提起保险赔偿之诉，但因两案所涉法律关系不同，本案的审理无需以保险赔偿之诉的审理结果为依据，且本案不存在应予以中止诉讼的情形。因此，二审法院判决：撤销一审法院判决；萨么科公司在其海事赔偿责任限额内赔偿晨曦公司的货物损失(萨么科公司承担 30% 责任)及其利息。晨曦公司不服二审判决，向最高人民法院申请再审，被裁定驳回再审申请。

案例索引

一审：青岛海事法院(2018)鲁 72 民初 1245 号民事判决书。
二审：山东省高级人民法院(2020)鲁民终 1573 号民事判决书。
再审：最高人民法院(2021)最高法民申 4982 号民事裁定书。

📝 简要述评

海上货物运输实践中，大豆等大宗粮食货物损失的责任划分常常成为争议的焦点。基于大豆的自然特性，相关货损案往往判定承运人承担全部或大部分责任。本案中，二审法院对通风的实际效果以及因收货人原因发生卸货迟延情形下承运人管理货物的义务等因素进行了综合考虑，认定是延迟卸货而非通风不当才是造成涉案货损的主要原因，因此判决承运人因通风不当承担 30% 的责任，更加合理、公平地对货损责任做出了分配。另外，值得关注的是，在(2020)鲁 72 民初 1236 号①案中，涉案大豆因水分过高、混有杂草，且与货损有关联，因此，法院判决可以适当减轻承运人的赔偿责任。

📑 法条依据

《中华人民共和国海商法》第四十六条、第四十八条、第五十一条、第五十五条、第七十一条、第二百零四条、第二百零七条、第二百一十条、第二百一十三条；《中华人民共和国民事诉讼法》第一百七十条第一款第二项、第二百条第二项、第二百零四条第一款、第二百五十三条；《最高人民法院关于民事诉讼证据的若干规定》第五十九条、第七十七条第一款；《最高人民法院关于适用〈中华人民共和国民事诉讼法〉的解释》第一百一十四条、第三百九十五条第二款。

📋 理论要点

依据中国《海商法》第四十一条的规定，海上货物运输合同下的托运人包括两种：与承运人签订海上货物运输合同的人，以及将货物交给与海上货物运输合同有关的承运人的人。因此，实践中海上货物运输合同的托运人与发货人(实际托运人)往往是同一主体，如 CFR 或 CIF 贸易合同所对应的海上货物运输合同，但二者亦可能存在不是同一主体的情形，如 FOB 贸易术语所涉货物的海上运输合同。因此，在第二种情形下，实际托运人并非海上货物运输合同的当事人，对承运人并不负有交付货物的义务，亦即，实际托运人交付货物给承运人是其所涉买卖合同项下的义务。

无论是第一种情形还是第二种情形下，虽然托运人或实际托运人向承运人交付货物的依据分别是运输合同和买卖合同，但是，考虑到货物买卖合同和海上货物运输合同权利义务的衔接，托运人或实际托运人向承运人交付的货物均需满足海上货物运输合同或货物买卖合同约定的要求，包括但不限于货物的品名、标志、包数或件数、重量或体积、包装等。

此外，实际托运人提供的货物，包括发货人的集装箱、托盘及车辆，应处于适于预定运输的状态，包括适合于装载、操作、积载、绑扎、加固和卸载等。如果货物处于实际托运人装载的集装箱、托盘或车辆之中，则实际托运人必须对处于集装箱、托盘或车辆之中的货物进行积载、绑扎和加固，以使它们不会受到灭失或损坏。

实际托运人或托运人违反前述义务，因货物包装不良或上述资料不正确，对承运人造

---

① 青岛海事法院(2020)鲁 72 民初 1236 号民事判决书。

成损失的，托运人应承担赔偿责任。

📝导入案例 3-7

托运人因未如实申报货物导致爆炸引发损失应承担赔偿责任

2015 年 9 月，新海丰公司接受保利佳公司委托出运一批货物，运输提单编号为 SITGSHMSK05237。该提单记载：托运人为保利佳公司，收货人为 C 公司，集装箱编号为 SITU×××××× 和 TEMU××××××，货物品名为亚克力板，起运港为中国上海，卸货港和交付地均为菲律宾马尼拉南，船名为"CAPE MORETON"，交付方式为 CY-CY，运费预付；托运人负责装载、清点和铅封涉案货物。

在订舱过程中，保利佳公司向新海丰公司出具过一份并单保函。该保函记载：货物品名为亚克力板，船名为"CAPE MORETON"，起运港中国上海，卸货港马尼拉南，总提单号码为 SITGSHMSK05237，分单号码为 SITGSHMSK05237、SITGSHMSK05237A。另，保函写明：上述货物请根据我司要求办理并单事宜，向贵公司保证对于根据我们的要求向收货人交货时，贵公司可能承受的无论何种性质的灭失或损害及任何赔偿责任，贵公司概不负责。根据保利佳公司提交的证据，预录编号为 222920150793745862 的出口货物报关单显示：相关提单编号为 SITGSHMSK05237A，经营单位为案外人复本公司；商品名称包括角钢、投币式汽车游戏机。另，据新海丰公司提供的证据，复本公司已于 2019 年 6 月 22 日注销。

9 月 11 日，涉案"CAPE MORETON"轮停靠马尼拉北港国际集装箱码头 1 号泊位，并进行卸货作业。12 日，3 号货舱开始卸货，后船舶火灾探测系统报警，货舱冒烟并于不久后发生中度爆炸且涌出浓烟，但未见明火。之后，港口消防队和马尼拉消防队到达现场进行救助，于 9 月 13 日灭火成功。涉案事故发生后，菲律宾马尼拉消防局对事故原因进行调查，并出具《2015 年调查报告》。该报告的结论为：引起火灾、突然的爆炸是由于 TEMU×××××× 号集装箱货物自燃和不谨慎共同导致；如果有要求，不影响重启调查。2017 年 1 月，应保利佳公司申请，菲律宾马尼拉消防局重启涉案火灾调查并出具《2017 年调查报告》。该报告载明：火灾最可能的起火点是"CAPE MORETON"轮彼此接触的物体移动时相互摩擦产生摩擦热，且引发火星或火光，从而形成余火造成慢燃火，致使产生缺氧性微黄色烟雾，后在达到着火点后，点燃现场可燃性材料而触发爆炸；本案性质属于偶发性火灾，而并非仅因为某个集装箱和承载的货物具有可能导致火灾的可燃性或者爆炸性物质成分；如果获得法定许可，本建议不影响同一案件的重新调查。上述两份报告中均提到编号 TEMU×××××× 的集装箱除提单载明的亚克力板外还装载了家具、雨伞、螺旋弹簧、卫生间制造部件、高脚凳、锅、桶和其他可能为家用设备的金属物件、电脑屏幕、电脑主机等各种杂物。

2018 年 5 月 18 日，菲律宾国内和地方事务部消防局国家总部对上述 2015 年和 2017 年两份报告进行复审和评估，并得出结论：两份报告对起火点调查结果并不冲突和矛盾，两份报告均认为火灾开始于保利佳公司 TEMU×××××× 号海运集装箱(当时积载于底层甲板上的货船中部)。关于火灾可能的原因,本次复审更相信是发源于TEMU××××××号集装箱的自燃而非摩擦热,且该集装箱中所载的货物很可能被错误申报。TEMU××××××号集装箱不仅装有亚克力板,且有各种物品,包括被怀疑填充有不稳定的自我反应的化学品容器桶。该集装箱实际装载的货物与SITGSHMSK05237号提单的记载不符,且这一点在本案中很关键。

另查明,2015年3月6日,涉案船舶船东CAPE公司与SITC公司签订期租合同,约定租期自2015年3月6日开始。之后,双方两次签署延长期租合同的补充协议,确认期租合同最少至2016年9月,最多至2016年年底。

2015年3月6日,SITC公司与新海丰公司签订转租协议,将"CAPE MORETON"轮转租给新海丰公司,由新海丰公司作为次承租人承担因船舶运营所导致的一切风险和责任,且由新海丰公司处理因船舶运营而导致的索赔。双方还约定,其他所有条款或后续补充协议与船东和首承租人签订的租船合同与后续补充协议一致。2017年12月11日,SITC公司出具确认书。该确认书确认:SITC公司作为"CAPE MORETON"轮租家代理人与该轮船东签订租约,并在火灾事故发生后代表新海丰公司与船东等相关方协商处理事故所造成的部分损失和费用的索赔,就SITC公司在该火灾事故中所产生的损失、费用和所解决的相关索赔,均最终实际由新海丰公司承担,新海丰公司有权对外提起索赔和诉讼。

涉案事故发生后,CAPE公司申请仲裁,要求SITC公司赔付因火灾产生的船舶修理、共损分摊等费用。在共损理算报告出具之后,CAPE公司与SITC公司分两次达成和解协议,约定由SITC公司支付550000美元以最终解决船方因修理索赔的全部费用,支付1250260.04美元以最终解决船东应承担的共同海损方面的全部索赔。和解协议中写明收款人为Gard Marine & Energy Ltd. 及银行账号。此后,新海丰公司向该账号支付相关和解款项。

根据新海丰公司提供的证据,2017年4月10日,ALEA公司与新海丰公司、SITC Container Lines Philippines Inc. 、"CAPE MORETON"船东达成和解协议,由SITC集团向ALEA公司支付200000比索、并为"CAPE MORETON"船东向ALEA公司支付50000比索;2018年10月9日,MAA公司与新海丰公司、SITC Container Lines Philippines INC. 等达成和解协议,由新海丰公司通过代理人向MAA公司支付1800000比索,作为2015年9月12日发生在"CAPE MORETON"船上的有关索赔的和解款项。

经查,因涉案事故导致集装箱受损,相关集装箱出租人及修理人向新海丰公司发送集装箱修理结算通知,其中,百慕大天泰货柜设备管理有限公司上海代表处结算金额17250.99美元;TAILIAN公司结算金额5665.90美元;SEACO结算金额为10458美元;TRITON有限公司结算金额为3960.39美元;宁波保税区高新物流有限公司结算金额为296.20美元;上海创元国际物流有限公司结算金额为1470.74美元;上海立昌集装箱储运有限公司结算金额为492.25美元;珉钧堆场结算金额为3338.13美元,共计金额为42932.60美元。

于是,新海丰公司请求法院判令保利佳公司赔偿其各项损失。一审法院判决保利佳公司向新海丰公司支付2030389.67美元(包括新海丰公司因船东共同海损分摊费用，船舶相关修理费用，燃油利益方及集装箱利益方的共同海损费用，新海丰公司因船舶停止使用而遭受的租金损失、燃油损失以及通信费、伙食费、系固费等损失，集装箱损失及修理费；但是，不包括船东支付的未计入共同海损分摊的费用、ALEA 与 MAA 等货主的货损、货主索赔的集装箱堆存费、目的港集装箱销毁费以及境外律师费、专家现场勘查费用及出庭费等其他费用）及利息。保利佳公司不服一审判决，提起上诉。

二审法院经审理认为：保利佳公司未对托运货物如实申报，货物在运输途中因自燃引发爆炸，由此对船舶、集装箱货物等造成的损失，理应向承运人新海丰公司承担赔偿责任。因此，二审法院判决：驳回上诉，维持原判（涉案主体法律关系如图 3-2 所示）。

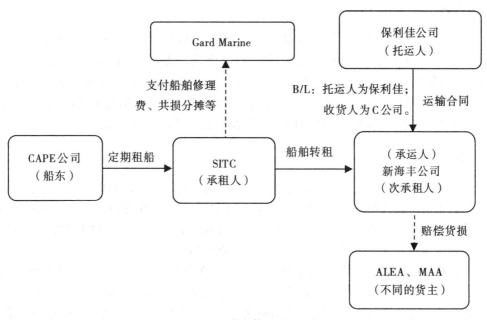

图 3-2 涉案主体法律关系图

📇 **案例索引**

一审：上海海事法院（2019）沪 72 民初 2584 号民事判决书。

二审：上海市高级人民法院（2021）沪民终 419 号民事判决书。

📝 **简要述评**

托运人完整、准确地申报货物情况及其运输要求，是海上货物运输安全的基础与保障。然而，实践中却常有托运人谎报、漏报、错报的情形，导致海上货物运输火灾、爆炸等事故频发，并造成货物、船舶、集装箱等损失（各项损失往往会超过托运人托运货物之本身价值）。本案中，托运人在申报委托运输的货物情况时存在漏报，最终引发自燃并爆炸,对由此造成的各项损失应承担赔偿责任。本案是托运人未能如实申报货物并引发危险事故的代表性案例之一。

此外,2017 年 12 月 25 日,上海海事法院曾对新海丰公司与保利佳公司之间的相关纠纷作出(2016)沪 72 民初 3129 号民事判决。保利佳公司对该判决不服,提起上诉。后来,上海市高级人民法院认为一审法院对新海丰公司提交的用以证明涉案损失的相关证据的证明力未予审查,对新海丰公司诉请赔偿其损失人民币 12000000 元是否真实合理亦未予审查,属于认定事实不清。因此,上海市高级人民法院在 2019 年 6 月 25 日作出(2018)沪民终 111 号民事裁定,撤销(2016)沪 72 民初 3129 号民事判决,将案件发回重审。2019 年 8 月 2 日,上海海事法院重新立案后,依法另行组成合议庭审理,并经两次公开开庭审理,作出本案一审判决。

法条依据

《中华人民共和国合同法》第一百零七条(已废止,参见《中华人民共和国民法典》第五百七十七条);《中华人民共和国海商法》第六十六条第一款;《中华人民共和国民事诉讼法》第六十四条第一款、第六十七条、第一百七十七条第一款第(一)项、第一百八十二条;《最高人民法院关于适用中华人民共和国民事诉讼法的解释》第九十条;《最高人民法院关于适用中华人民共和国民法典时间效力的若干规定》第一条第二款。

理论要点

海上货物运输中,托运人一般通过填写订舱单的方式来订舱,而承运人则通过托运人填写的内容了解货物的情况,并采取相应措施。因此,托运人应完整、准确地申报货物信息及运输要求,合理包装货物,进行合理标识,并提供相关文件。这对于货物运输安排、积载以及发生事故时采取适当的行动,都是至关重要的。

为此,中国《海商法》第六十六条规定,托运人在办理货物运输时,应准确地向承运人表明有关货物运输的必要情况,如货物的品名、标志、包数或件数、重量或者体积等。对于危险货物,该法第六十八条第一款明确规定:托运人托运危险货物,应依照有关海上危险货物运输的规定,妥善包装,作出危险品标志和标签,并将其正式名称和性质以及应当采取的预防危害措施书面通知承运人;托运人未通知或者通知有误的,承运人可以在任何时间、任何地点根据情况需要将货物卸下、销毁或者使之不能为害,而不负赔偿责任;对承运人因运输此类货物所受到的损害,应当负赔偿责任。此外,中国《民法典》第八百二十五条亦规定了托运人的如实申报义务。本案中,被告违反了如实申报所运货物义务并导致火灾事故的发生以及相关损失。因此,被告应对其过错行为所造成的损失承担赔偿责任。

此外,应指出的是,因托运人的代理人未能正确向承运人申报而产生的货损或责任,应由托运人承担。[1]

---

[1]　青岛海事法院(2001)青海法商初字第 140 号民事判决书;姚洪秀、邓松:《托运人托运危险货物的义务和责任》,载《中国海商法年刊(2005)》,大连海事大学出版社 2005 年版,第 303～312 页;杨轶:《托运危险货物的义务与责任》,载《中国海洋法学评论》2007 年第 2 期,第 148～161 页。

📋 **导入案例 3-8**

承运人能否直接向托运人追索 FOB 项下的到付运费？

2005 年 10 月 27 日至 11 月 21 日间，被告无锡富通向原告青岛思锐发出三份订舱单，其中 11 月 8 日的订舱单记载收货人为 SCOOTER 波多黎各，被通知人为 VERUCCL 公司，其他两份订舱单收货人和被通知人均为 VERUCCL 公司，成交方式为 FOB 上海，运费约定到付，货物品名为摩托车。后来，被告分别于 10 月 28 日、11 月 9 日、11 月 22 日向原告出具涉案货物每个集装箱的收费项目确认书。

2005 年 11 月 6 日、15 日、29 日，原告分别向被告签发了自己抬头的八份提单，其中原告接受被告指令将 11 月 8 日订舱单记载的收货人变更为与另外两份订舱单相同的收货人。

被告交付货物后即将提单传真给收货人，告知货物已出运，后又寄交正本提单。但是，至法院审理案件时，收货人已退回两份。

原告接受上述货物运输后，分别委托达飞轮船和上海怡诚物流实际承运涉案货物，并分别向实际承运人支付了运费。货物运到目的港后，原告通过电话通知收货人提货并支付运费，但因贸易原因，收货人始终未凭正本提单提货。

2006 年 2 月 17 日，原告致函被告称："涉案货物抵达目的港，至今无人清关提货……货物将于 2006 年 2 月 21 日到波多黎各海关规定的最后滞港期限，之后政府将有权进行拍卖或处置……贵司决定退运，需给我司正式加盖公章的书面通知，并立即将海运费用和所有滞港费用打至我司账上。我司方可安排退运。"18 日被告收到该函件并签字盖章。24 日，被告回函原告称："2005 年 11 月美国 VERUCCL 委托贵司发往 SAN JUAN, PUERTORICO 的 15×40'HQ(含涉案十三个集装箱)，由于我司报给客户的价格为 FOB 上海，不含运费，而贵司为美国 VERUCCL 公司在中国的指定货代，故贵司从上海到目的港的海运费应该向美国 VERUCCL 公司收取，与我司无关。考虑到目前状况，为减少贸易损失，我司同意退货，但按规则，我司只能承担该批货物从目的港返回上海的海运费，其他一切费用与我司无关。"上述货物回运事项终因有关前期费用未能达成合意而无果。

同年 6 月 12 日，被告委托律师发函给原告，确认曾向原告出运过十五个集装箱，并确信收货人至今未曾收到货物，要求原告提供十五个集装箱的相关海运提单资料，以便了解货物去向。原告未予书面答复。

原告向上海海事法院提起诉讼，请求判令被告支付上海—波多黎各的海运费。

一审法院认为：原、被告双方合同约定运费到付并记载于提单，对双方具有拘束力；涉案八份提单曾一度全部流转至记名收货人，后两份被退回；收货人未提货，并不能免除其向承运人支付运费的义务，因此，原告作为承运人应当按照提单记载向收货人主张运费；运费到付是原告自愿接受和自担风险的运费收取方式，原告在未先行履行向记名收货人收取运费的前提下，直接向作为托运人的被告收取合同约定的到付运费缺乏法律依据。因此，法院判决：驳回原告的诉讼请求。

案例索引

一审：上海海事法院（2006）沪海法商初字第 738 号民事判决书。

简要述评

运费是承运人为托运人提供运输服务的对价。航运实践中，海运费有预付和到付两种形式。其中，到付运费是承托双方约定由合同双方当事人之外的第三方支付海运费的涉他合同。因此，托运人有义务保证其指定的第三方实际存在并将支付海运费。如果收货人不存在，承托双方有关运费到付的约定应当无效，海运费由托运人支付。如果收货人实际存在，货物安全运抵目的港后，承运人应首先向收货人提出到付运费的支付请求，因为收货人未提货并不能免除收货人向承运人支付到付运费的义务。如果收货人拒绝支付到付运费和其他合理费用，承运人有权主张《海商法》第 87 条规定的货物留置权，或要求托运人支付到付运费。① 如果承运人未先要求收货人支付到付运费，托运人可以依据海运费到付的约定提出抗辩。因此，本案对 FOB 贸易合同下到付运费的支付主体做出了合理的认定，具有较强的实践意义，合理地维护了 FOB 买卖合同相关利益方的权益。

法条依据

《中华人民共和国海商法》第六十九条；《中华人民共和国民事诉讼法》第六十四条第一款。

理论要点

托运人应当按照约定向承运人支付运费。通常，预付运费应在提单签发之前付清。如果托运人与承运人约定运费由收货人支付，此项约定应当在提单等运输单证中载明。

如果货物在运输过程中发生灭失或损坏，不论其原因是什么，承运人均不退还预付运费。但是，如果货物的灭失或损坏系由承运人应负责的原因导致的，托运人可以将预付运费作为其损失的一部分向承运人索赔。

在海上货物运输合同或提单约定运费到付的情况下，只有货物安全运抵目的港，承运人才有权要求收货人在提取货物之前支付到付运费。② 换言之，到付运费的收取是以承运人必须经受航程中的各项风险并完成运输行为为条件的，所以，承运人对到付运费享有保险利益，可以就到付运费向保险人投运费保险。

此外，在航运实践的一些特殊情形下，海运费的支付经常引发争议。例如，在 FOB 买卖合同之卖方订立海上货物运输合同并约定运费预付的情况下，卖方（运输合同的契约托运人、发货人）是否有义务向承运人支付预付运费？对此，应严格遵循合同相对性原则，除非合同另有明确的约定。具体而言，买卖合同所采用的 FOB 术语仅约束买卖合同的双方当事人，不能据此直接否认海上货物运输合同下契约托运人（卖方）向承运人支付

---

① 大连海事法院(2020)辽 72 民初 119 号民事判决书。

② 司玉琢等编著：《新编海商法学》，大连海事大学出版社 1999 年版，第 138～139 页。

预付海运费的义务，因为预付运费是托运人与承运人在海上货物运输合同中约定的事项。因此，FOB 卖方订立海上货物运输合同并约定运费预付的情况下，托运人（无论卖方是订立运输合同的契约托运人还是买方订舱的间接代理人）负有支付预付运费的义务。

再如，提单载明运费到付，且收货人在目的港提取货物的，承运人应向收货人收取到付运费，并通过对运输单证和货物流转的实际控制来保障收取到付运费的权利；① 如果当事人约定的海上货物运输合同付款方式为到付，但托运人将货物作电放处理的，在收货人不支付运费时，承运人可以要求托运人支付运费；如果收货人不提货或拒绝提货，托运人仍应承担合同项下的运费支付义务，且卸货港无人提货产生的滞箱费、堆存费等亦应由托运人承担；如果承运人怠于收取到付运费，在收货人拒绝支付到付运费而将货物交付收货人的情形下，承运人将无权要求托运人支付到付运费。② 与此相比较的是，承运人接受收货人弃货及其免责声明后将无权向收货人索赔目的港费用。③

此外，托运人应当向承运人支付亏舱费、滞期费、共同海损分摊和承运人为货物垫付的必要费用以及应当向承运人支付的其他合理费用。托运人没有付清，又没有提供适当担保的，承运人可以在合理的限度内留置其货物。但是，承运人收取运费或留置货物，均须以合同约定或立法规定为依据，否则托运人可以行使抗辩权。例如，货物抵达目的港后因检疫未通过未能报关入境，承运人遂签发以卖方为收货人的提单，将货物回运回卖方所在国境内，后货物被海关做无主物处理的情况下，承运人无权要求卖方承担集装箱超期使用费、货物处理费，因为卖方并不知晓亦不同意其收货人地位。④

第三节 收货人的主要权利与义务

提单收货人或提单持有人的权利义务依据提单的规定而确定。换言之，收货人的权利义务是托运人在其与承运人签订的海上货物运输合同中为第三方设定的权利义务，应明确记载于提单等运输合同单证之上。亦因此，收货人的权利义务与承托双方的权利义务相统一。一定程度上，收货人的权利义务是托运人权利义务的法定"转让"（《海商法》第78条），因而托运人在收货人取得相应权利义务后，其权利义务即处于"睡眠状态"。⑤

收货人的权利主要包括以下几项：货物控制权、提货请求权、货物灭损索赔权。其义务则主要包括：检验货物；及时提货；支付运费或其他费用等。其中，货物控制权、货损索赔权、支付运费或其他费用的权利或义务，与托运人之相应权利义务基本相同，故不再赘述。

---

① 上海海事法院民事判决书（2019）沪72民初2590号民事判决书；上海海事法院民事判决书（2019）沪72民初2591号民事判决书；上海海事法院民事判决书（2019）沪72民初2592号民事判决书。

② 上海海事法院（2019）沪72民初2585号民事判决书。

③ 青岛海事法院（2018）鲁72民初2046号民事判决书，山东省高级人民法院（2019）鲁民终2275号民事判决书，最高人民法院（2020）最高法民申3713号民事裁定书。

④ 上海海事法院（2013）沪海法商初字第1747号民事判决书，上海市高级人民法院（2014）沪高民四（海）终字第35号民事裁定书。

⑤ 司玉琢著：《海商法专论》，中国人民大学出版社2007年版，第260~261页。

📝 **导入案例 3-9**

收货人能否凭未经托运人背书的提单提货

2016 年 1 月 18 日，华升公司与土耳其 MEKIK 公司签订销售确认书，约定华升公司出售各式男士短裤，自中国上海港口，经海运至土耳其，付款方式为提单日期后 90 日付款。之后，双方协商将相关运输变更为自中国蛇口港出发，海运至希腊比雷埃夫斯港。

2016 年 4 月，华升公司委托德威公司办理出口海运订舱。德威公司出具的订舱确认书显示：托运人为华升公司，收货人为 MEKIK 公司。德威公司接受委托后，向华展公司订舱，华展公司再向长荣公司的船务代理人永航公司订舱。长荣公司出具的订舱确认书显示：订舱日期为 4 月 7 日，船名航次为"阳明希望"轮第 006W 航次，承运人长荣公司，订舱人、发货人均为华展公司，截关时间 4 月 18 日，装货港为中国蛇口港，卸货港为希腊比雷埃夫斯港，预计到达目的港时间 5 月 8 日，货物品名为全棉短裤。

4 月 11 日，德威公司指派湘标公司将上述货物以拖车运输至德威公司指定仓库。4 月 13 日，华升公司出具商业发票、装箱单。4 月 15 日，华升公司委托深圳方盛报关有限公司对上述货物办理了出口货物报关。该出口货物报关单显示：经营单位和发货单位均为华升公司；成交方式 FOB，运抵国希腊，且货物的品名、数量等自然状况与长荣公司出具的订舱确认书的记载一致。

4 月 19 日，永航公司以长荣公司代理人的名义签发涉案货物提单。该提单记载：托运人为华升公司，收货人为凭指示，通知方为 MEKIK 公司，船名航次为"阳明希望"轮第 006W 航次，起运港为中国蛇口港，卸货港为希腊比雷埃夫斯港，货物为全棉短裤，运费预付，装船时间为 2016 年 4 月 19 日。

4 月 20 日，德威公司向华展公司出具寄单委托书，请求华展公司将涉案提单通过顺丰快递公司寄给德威公司。

4 月 21 日，永航公司将涉案提单交给华展公司。同日，华展公司将涉案提单通过顺丰快递寄给德威公司。后，涉案货物经"阳明希望"轮运输，于 5 月 10 日抵达卸货港希腊比雷埃夫斯港。之后，长荣公司的代理人联合海运代理有限公司在收到提货人"PENTRADE IKE"公司背书的涉案提单后，将该提单项下的涉案集装箱货物交给了"PENTRADE IKE"公司。

于是，华升公司申请法院判令永航公司和长荣公司赔偿其货款损失及其利息。庭审中，各方当事人一致选择适用中国大陆法律解决本案实体争议。

一审法院认为：华升公司为托运人，而长荣公司签发提单，系承运人；永航公司为长荣公司的船务代理人，代为签发涉案提单；承运人长荣公司签发以华升公司为托运人的指示提单，构成承运人长荣公司向托运人作出必须凭华升公司的背书方能交付货物的承诺，而华升公司也是通过指示提单的功能实现对货物的控制；货抵目的港后，长荣公司未能尽到认真审查提货人是否合法持有提单的义务，仅凭"PENTRADE

IKE"的背书即将涉案货物交付给该公司——"PENTRADE IKE"持有的虽然是长荣公司签发的涉案正本提单，但该提单并未经托运人华升公司的背书，故"PENTRADE IKE"不是合法的正本提单持有人。

综上所述，一审法院判决：长荣公司赔偿华升公司货款损失及其利息。一审判决后，长荣公司不服，提起上诉。

二审法院认为：长荣公司作为承运人应当在交付货物时审查提货人持有的提单是否符合上述背书转让的规定。但是，长荣公司在涉案货物运抵目的港后，未履行承运人的上述审查义务。PENTRADE IKE 公司虽持有涉案正本提单且有"PENTRADE IKE"背书，但涉案提单未经提单记载的托运人华升公司背书且无其他证据证明 PENTRADE IKE 公司合法取得涉案正本提单，故一审法院判定长荣公司向 PENTRADE IKE 公司的交货行为构成错误交付，违反海上货物运输合同约定和指示提单应经托运人背书转让的法律规定，应当承担违约责任并赔偿华升公司因其错误交付而遭受的损失，是正确的。因此，广东省高级人民法院判决：驳回上诉，维持原判。长荣公司不服二审判决，申请再审。最高人民法院认为：涉案提单载明托运人为华升公司，故华升公司与长荣公司存在海上货物运输合同关系；提单流转情况并不妨碍认定承运人与托运人之间的海上货物运输合同关系；长荣公司签发指示提单，应视为其做出必须依托运人华升公司背书指示而交付货物的承诺；承运人负有审慎审查提货人是合法提单持有人的义务。因此，最高人民法院裁定：驳回长荣公司的再审申请（涉案主体法律关系如图 3-3 所示）。

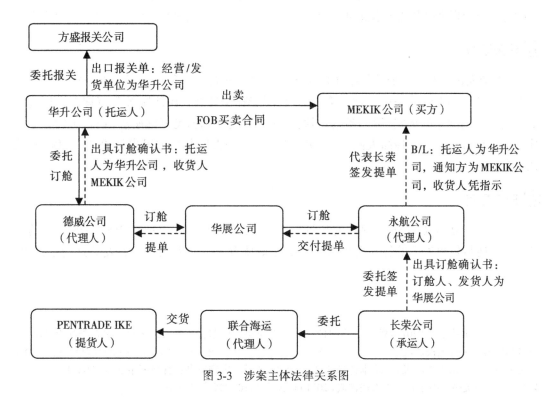

图 3-3　涉案主体法律关系图

📇 案例索引

一审：广州海事法院(2017)粤 72 民初 412 号民事判决书。

二审：广东省高级人民法院(2017)粤民终 3125 号民事判决书。

再审：最高人民法院(2020)最高法民申 6937 号民事裁定书。

✍ 简要述评

本案中，华升公司与德威公司存在货运代理合同关系，且与长荣公司存在海上货物运输合同关系。长荣公司签发提单后通过华展公司将提单交给了德威公司，但华升公司最终没有收到提单，致其在没有背书的情况下货物被提走。故而，华升公司可以选择依据货运代理合同向货运代理人主张权利，也可以依据运输合同向承运人主张权利。因此，华升公司依据涉案提单起诉长荣公司是对其自身权利的合法处分，并无不当。承运人长荣公司负有审查提单的义务，并应将货物交给合法的正本提单持有人。长荣公司在明知涉案提单未经托运人背书的情况下仍将涉案提单项下的货物交给前来提货的非合法提单持有人"PENTRADE IKE"，导致提单持有人华升公司无法通过指示提单实现其对涉案货物的控制。因此，长荣公司交付货物的行为违反了提单约定，也违反了指示提单应经托运人背书转让的法律规定。虽然华升公司在管理涉案提单过程中可能存在疏漏，或华升公司未能提供证据证明收到涉案提单后如何处分提单，但不能因此免除作为承运人的长荣公司审查提单，并将涉案货物交给合法的正本提单持有人的法定义务。因此，本案的判决明确了指示提单的背书转让程序以及凭正本提单放货的具体条件，对完善法律与指导实践具有重要意义。

🗒 法条依据

《中华人民共和国海商法》第四十六条第一款、第五十一条、第五十五条第一至二款第七十一条、第七十九条第二款、第二百六十九条；《最高人民法院关于审理涉台民商事案件法律适用问题的规定》第一条第一款；《中华人民共和国民事诉讼法》第六十四条第一款、第二百五十三条；最高人民法院《关于适用〈中华人民共和国民事诉讼法〉的解释》第九十条。

🗒 理论要点

提单是承运人据以交付货物的凭证。承运人签发提单后应承担查验提单真实的义务，[1] 以便将提单项下的货物交付给合法的提单持有人。如果承运人签发的是指示提单，

---

[1] 广州海事法院(2017)粤 72 民初 412 号民事判决书，广东省高级人民法院(2017)粤民终 3125 号民事判决书，最高人民法院(2020)最高法民申 6937 号民事裁定书；青岛海事法院(2021)鲁 72 民初 430 号民事判决书，山东省高级人民法院(2021)鲁民终 1408 号民事判决书；青岛海事法院(2021)鲁 72 民初 432 号民事判决书，山东省高级人民法院(2021)鲁民终 1410 号民事判决书。

其应当履行审查提货人持有的指示提单是否已经提单托运人背书的义务。①

海上货物运输法律关系中，提货人虽持有正本指示提单，但若未经过托运人背书，其仍不是提单的合法持有人，亦不能要求承运人向其交付货物。换言之，承运人签发指示提单，并将货物安全运抵目的港后，承运人应将货物交付给经托运人背书的指示提单持有人，② 否则，承运人将违反海上货物运输合同约定和指示提单应经托运人背书转让的法律规定，并承担相应的违约责任——赔偿托运人因承运人错误交付而遭受的损失。

在我国对外贸易实践中，出口企业订立的买卖合同往往采用 FOB 贸易术语。根据 *Incoterms* 的规定，FOB 贸易合同下的买方应负责订立海上货物运输，从而成为 FOB 贸易合同项下货物之海上货物运输合同的托运人。值得注意的是，上述交易方式极易造成国外买方通过设立空壳代理公司或与相关代理公司合谋等形式非法获取提单，进而导致其把正本提单直接交付给买方，而没有交付给卖方，导致卖方陷入钱、货两空的境地。因此，本案判决对卖方通过背书指示提单进而控制货物的权利的确认，有利于公平、合理地维护买卖合同、运输合同等相关主体的权益。

导入案例 3-10

收货人持"只报不提"提货单无权要求提取货物

2013 年 3 月 8 日，印度尼西亚卖方 PT. CEN 公司与明迈特公司签订镍矿石买卖合同。

3 月 14 日，明迈特公司租用"瑞宁 10"轮承运货物。4 月 10 日，PT. CEN 公司将涉案镍矿石装上"瑞宁 10"轮。同日，PT. PEL 公司代表"瑞宁 10"轮船长签发一式三份的正本提单，从印度尼西亚 GANDA-GANDA 港运至中国主要港口。该提单记载：托运人为 PT. MUL 公司，通知方为明迈特公司。提单右上角记载与租约一并使用，左下角记载运费根据 3 月 14 日的租约支付。

4 月 16 日，中色物流公司与明迈特公司签订《进口货物代理委托合同》，约定中色物流公司为明迈特公司在天津港办理涉案提单项下货物的报关、报检、存储等业务。同日，中色物流公司与康杰公司签订《中色物流(天津)有限公司散装矿类进口货代合同》，约定就中色物流公司与明迈特公司签订的货运代理合同产生的费用由康杰公司支付。

4 月 20 日，该轮抵达天津新港。4 月 26 日，涉案提单项下货物卸入北江物流公司仓库。5 月 20 日，明迈特公司向 PT. CEN 公司发函，以单证不符为由拒收货物。

6 月，中色物流公司根据明迈特公司及康杰公司委托从港源船代公司取得了标注"只许报关，不准提货"的涉案提单项下的货物提货单(以下简称"只报不提"提货单)。

---

① 李天生、张园地：《论指示提单下承运人的审单义务》，载《大连海事大学学报(社会科学版)》2021 年第 6 期，第 32~43 页。
② 上海海事法院(2014)沪海法商初字第 838 号民事判决书，上海市高级人民法院(2016)沪民终 119 号民事判决书，最高人民法院(2018)最高法民再 240 号民事判决书。

6月14日，明迈特公司及康杰公司作为缴款人缴纳了涉案提单项下货物的海关进口增值税。2014年3月28日，中色物流公司与康杰公司签订合同补充协议，约定中色物流公司受康杰公司委托代垫港口费，支付给天津北方化肥物流配送有限公司。

2013年8月27日，印度尼西亚卖方PT.CEN公司与浙江丰邦公司签订镍矿石买卖合同，将涉案提单项下的货物转售给浙江丰邦公司。该转售合同约定：CFR中国新港，付款方式为买方在提货结束后电汇卖方；货物所有权自买方付款后转移至买方。合同签订后，PT.MUL公司于9月2日将全套正本提单背书转让给浙江丰邦公司。9月4日，浙江丰邦公司向船代港源船代公司通过邮件发送提单扫描件主张提货，但承运人拒绝交货。

11月19日，浙江丰邦公司向一审法院提起诉讼，请求判令上海瑞宁公司向丰邦公司交付涉案货物。2014年4月22日一审法院作出(2013)津海法商初字第707号民事判决，判令上海瑞宁公司向浙江丰邦公司交付涉案提单项下货物。同年5月27日，浙江丰邦公司向一审法院申请执行。2015年7月22日，中色物流公司与浙江丰邦公司签订协议，双方约定：中色物流公司根据协助执行通知书要求，将"只报不提"提货单及费用发票交付法院，浙江丰邦公司向中色物流公司交付涉案提单项下货物的相关费用。同日，中色物流公司与浙江丰邦公司、北江物流公司签订三方协议，约定：由浙江丰邦公司向北江物流公司支付涉案提单项下货物一切仓储费用，中色物流公司与北江物流公司同意解除涉案提单项下货物仓储协议。7月29日，浙江丰邦公司向中色物流公司支付上述费用，取回"只报不提"提货单，并经港源船代公司加盖提货专用章。8月11日，浙江丰邦公司提取涉案提单项下货物完毕。

另查明：上海瑞宁公司为"瑞宁10"轮光船承租人，船长系受雇于上海瑞宁公司；米德威公司为该轮期租人，港源船代公司为米德威公司船代。

一审法院认为：涉案提单记载由PT.PEL公司代船长签发，而船长系受雇于光船承租人上海瑞宁公司，故上海瑞宁公司是承运人；浙江丰邦公司系正本提单持有人；港源船代公司系米德威公司的代理；承运船舶已于4月20日到港，早于浙江丰邦公司签订贸易合同4月有余；涉案提单项下货物已于6月报关，并支付港口费用后存储于北江物流公司仓库；货物情况与CFR中国新港的贸易方式明显不符("通关货"，即涉案提单的提货权利受限——提单持有人无权以正常提货方式要求承运人交付货物)；浙江丰邦公司取得的提单与一般海运提单性质不同，该提单项下货物已报关、报检，并缴纳了进口增值税，支付了港口费用，故浙江丰邦公司依据提单向承运人提取货物需解决该提单因受限而产生的阻碍；上海瑞宁公司并未拒绝浙江丰邦公司提货，提货的阻碍在于中色物流公司要求浙江丰邦公司支付其已垫付的港口费用，方将"只报不提"提货单交出；中色物流公司是基于明迈特公司及康杰公司委托垫付该费用的。涉案提单项下货物于2013年4月26日入库，港口费用已经发生；根据CFR中国新港贸易条件，浙江丰邦公司作为货物提货人及港口费用的实际受益人理应支付该笔费用；在法院执行过程中，2015年7月29日，浙江丰邦公司与中色物流公司及北江物流公司达成协议，支付了港口费用，中色物流公司将"只报不提"提货单交付法院，并于当日在港源船代公司处换取允许提货的提货单，从而提货；涉案提单项下货物提取的阻碍并非上海瑞宁公司拒绝交付货物，而在于浙江丰邦公司未缴纳港口费用，中色物流公司未将"只报不提"提货单交付浙江丰邦公司造成，迟延提货与上海瑞宁公司并无因果关系。

综上所述，2014年4月22日，一审法院判决：驳回浙江丰邦公司的全部诉讼请求。浙江丰邦公司不服一审判决，提起上诉，主张上海瑞宁公司违约导致其迟延提货。

二审法院对一审法院查明的事实予以确认。另查明：《国际贸易术语解释通则(2010)》关于CFR术语下买卖双方的费用划分；港源船代公司签发"只报不提"提货单是为了避免千分之三的滞报金及违反海关规定，且因提供保函并经请示米德威公司获得同意的做法业内比较普遍；根据天津港口的操作习惯，货方在提货时须凭加盖船舶代理公司(代表承运人)和海关放行章的提货单向港务公司申请开具提货凭证(在港口实践中惯称为"黑卡")，然后持"黑卡"向仓库提货。

因此，二审法院认为：已生效的(2013)津海法商初字第707号民事判决书认定上海瑞宁公司系承运人(涉案提单记载由PT. PEL公司代船长签发，船长系受雇于光船承租人)；港源船代公司与米德威公司之间形成代理关系，但港源船代公司为"瑞宁10"轮在卸货港办理代理事务，既是涉案提单提示对象，也是提货单签发主体，故其实际代为行使承运人的相应职责，其所有行为均系代表承运人，其行为后果可归属于上海瑞宁公司；中色物流公司向港源船代公司取得"只报不提"涉案提单复印件时，其上不但未加盖港源船代公司同意放货章，且港源船代公司加盖"只报不提"章对该单据予以明确限定，故而，该单据其后虽已加盖海关放行章，但因未解除"只报不提"之限定，亦未加盖船代同意放货章，尚未形成提货单，不具备提货单据性质；由于中色物流公司持有的涉案提单复印件经报关、报检并已加盖海关放行章及检验检疫专用章，港源船代公司即使在另一涉案提单复印件上加盖同意放货章，即开具新提货单，亦无法再行报关、报检并加盖海关放行章，同样无法以新提货单提出货物；"只报不提"单据因未经港源船代公司解除限定并加盖同意放货章，并非提货单，一审判决对该单据表述有误，本院依法予以纠正。综上所述，二审法院于2018年2月13日作出判决：驳回上诉，维持原判(涉案主体法律关系如图3-4所示)。

案例索引

简要述评

通常，正本提单持有人享有货物的控制权，并在目的港凭正本提单换取提货单而提取货物。但是，本案所涉货物运抵目的港(2013年4月20日)后，买方因单证不符而拒收货物(2013年5月20日)。提单通知方(买方)从承运人的目的港代理人处取得"只报不提"提货单(2013年6月)后委托代理人中色物流公司办理报关、报检、存储等业务。之后，涉案货物被提单托运人(卖方)转卖给浙江丰邦公司(2013年8月27日签订买卖合同)，且涉案货物的正本提单经卖方背书转让给浙江丰邦公司。浙江丰邦公司申请提取货物，被承运人目的港代理人拒绝。因此，本案中经提单托运人（卖方）背书转让的提单持有人的货物控制权受到提单通知方已持有的"只报不提"提货单以及承运人目的港代理人所签发的限制性提货单的限制。因此，本案为货物运抵目的港之后受让货物的提单持有人受让提单而导致货物控制权受到一定限制的一起典型案例，具有较强的实践意义。

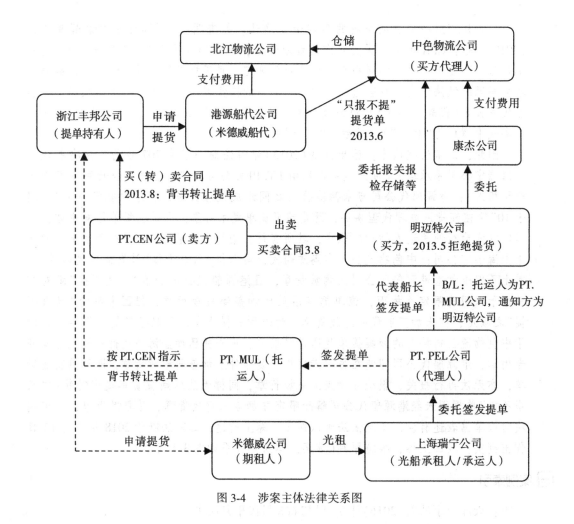

图 3-4　涉案主体法律关系图

🔲 法条依据

《中华人民共和国海商法》第七十一条；《中华人民共和国合同法》第五条、第六条、第一百二十一条（已废止，参见《中华人民共和国民法典》第六条、第七条、第一百八十六条）；《中华人民共和国海关法》第二十四条第一款、第三十条；《国际贸易术语解释通则（2010）》CFR 术语项下 B6"费用划分"规定；《中华人民共和国民事诉讼法》第六十四条第一款、第一百七十条第一款第一项、第二百四十九条；《中华人民共和国海关对国际航行船舶和所载货物监管办法》第二十五条；《最高人民法院关于适用〈中华人民共和国民事诉讼法〉的解释》第九十三条第一款第五项。

理论要点

货物安全运抵目的港后，承运人有义务按照托运人的指示交付货物，而托运人或收货人或提单持有人依据海上货物运输合同或运输单证对承运人或其目的港代理人享有提货请求权。如果承运人签发了提单，承运人应向提单载明的收货人或提单持有人交付货物（中国《海商法》第七十八条）。①

随着海上货物运输效率的提高，承运人在班轮运输中签发正本提单的情形在大量减少，而是通过签发提单副本并根据托运人电讯指令而交付货物。因此，提单的冲突法律功能因为商业实践的需要而不断改变。② 对此，《全国法院涉外商事海事审判工作座谈会会议纪要》第 58 条规定：承运人没有签发正本提单，或虽签发正本提单但已收回正本提单并约定采用电放交付货物的，承运人应当根据运输合同约定、托运人电放指示或托运人以其他方式作出的指示交付货物；收货人仅凭提单样稿、提单副本等要求承运人交付货物的，人民法院不予支持。反之，依交易习惯需以托运人出具电放保函作为放货前提时，若承运人仅凭提单样稿向收货人交付货物，托运人有权要求承运人赔偿违约交付货物造成的实际损失。③

此外，托运人或收货人或提单持有人在目的港提取货物，亦是其义务。中国《民法典》规定：货物运输到达后，承运人知道收货人的，应当及时通知收货人，收货人应当及时提货；收货人逾期提货的，应当向承运人支付保管费等费用（第八百三十条）。其次，收货人在提货时应在约定期限或合理期限内检验货物（第八百三十一条）。再次，托运人应当对其指定的收货人不提货而给承运人造成的损失承担违约责任，但是，在托运人违约的事实发生后，承运人未能采取适当措施防止损失扩大的，不得就扩大的损失要求托运人赔偿。④

提单载明运费到付的，收货人应在提取货物之前应付清到付运费。即使收货人在目的港弃货，承运人仍有权向收货人索赔目的港费用。⑤ 收货人拒绝支付到付运费的，承运人有权向托运人收取到付运费等，⑥ 且托运人支付到付运费的义务不以承运人留置货物

---

① 福建省高级人民法院(2016)闽民终 516 号民事判决书，最高人民法院(2021)最高法民申 6016 号民事裁定书。

② 侯伟：《试析海上货物索赔中收货人的权利基础》，载《中国远洋海运》2023 年第 5 期，第 78~80 页。

③ 上海海事法院(2020)沪 72 民初 158 号民事判决书，上海市高级人民法院(2021)沪民终 157 号民事判决书。

④ 厦门海事法院(2004)厦海法商初字第 20 号民事判决书。

⑤ 上海海事法院(2005)沪海法商初字第 277 号民事判决书。

⑥ 广州海事法院(2004)广海法初字第 137 号民事判决书。

为前提①——留置货物是承运人的权利,而非其义务。② 如果承运人选择退运目的港无人提取的货物,需要与托运人达成一致意见(货物退运并不是承运人的一项权利,承运人应与托运人就退运事项达成一致意见,亦即双方达成一份新的运输合同),③ 或有证据证明退运符合减损的原则,因为承运人擅自退运,是与海上货物运输合同的目的相违背的。④相反,如果托运人单方面指示退运,承运人则有权拒绝。⑤

再次,因收货人拒绝提货而致使目的港无人提货并产生集装箱滞期费等相关损失的,提单托运人应当对其所指定收货人的真实存在及在卸货港提取货物等事项向承运人承担默示担保义务,尤其是托运人同时是用箱人时,其完成交付货物的托运义务本身亦不能对抗或取代其作为集装箱使用人使用集装箱后应承担的还箱义务。因此,该种情况下,提单托运人应承担目的港无人提货而产生的各项损失。⑥

最后,承运人在目的港交付货物的方式或程序可能因目的港政策或习惯而有所区别。例如,本案中,根据天津港口的操作习惯,货方在提货时须凭加盖船舶代理公司(代表承运人)和海关放行章的提货单向港务公司申请开具提货凭证(在港口实践中惯称为"黑卡"),然后持"黑卡"向仓库提货。

---

① 天津海事法院(2015)津海法商初字第 730 号,天津市高级人民法院(2017)津民终 320 号民事判决书;上海海事法院(2007)沪海法商初字第 107 号民事判决书,上海市高级人民法院(2008)沪高民四(海)终字第 140 号民事判决书。

② 上海市高级人民法院(2013)沪高民四(海)终字第 48 号民事判决书;上海海事法院(2012)沪海法商初字第 1011 号民事判决书,上海市高级人民法院(2013)沪高民四(海)终字第 132 号民事判决书,最高人民法院(2015)民申字第 573 号民事裁定书;宁波海事法院(2009)甬海法商初字第 129 号民事判决书,浙江省高级人民法院(2010)浙海终字第 71 号民事判决书。

③ 上海海事法院(2009)沪海法商初字第 817 号民事判决,上海市高级人民法院(2010)沪高民四(海)终字第 28 号。

④ 大连海事法院(2014)大海商初字第 34 号民事判决书。

⑤ 上海海事法院(2013)沪海法商初字第 1069 号民事判决书;上海海事法院(2013)沪海法商初字第 1010 号民事判决书。

⑥ 宁波海事法院(2005)甬海法商初字第 580 号民事判决书,浙江省高级人民法院(2007)浙民三终字第 87 号民事判决书。

第四章 提 单

◎**本章引言** 提单在国际海上货物运输领域和国际货物贸易领域中发挥着重要作用。在运输领域，提单是海上货物运输合同、货物已经由承运人接收或装船的证明，同时也是承运人保证据以交付货物的凭证。因提单是将货物运输与货物买卖两个不同领域串联起来的"桥梁"，加之各国立法或港口习惯不同、当事人实际需求不同，实践中提单纠纷也时常发生，且与承运人、托运人的识别等问题错综交织。

◎**本章重点** 提单性质；记名提单；倒签提单；无单放货；保函

第一节 提单的概念及其作用

提单是用以证明海上货物运输合同和货物已经由承运人接收或者装船，以及承运人保证据以交付货物的单证。此外，在货物贸易领域，提单通常还被用来进行结汇或单证交易，从而具有物权凭证功能。

导入案例 4-1

提单并不必然是海上货物运输合同的证明

2010 年 10 月 15 日，祥顺公司与陕西金刚公司签订镍矿买卖合同。为完成货物运输，金刚公司与香港弘信公司于 2010 年 9 月 19 日签订航次租船合同。香港弘信公司委托华航运贸易集团作为涉案运输装货港代理并指示船长。之后，船长依据该委托授权华航运贸易集团签发提单。

11 月 14 日，涉案货物装上尤格兰公司所有的"伊莎贝丽塔"轮。华航运贸易集团代表船长签发编号为 KLN/CHN-101001 的提单。该提单记载：托运人为印尼泛华有限公司，收货人凭指示，通知人为陕西金刚公司，装货港印度尼西亚考隆诺达尔港，卸货港中国天津港，货物为散装镍矿。香港弘信公司亦另行签发了编号为 KLN/CHN-101001 的提单，提单记载的托运人印尼泛华有限公司，收货人凭陕西金刚公司指示，通知人为陕西金刚公司，装货港印度尼西亚考隆诺达尔港，卸货港中国天津港，货物为散装镍矿。

货物装船后，Minton Treharne and Davies(S) Pte Ltd 与被告尤格兰公司、第一承租人对涉案货物流动水分点进行联合检测。12 月 5 日，Minton Treharne and Davies(S) Pte Ltd 出具检测报告显示涉案货物样品流动水分点为 36.8%，适运水分点为

33.2%，实际水分点为43%。因涉案货物被认定含水量超过适运水分点，尤格兰公司出于运输安全考虑将货物卸载，并将上述情况告知泛华公司、金刚公司等相关方。2011年1月11日，涉案货物开始卸载。1月23日，卸货完毕。货物卸下后，托运人泛华公司将华航运贸易集团签发的提单退还该签单人。金刚公司知晓船东认为涉案货物含水量高，船舶不能起运，在装货港卸下全部货物的情况。

在涉案货物运输期间，涉案船舶由其所有人即被告期租给塞勒斯运输公司，塞勒斯运输公司又期租给中富实业有限公司，中富实业有限公司再期租给弘信公司。期租合同均约定：虽然船长是由船东指派，但是必须遵照租家的命令和指示，如同受雇于租家和租家的代理人；船长应该签发租家或其代理所呈递的，与大副收据或理货报告一致的提单；然而，在租家的选择下，租家或其代理也可以代表船长签发提单。此外，在涉案货物运输期间，祥顺公司的法定代表人是钟某旗，且钟某旗亦为公司执行董事、经理。同时，钟某旗为金刚公司执行董事、总经理。

祥顺公司取得全套正本提单，但尤格兰公司未能在目的港交付货物。于是，祥顺公司请求法院判令尤格兰公司赔偿其货物损失及利息。双方当事人均选择适用中国法。一审法院认为：提单由载货船舶的船长签发的，视为代表承运人签发，而非船舶所有人；依据涉案系列期租合同的约定，祥顺公司持有的由弘信公司代表船长签发的提单应由弘信公司自行承担责任。因此，祥顺公司与尤格兰公司之间不存在海上货物运输合同关系。综上所述，一审法院判决：驳回祥顺公司的诉讼请求。祥顺公司不服一审判决，提起上诉。二审法院经审理判决：驳回上诉，维持原判。祥顺公司不服二审判决，申请再审。

再审法院认为：祥顺公司系依据弘信公司签发的提单向尤格兰公司提起诉讼，该提单载明由弘信公司代表船长签发；结合租约的约定，在载运船舶船长已授权弘信公司指定的装港代理签发提单的情况下，弘信公司无权就同一票货物再代表船长另行签发提单；弘信公司另行代表船长签发的提单，并不能与华航运公司签发的提单同时成为海上货物运输合同的证明，除非弘信公司另行签单的行为具有符合法律规定或者合同约定的依据，否则该提单对尤格兰公司不具有法律约束力；华航运提单签发后，涉案货物被卸载，华航运提单被收回，泛华公司、金刚公司和弘信公司均知道或应知道上述事实；华航运提单并未进行流转，涉案货物并未实际运输，该提单证明的海上货物运输合同亦未实际履行。因此，祥顺公司与尤格兰公司之间并不存在海上货物运输合同关系。综上，再审法院判决：驳回祥顺公司的再审申请(涉案主体法律关系如图4-1所示)。

📖 案例索引

一审：天津海事法院(2011)津海法商初字第515号民事判决书。
二审：天津市高级人民法院(2014)津高民四终字第20号民事判决书。
再审：最高人民法院(2015)民申字第624号民事判决书。

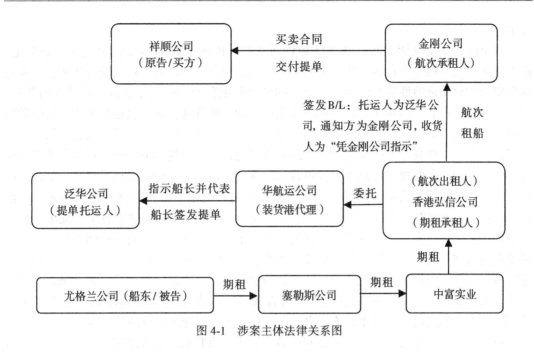

图 4-1　涉案主体法律关系图

📝 简要述评

提单是海上货物运输合同的证明，且与贸易项下的货物买卖与流转过程密切相关。因此，提单的签发应满足法定与约定的条件，如货物已由承运人接收或装船，或承运人与托运人约定的特定条件、承运人有关签发提单的授权委托等。进而，提单的签发及其效力、提单项下各主体之权利义务或责任亦应与货物贸易、海上货物运输相一致。本案中，弘信公司在已指示船长委托华航运公司就涉案货物签发提单（与大副收据一致）的情况下，又另行擅自签发一套与大副收据不一致的提单，并最终流转至祥顺公司持有，因此，弘信公司存在过错。因此，本案判决明确了甄别提单签发行为合法（约）性的要求，以促进提单在国际贸易实践中发挥重要作用。此外，本案还涉及提单由定期租船合同载货船舶的船长签发时承运人的识别问题：按照涉案系列期租合同的约定，虽然船长是由船东指派，但船长必须遵照租家的命令和指示，故而，船长应签发租家或其代理所呈递的，与大副收据或者理货报告一致的提单。

📋 法条依据

《中华人民共和国海商法》第七十二条；《中华人民共和国民事诉讼法》第二百条；《中华人民共和国涉外民事关系法律适用法》第三条。

📋 理论要点

提单既是海上货物运输单证，亦是国际货物贸易单证。托运人按照海上货物运输合同将货物交给海运承运人接管或装船后，应托运人的要求，承运人或其代理人、船长应签发提单。①

提单内容主要包括正面记载事项和背面条款。依据中国《海商法》第七十三条规定，提单正面记载事项主要包括：货物的品名、标志、包数或者件数、重量或者体积，以及运输危险货物时对危险性质的说明；承运人的名称和主营业所；船舶名称；托运人的名称；收货人的名称；装货港和在装货港接收货物的日期；卸货港；多式联运提单增列接收货物地点和交付货物地点；提单的签发日期、地点和份数；运费的支付；承运人或者其代表的签字，等等。提单缺少上述规定的一项或者几项的，不影响提单的性质，但是提单应当符合本法第七十一条的规定。此外，提单背面条款是承运人预先印制的标准格式条款，往往视为承托双方海上货物运输合同的证明，除非其违背适用于提单的强制性公约或国内法规，② 或与承托双方事先达成的协议相矛盾，或违背托运人的真实意思表示。提单背面条款通常包括以下内容：管辖权条款、首要条款、承运人责任条款、责任期间条款、运费及其他费用条款、装卸和交货条款、留置权条款、货物损失的通知与时效、赔偿金额条款、危险货物条款、甲板货或活动物条款、集装箱货物条款、冷藏货物条款、选港条款、转运或联运或转船条款、共同海损条款、新杰森条款、双方互有责任碰撞条款、地区条款等。③ 这些提单记载事项或背面条款均是承托双方海上货物运输合同的内容。

但是，提单只是海上货物运输合同的最佳证明，而非承托双方之间的海上货物运输合同本身，因为提单是由承运人单方签发的，且并不必然包含承托双方已达成一致的全部内容。此外，提单运输不同于航次租船运输，前者与沿着公交路线的公共汽车的运输相似，而后者则类似于雇一辆出租车将乘客从一地运往雇车人所选择的另一地。因此，依据航次租船合同签发的提单在承租人(同时也是托运人)手中时，只是一张收据。亦即，即使航次租船合同是海上货物运输合同的一种具体形式，根据航次租船合同签发的提单，由承租人持有的，出租人与承租人之间的权利义务应以航次租船合同为准，除非航次租船合同另有明确约定。④ 但是，如果依据航次租船合同而签发的提单流转到支付了提单对价的第三方手中时，该提单将成为提单持有人和提单签发人、船舶所有人或经营人或承租人之间的运输合同。⑤ 易言之，在航次租船合同下，提单签发给承租人时，其作用只是货物收据，而不作为运输合同的证明，承租人与出租人的关系则只受租船合同的约束，除非租船合同中有条款约定它可以被附随的提单修改或替代。⑥ 值得借鉴的是，2023 年英国上诉法院审理的 Unicredit Bank AG v. Euronav NV⑦ 案详细分析了航次租船合同下签发的提单不是海上货物运输合同证明、承租人因某些原因不再是承租人但仍持有提单时应如何认定该提单等问题。

---

① 司玉琢著：《海商法专论》，中国人民大学出版社 2007 年版，第 158 页。

② 广州海事法院(2016)粤 72 民初 531 号民事判决书。

③ 司玉琢等编著：《新编海商法学》，大连海事大学出版社 1999 年版，第 174~180 页。

④ 司玉琢等编著：《新编海商法学》，大连海事大学出版社 1999 年版，第 233 页。

⑤ [加]威廉·泰特雷著：《国际海商法》，张永坚等译，法律出版社 2005 年第 1 版，第 103~104 页。

⑥ 天津海事法院(2013)津海法商初字第 671 号民事裁定书；天津海事法院(2016)津 72 民初 655 号民事判决书，天津市高级人民法院(2017)津民终 123 号民事判决书。

⑦ Unicredit Bank AG v. Euronav NV [2023] EWCA Civ 471.

导入案例 4-2

不含承托双方意思表示的货物收据不构成海上货物运输合同的证明

2010 年 7 月 9 日，孔雀公司与宏鹰英国公司签订货物配送协议，约定宏鹰英国公司作为孔雀公司的独家服务供应商，按约定条款向孔雀公司提供从海外供应商处运送货物至其位于英国的配送中心的服务，其中海运货物的收费方式按照每个集装箱的实际费用以及每立方米集装箱的管理费用，由孔雀公司向宏鹰英国公司履行支付义务。

骏荣公司作为孔雀公司的中国供货商之一，向孔雀公司分批陆续供应服装货物（女用紧身衣或胸罩）。双方于 2011 年 6 月 13 日、8 月 2 日、8 月 5 日、8 月 24 日、8 月 25 日分别签订编号为 SC-008973、SC-008974、SC-009336、SC-009510、SC-009370、SC-009507、SC-009543 的销售合同。

2011 年 12 月 30 日，美总公司接受宏鹰深圳公司的订舱并出具两份订舱确认单。骏荣公司支付相关费用后，宏鹰深圳公司分别于 2012 年 1 月 10 日和 1 月 12 日开具费用发票 2 张（分别注明为美国船单系统费、码头费、文件费、手续费和更改费等）。

2012 年 1 月 11 日，宏鹰深圳公司签发编号为 SZX110344625 的货代货物收据。货代货物收据上的手写签署有"King"并盖有宏鹰深圳公司的章，其格式比照提单设计，记载托运人为骏荣公司，收货人和通知方为孔雀公司，出口指示方为宏鹰英国公司。货代货物收据正面下方记载："这批货物将依照背面之条款和条件处理。"货代货物收据的附页抬头为"提单号 SZX110344625 附件"，内容与发票记载一致。

上述批次货物分别装载于编号为 APZU4269701 和 APZU4529732 的两只集装箱中，装运日期为 2012 年 1 月 10 日，起运港中国盐田，目的港英国南安普顿，船舶/航次为 APL PORTUGAL 轮 002W 航次，价格条款为 FOB 盐田，货物总价为 211401.5 美元（其中含衣架 58207 个、每个 0.2 美元、价值 11641.4 美元），支付条款为装船后 30 天，收货/发货方式为 CY-CY 整货柜，提柜补料日期为 2012 年 1 月 6 日 12 时前，载重柜到码头日期为 2012 年 1 月 8 日 17 时，载放行条日期为 2012 年 1 月 9 日 12 时前，预计开船时间为 2012 年 1 月 10 日，预计到达日期为 2012 年 2 月 6 日。

货物出运后，孔雀公司没有按照约定向骏荣公司支付相关货款（渣打银行的退单通知载明的相关货物价款金额为 211401.5 美元）。渣打银行通知该票费用未付/未承兑。2012 年 3 月 9 日至 13 日，骏荣公司工作人员与孔雀公司工作人员的往来电子邮件以及 2012 年 3 月间宏鹰深圳公司工作人员与相关方的电子邮件显示，尽管骏荣公司向孔雀公司和宏鹰深圳公司提出不要交付货物给孔雀公司和协商返运货物的要求，但宏鹰深圳公司和宏鹰英国公司仍将涉案货物交付给孔雀公司。

于是，骏荣公司向广州海事法院提起诉讼，请求判令宏鹰深圳公司和美总深圳公司承担违约交付货物责任，连带赔偿骏荣公司货物损失及利息。各方当事人选择适用中国法。

一审法院认为：骏荣公司将涉案货物交付给宏鹰深圳公司，为涉案海上货物运输契约托运人；宏鹰深圳公司接受骏荣公司的委托，并以自己的名义签发货代货物收据，是承运人；承运人签发提单以外的单证用以证明收到待运货物的，该单证即为订立海上货物运输合同的初步证据；接受宏鹰深圳公司代表骏荣公司提出订舱出运等委托事项的是美总公司，而非美总深圳公司，故美总公司为本案实际承运人；货代货物收据并非提单，故孔雀公司虽为货代货物收据记载的收货人，但非提单意义上的收货人，故宏鹰深圳公司不应依照提单规则将孔雀公司视为当然的收货人，而应依托运人的指示行事；承运人签发货代货物收据，双方不受提单规则约束，故按货物交付的一般规则处理——应适用中国《合同法》。

综上所述，一审法院判决：宏鹰深圳公司赔偿骏荣公司涉案货物损失及其利息。宏鹰深圳公司不服一审判决，提起上诉。

除涉案货物的价值认定外，二审法院对一审法院查明的事实予以确认，并另查明涉案货物贸易合同等相关事实：骏荣公司与孔雀公司具有长期贸易往来关系，双方就包括涉案货物在内的货物买卖采用 FOB 价格条件，孔雀公司为此与宏鹰英国公司签订货物配送协议，由宏鹰英国公司为孔雀公司提供全球物流服务。

二审法院认为：宏鹰深圳公司未收取运费，往来邮件中亦均未有证据显示其以承运人身份行事，故本案证据尚不足以认定骏荣公司与宏鹰深圳公司之间存在海上货物运输合同关系，一审判决对此认定错误；宏鹰深圳公司向 FOB 卖方骏荣公司收取起运港码头费用，应认定双方就此费用所涉事项成立货运代理合同关系；宏鹰深圳公司接收涉案货物系受宏鹰英国公司的指示，而非接受骏荣公司的委托，故卖方骏荣公司向买方孔雀公司委托的货运代理人交付货物等同于其已经向买方交付了货物，此时，买方的货运代理人宏鹰深圳公司向承运人交付货物只能视为代买方交付货物，而不能视为代卖方交付货物，因此宏鹰深圳公司没有义务代骏荣公司行使货物控制权；骏荣公司的损失主要是因孔雀公司产生财务危机而提货后拒绝支付货款所导致，此属于贸易风险。综上所述，二审法院判决如下：撤销一审法院民事判决；驳回骏荣公司的诉讼请求。

骏荣公司不服二审判决，申请再审。再审法院认为：仅凭货代货物收据不能证明骏荣公司与宏鹰深圳公司订立海上货物运输合同；骏荣公司并非与承运人订立运输合同的托运人，其主张适用《合同法》第三百零八条的规定行使中途停运权，缺乏依据；货物由承运人接收或者装船后，将货物交付承运人的实际托运人亦具有要求承运人签发提单的权利，并可以通过持有提单实现对货物的控制权；骏荣公司作为 FOB 贸易条件的卖方将货物交给宏鹰深圳公司后，并没有要求签发提单，且未对宏鹰深圳公司出具的货代货物收据提出异议，骏荣公司在不持有提单的情况下，仅凭货代货物收据要求宏鹰深圳公司中止货物的交付，缺乏相应的法律依据。因此，再审法院判决：驳回骏荣公司的再审申请。

案例索引

一审：广州海事法院(2012)广海法初字第 1033 号民事判决书。
二审：广东省高级人民法院(2015)粤高法民四终字第 70 号民事判决书。

再审：最高人民法院(2016)最高法民申 1605 号民事裁定书。

简要述评

提单是海上货物运输合同双方当事人协商一致所达成协议的证明。因此，不包含承托双方意思表示的货物收据不具有提单之海上货物运输合同证明的作用。本案中，骏荣公司作为 FOB 贸易条件的卖方将货物交给买方的货运代理人宏鹰深圳公司，随后又由宏鹰深圳公司交付承运人运输。因此，宏鹰深圳公司系代表买方交付货物，而没有义务代表骏荣公司行使货物控制权。骏荣公司未要求签发提单，且未对宏鹰深圳公司出具的货代货物收据提出异议，之后在不持有提单的情况下，仅凭买方货代出具的货物收据要求宏鹰深圳公司中止货物的交付，缺乏相应的法律依据。因此，该案判决提醒 FOB 卖方交付货物时应及时要求签发提单并行使货物控制权，具有较强的实践意义。

此外，骏荣公司与宏鹰深圳公司、美总公司之间存在长期贸易往来，在前后不久的期间内就发生数起在争议主体、争议焦点、管辖法院、法律适用等方面与本案性质相同、案件事实极为类似(仅标的物不同)、判决结果基本一致(仅赔偿数额不同)的纠纷。例如：(2015)粤高法民四终字第 68 号，(2016)最高法民申 1606 号；(2015)粤高法民四终字第 69 号，(2016)最高法民申 1604 号；(2015)粤高法民四终字第 71 号，(2016)最高法民申 1413 号。①

法条依据

依照《中华人民共和国海商法》第四十一条、第四十二条第(一)至(三)项、第五十五条、第七十一条、第七十二条、第八十条第一款、第二百六十九条；《中华人民共和国合同法》第一百零七条、第一百一十三条第一款、第三百零八条(已废止，参见《中华人民共和国民法典》第五百七十七条、第五百八十四条、第八百二十九条)；《关于海事法院受理案件范围的若干规定》第 11 条；《关于审理海上货运代理纠纷案件若干问题的规定》第二条、第四条、第八条、第十条；《中华人民共和国民事诉讼法》第二十七条、第六十四条、第一百七十条第一款第(二)项。

理论要点

托运人依据海上货物运输合同将货物交付承运人后，应托运人的要求，承运人应签发提单或其他运输单证，并将合同所涉事项或有关条款记载于提单正面或印刷于提单背面。受承运人委托，其代理人或授权的人亦可签发相应运输单证。因此，提单内容是承运人与托运人双方意思表示一致所达成的合同内容的另一种表现形式，是承托双方所具有的合同关系以及双方之间海上货物运输合同具体内容的证明，是认定海上货物运输合同承运人的

---

① 广东省高级人民法院(2015)粤高法民四终字第 68 号民事判决书，最高人民法院(2016)最高法民申 1606 号民事裁定书；广东省高级人民法院(2015)粤高法民四终字第 69 号民事判决书，最高人民法院(2016)最高法民申 1604 号民事裁定书；广东省高级人民法院(2015)粤高法民四终字第 71 号民事判决书，最高人民法院(2016)最高法民申 1413 号民事裁定书。

重要依据。但是，提单并非运输合同本身，提单只是海上货物运输合同的最佳证明，也不是海上货物运输的唯一证明，[1] 因为提单是由承运人单方面印制并签发的，且并不必然包含双方已达成一致的全部内容。换言之，提单所证明的合同仅限于和提单条款相一致的合同内容，而承运人与托运人所达成的提单内容之外的合同条款并未体现在提单上，亦不随提单的转让而转移。

因此，要弄清提单内容以及提单内容是否与海上货物运输合同的内容相一致及其一致性的程度，还须参考承运人的广告、订舱单、运价表，甚至为托运人所知晓和接受的承运人的某些实践做法。[2] 而且，在存在多份提单以及运输合同、租船合同的情况下，应当分析提单、运输合同及租船合同的证据效力——当提单本身存在明显瑕疵时，其认定海上货物运输合同承运人的证明力也相应减弱。

提单所具有的海上货物运输合同证明的作用，并不因提单的转让而受到影响。换言之，即使提单被转让到第三方手中，仍然可以证明在承运人与提单持有人之间具有一种合同关系。此外，提单作为海上货物运输合同证明的效力，并非产生于提单签发之时，而是在托运人的订舱请求得到承运人确认的时刻。[3]

📝 导入案例 4-3

卖方持有提单就对提单项下的货物享有物权？

1997 年 2 月 25 日，香港晓星公司与香港智得公司签订买卖合同，约定晓星公司出售尿素 28000 吨，单价 200 美元/吨。

3 月 10 日，智得公司依据上述合同又与广西防城港进出口公司第六分公司（以下简称六分公司）签订买卖合同。该合同约定：智得公司出售尿素 28000 吨，单价为 210.8 美元/吨，价格条件为 CIF FO 中国防城港；买方在 3 月 19 日前开出不可撤销远期 180 天信用证。

4 月 3 日，智得公司租用西来尔航运公司之"西来尔"轮将晓星公司提供的 28000 吨尿素运至防城港。"西来尔"轮向晓星公司签发正本提单。涉案货物运抵目的港后，六分公司委托防城外代货报关。防城外代向海关申报并办理了 9000 吨尿素的通关手续。

4 月 17 日，六分公司、梧州农行分别向防城外代出具保函，保证尽快提交正本提单，并要求防城外代放行提货。4 月 18 日至 7 月 19 日，防城外代共放行货物 9000 吨给六分公司。

由于六分公司未能开出许可证、银行亦不允许开出信用证，为保证双方利益，晓

---

① 上海海事法院（2008）沪海法商初字第 1042 号民事判决书，上海市高级人民法院（2009）沪高民四（海）终字第 190 号民事判决书。

② ［加］威廉·泰特雷著：《国际海商法》，张永坚等译，法律出版社 2005 年版，第 103 页。

③ 傅廷中：《提单所具有的运输合同证明的作用》，载《世界海运》1997 年第 4 期，第 51～52、55 页。

星公司与六分公司、智得公司三方于 7 月 21 日签订三方协议。该三方协议约定：六分公司必须保证晓星公司的成本，购买价按晓星公司成本价 194 美元/吨计算，六分公司采取开立其他货物信用证贴现给智得公司，以转付给晓星公司作为尿素货款，并约定了信用证的开证时间、银行及金额的安排，最迟不能超过 8 月 15 日前须全部贴现付清货款；晓星公司保证积极配合六分公司办理报关及清关工作，不能错过 7 月、8 月农用尿素销售季节；如六分公司未能按上述执行，一切损失由智得公司负责。合同签订后，由于没有进口许可证，防城外代无法清关。

9 月 11 日，防城港海关以货物超期未报关为由提取并变卖"西来尔"轮所载的其余 19245.8 吨尿素，且于 1998 年 6 月 12 日通知防城外代，要求其通知货物所有人办理退款(扣除税款等费用)手续。

1998 年 4 月 22 日，晓星公司将一份正本提单交智得公司转六分公司，以便六分公司向海关办理 19000 吨尿素的退款手续。

11 月，晓星公司将六分公司诉至防城港市中级人民法院，称：晓星公司是"西来尔"轮货物的提单持有者，防城外代是该船的船务和货物代理；1997 年 6 月 6 日防城外代分拆提单提走 9000 吨尿素；1997 年 9 月 11 日海关变卖 19245.8 吨尿素并要求船代公司通知货主，但防城外代未及时通知。因此，请求法院确认晓星公司是"西来尔"轮正本提单的持有人，海关变卖的 19245.8 吨尿素的余款为其所有。

经法院主持调解，双方自愿达成协议：六分公司确认晓星公司是涉案货物正本提单的所有人，提单项下的 19245.8 吨尿素的余款归晓星公司所有。调解书(1998)防中法经初字第 80 号已生效执行。

晓星公司为追索 9000 吨尿素的货款，曾于 1999 年 6 月 1 日依据 1997 年 3 月 10 日签订的买卖合同仲裁条款而起诉至南宁市中级人民法院，被裁定驳回起诉。期间 1998 年至 2001 年，晓星公司每年向香港法院、新加坡法院申请扣船令，以保证本案诉讼时效。

2001 年 3 月 28 日，晓星公司以"西来尔"轮货物正本提单诉至一审法院，请求法院确认防城外代、梧州农行和广西外运无单放货的事实，侵犯了晓星公司拥有的提单项下货物的所有权。

一审法院认为：晓星公司在诉讼时效内一直申请香港及新加坡法院扣押提单项下货物承运人的船舶，对与承运人负有连带债务的当事人起诉，并不超过诉讼时效；货物抵港时，晓星公司合法持有正本提单，是提单项下的货物所有人；防城外代作为船代和理货人，没有依据正本提单，而是凭保函交付货物给六分公司；梧州农行为六分公司无正本提单提货出具保函。然而，晓星公司并未依据提单的物权向防城外代、梧州农行主张权利，而是在明知因政策原因未能开出进口许可证、银行不允许开立信用证、防城外代拆单放行的情况下，仍以国际货物买卖合同货主的身份，与六分公司就价格、付款条件及违约问题重新对货物进行处理，并签订协议书，尤其是付款方式由信用证支付改为开立其他货物信用证贴现给智得公司，说明晓星公司持有的提单不再具有物权凭证的效力，而只是运输合同和交付货物的证明。此外，晓星公司还起诉六分公司，要求六分公司负责要回海关所变卖的 19000 多吨货物的货款。该行为表明，晓星公司认可六分公司是提单项下货物的权利人，其对六分公司享有债权，可依法请求六分公司给付货款。因此，梧州农行向防城外代出具保函，而防城外代依据货主六分公司的指令放货，不构成对晓星公司的侵权；晓星公司依据没有物权效力的提单，主张三被告侵权并要求赔偿提单项下9000吨尿素的货款的理由不成立，不予支持；晓星公司与六分公司的货款纠纷应另行解决。因此，一审法院判决：驳回晓星公司的诉讼请求。晓星公司不服上述判决，提起上诉，请求法院改判防城外代赔偿其9000吨尿素货款及利息，且广西外运和梧州农行承担连带赔偿责任。

二审法院对以下文件予以确认或认证：原审判决认定的晓星公司与智得公司的购销合同、智得公司与六分公司的售货合同、海关的文件；原审庭审质证的提单、梧州农行出具的保函、提货凭证、新加坡高等法院扣船令；（1998）防中法经初字第80号民事调解书、晓星公司向南宁市中级人民法院的起诉状；南宁地区公证处出具的对广西工艺的三张收据和对三方协议的公证书；三方协议。此外，二审法院查明：提货单开立给六分公司，提货人是六分公司。

因此，二审法院认为：广西外运为涉案货物到港后六分公司委托的报关人；防城港海关提取变卖"西来尔"轮所载的19245.8吨尿素后于1998年6月12日通知广西外运，要求其通知有关收货人办理退款手续，但要求广西外运通知收货人向海关提交货物的进口单证及配额证明(若不能提交，则按有关法规作没收处理，价款上缴国库)；一审法院认定其他事实基本清楚。另外，晓星公司凭以起诉的提单是空白指示提单，该提单已经托运人背书，故承运人在目的港应向持有提单的人交付货物；广西外运作为货物到港后的报关代理人，在委托人未提交正本提单的情况下，为其办理报关业务，违反有关规定；梧州农行出具无单放货保函，违反国际贸易惯例。但是，涉案货物到港(1997年4月3日)后，晓星公司、智得公司、六分公司为促成买卖合同的实际履行而达成三方协议(1997年7月21日)，对涉案货物货款的支付作出安排，改变了原来买卖合同货款的支付方式；签订三方协议的行为表明晓星公司承认六分公司为该批货物的实际买方，认可六分公司实际收货人的地位。而且，1997年4月18日、6月6日和7月19日，六分公司向防城外代办理了提货手续，即货物到港之后但签订三方协议前，晓星公司已确认六分公司的提货行为(因为六分公司只有9000吨货物的进口许可证，其余19245.8吨货物因六分公司无法提供合法的进口手续才导致被海关变卖)。其次，晓星公司起诉的是在目的港交付货物的承运人的代理人防城外代和报关代理人广西外运以及提货担保人梧州农行无单放货，且未要求实际提取货物的六分公司支付货款或赔偿损失，只是在向防城港市中级人民法院对六分公司提起的诉讼中提出其是全套提单的持有人，申请法院确认其对19245.8吨货物余款及相应的利息的所有权，却未主张对已被六分公司提走的9000吨货物的所有权。最后，晓星公司为香港公司，其无法得到涉案货物的进口许可证，无法领回余款，故晓星公司虽持有提单，但已无法再凭提单向有关方主张提单项下货物的权利。

综上所述，一审法院判决有关海关通知防城外代办理退款手续、认定六分公司委托防城外代报关的认定不准确，且对广西外运的报关代理人的地位未予认定，属于部分事实认定不清，但一审法院关于晓星公司所持提单不具有物权凭证效力的认定正确，晓星公司的诉讼请求不应受到法律保护。因此，二审法院判决：驳回上诉，维持原判。

案例索引

一审：广西壮族自治区高级人民法院(2001)桂经初字18号民事判决书。
二审：最高人民法院(2002)民四终字第27号民事判决书。

简要述评

提单是海运承运人接收或据以交付货物的凭证，并在满足特定条件时在货物贸易领域中具有物权凭证功能。本案中，将货物交付承运人的晓星公司虽持有涉案货物的正本提单，但因晓星公司已就涉案货物货款的支付与六分公司达成新的协议，并确认六分公司的提货行为，致使涉案货物被六分公司凭保函从目的港船代处提取。因此，晓星公司虽持有涉案货物的正本提单，但对六分公司仅享有涉案货物货款请求权，而涉案货物的所有权已基于晓星公司与六分公司的新协议而转移给六分公司。因此，从货物贸易角度来看，晓星公司作为发货人而取得的海运提单因其转售协议而失去物权凭证功能；从海上货物运输角度来看，涉案货物之提单仅仅是承运人按照海上货物运输合同或提单接收或交付货物的凭证，其是否具有物权凭证功能对承运人海上货物运输合同或提单项下的权利义务并无实质性影响，亦即：提单在海上货物运输领域无须具有物权凭证之功能。

法条依据

《中华人民共和国民法通则》第七十二条第二款、第一百三十五条和第一百三十七条、第一百四十条(已废止，参见《中华人民共和国民法典》第二百二十四条、第一百八十八条)；《海商法》)第七十一条、第二百五十七条；《中华人民共和国海关法》第二十一条；《中华人民共和国海关行政处罚实施条例》(以下简称《实施条例》)第十条。

理论要点

物权是绝对权。任何人均不能侵犯提单合法持有人的物权，包括承运人。

基于提单是承运人接收、交付货物的凭证，承运人在目的港交付的货物应与其装货港接收的货物保持相同的状态，即货物良好。如果承运人签发可转让提单，只有当承运人把货物交付给提单持有人才解除其义务。由此，贸易合同的卖方可以要求收到货款后才交付提单，以有效保护自身利益，防止破产的买方未付款就提取货物。这比其中途停运权更为有效。[①]

因此，在海上货物运输环节，提单持有人仍可享有物权的保护。但是，承托双方有关海上货物运输合同的约定或提单载明的权利义务足可充分保护海上货物运输合同项下提单持有人的相关权益。因此，尽管立法或合同约定不能排斥提单持有人的物权保护，但提单

---

① [美]G·吉尔摩、C.L.布莱克著：《海商法》，中国大百科全书出版社2000年版，第127~128、167页。

在海上货物运输领域不再具有物权凭证功能的观点已得到普遍认可。亦因此，有关海上货物运输货损纠纷的侵权之诉在实践中越来越少，晚近已很少看到。此外，海上货物运输合同在性质上属于债权范畴，而提单物权凭证功能则属于物权范畴。理论上，提单在运输领域只具有债权性，并未否定提单项下货物物权的绝对性。

当货物处于海上货物运输之中，提单持有人持有提单的原因也可能多种多样。例如，开证行作为质权人持有提单的情况下，因当事人之间并无转移货物所有权的意思表示，所以不能认为银行取得提单即取得提单项下货物的所有权。① 具体而言，提单持有人是否因受领提单的交付而取得物权以及取得何种类型的物权，取决于合同的约定。开证行根据其与开证申请人之间的合同约定而持有提单时，法院应结合信用证交易的特点，对涉案合同进行合理解释，确定开证行持有提单的真实意思表示。

第二节　倒签提单、预借提单、不清洁提单与保函

提单按不同标准可以做不同的分类。海上货物运输乃为货物贸易提供服务，故提单的关键之处在于其是否能为贸易合同各相关方所接受。相较于收货待运提单、不清洁提单，已装船清洁提单可以充分保护买方或收货人、银行的利益。但是，实践中亦可能因各种意外情形而导致实际装船日期迟于约定装船日期等情形，因此，为促进贸易的顺利进行，偶有托运人凭保函要求承运人签发倒签提单、预借提单等情形。这些倒签提单、预借提单极易引发海上货物运输合同纠纷。

导入案例 4-4

非提单持有人无权索赔倒签提单所致货损

2011 年 8 月 31 日，华鑫公司与瑞塞克林公司签订买卖合同。该合同约定：华鑫公司购买绿箭木浆，CIF 青岛港；最晚装船时间为 2011 年 10 月 31 日之前，付款方式为不可撤销的提单日后 90 天信用证。

9 月 8 日，河南出版与华鑫公司签订《木浆进口代理协议》。该协议约定：华鑫公司代理河南出版进口绿箭木浆，付款方式为提单日后 90 天付汇的不可撤销远期信用证。双方就货款支付、费用负担、法律责任等作了详细约定，其中有河南出版支付定金冲抵货款以及不能及时付清协议项下货款则华鑫公司保留货物所有权的条款。

9 月 28 日，华鑫公司在中国建设银行股份有限公司潍坊奎文支行开具受益人为瑞塞克林公司的信用证，信用证规定的最晚装船日为 2011 年 10 月 31 日。

商业发票及报关单显示，本案所涉货物的重量为 1123001 公斤，总价为 887170.79 美元，瑞塞克林公司提供的装运通知等单证显示 2011 年 10 月 31 日装船。

承运人中远集运公开的网站查询系统显示及承运船舶"SHANHE"轮航海日志记

① 广州市中级人民法院（2013）穗中法金民初字第 158 号民事判决书，广东省高级人民法院（2014）粤高法民二终字第 45 号民事判决书，最高人民法院（2015）民提字第 126 号民事判决书。

载：2011 年 11 月 4—7 日，中远集运在装港纽约提供的集装箱开始陆续被空箱提走并装运瑞塞克林公司备妥的货物重箱返回；2011 年 11 月 11—12 日，装载货物的 46 个集装箱被装运到承运船舶"SHANHE"轮。

中远集运美国代理 COSCO Container Lines Americas, Inc. 就上述货物签发抬头为中远集运的全套正本提单。该提单显示：托运人瑞塞克林公司，船名航次为 SHANHE202W，装港美国纽约，卸港中国青岛，收货人凭指示，通知方为华鑫公司，货物为绿箭木浆。同时，提单正面记载托运人装箱计数。但是，提单显示的装船时间为 2011 年 10 月 31 日。中远集运当庭提交的从其签发系统导出的签发于 2011 年 11 月 11 日编号同为 COSU8005464740 的提单样本显示，除签发时间外，其他记载事项与河南出版所持提单完全一致。

12 月 13 日，涉案货物抵达青岛港后，收货人华鑫公司凭通过银行信用证承兑后流转而来的提单提货，被中远集运以该提单涉嫌伪造为由拒绝。12 月 16 日，华鑫公司出具了无正本提单要求提取货物的保函后方换取承运人对涉案货物的放行。12 月 20 日，华鑫公司向海关缴纳进口增值税人民币。

河南出版主张，其于 12 月 27 日将涉案货物出售给山东巴普贝博浆纸有限公司，并因此遭受到损失。

此外，中远集运主张涉案货物提单实际签发日期为 2011 年 11 月 11 日而非 2011 年 10 月 31 日，但庭审中始终未能说明其主张的非伪造提单的具体交付对象以及流转方式和最后去向。中远集运以胶片覆盖提单辨别提单真伪的方法经庭审现场演示，无法有效辨别河南出版提单与中远集运其他提单的区别，而且，两份提单的内容除签发日期不同之外其他项目记载完全一致。

另，该批货物因单证不符遭到华鑫公司拒付，货物滞留青岛港；瑞塞克林公司以 CIF 青岛的价格另与江苏开元股份有限公司达成销售协议。

于是，河南出版以瑞塞克林公司和中远集运倒签提单为由，请求法院判令瑞塞克林公司和中远集运连带赔偿其因倒签提单行为而遭受的经济损失。

一审法院认为：河南出版所持提单由中远集运签发；中远集运倒签提单事实成立；涉案货物装箱时间起于 2011 年 11 月 4 日，而作为发货人的瑞塞克林公司又自行负责装箱计数，故瑞塞克林公司显然知晓提单被倒签，但现有证据如法认定其参与倒签提单；华鑫公司按照河南出版的指示在其与瑞塞克林公司签订的买卖合同的购买数量中添加了河南出版的份额；河南出版支付定金以及华鑫公司在其付清货款前保留货物所有权的约定充分说明了该协议之买卖合同的本质，故河南出版对华鑫公司与瑞塞克林公司之间买卖合同项下的货物不享有任何权利；涉案提单签发后经瑞塞克林公司背书通过信用证议付流转到华鑫公司处，而华鑫公司凭保函提取提单项下货物；河南出版并非提单法律关系当事人，又非正本提单合法持有人，也非收货人。

综上所述，一审法院判决：驳回河南出版对瑞塞克林公司、中远集运的诉讼请求。河南出版不服一审判决，提起上诉。

二审法院对一审法院查明的事实予以确认，并认为：中远集运实施了倒签提单的行为，但无法认定瑞塞克林公司参与了倒签提单；原审法院认定河南出版与华鑫公司之间为买卖合同关系，并无不当；涉案提单为指示提单，并经背书后转让给华鑫公司，而河南出版不是涉案提单的收货人，亦非提单持有人，其无权依据提单关系向中远集运主张权利。综上，二审法院判决：驳回上诉，维持原判。

案例索引

一审：青岛海事法院(2012)青海法海商初字第234号民事判决书。
二审：山东省高级人民法院(2014)鲁民四终字第39号民事判决书。

简要述评

涉案提单流转至第三方手中，故承运人倒签提单可能损害提单持有人或收货人等第三方的利益，并承担相应的赔偿责任。而且，承运人签发提单(包括倒签提单)并据此与第三方形成提单法律关系(亦即，提单法律关系仅限于提单载明的主体或提单受让人之间)，双方权利义务均依据提单来确定。因此，只有提单载明的提单持有人才能依据提单对承运人主张提单项下的权利。本案中，承运人中远集运虽签发倒签提单，违反了合同约定，但是其签发涉案倒签提单的相对人是提单的受让人华鑫公司，而非涉案货物的卖方河南出版。因此，河南出版对中远集运签发倒签提单的行为并无诉权。

法条依据

《中华人民共和国海商法》第七十一条、第七十二条、第七十八条第一款；《中华人民共和国合同法》第三百九十六条、第三百九十九条、第四百零三条(已废止，参见《中华人民共和国民法典》第九百一十九条、第九百二十二条、第九百二十六条)；《民法通则》第六十三条、六十四条(已废止，参见《中华人民共和国民法典》第一百六十一条、第一百六十三条)。

理论要点

贸易实务中，买卖双方通常对装船日期做出明确约定，并在提单、信用证中载明，以保障收货人及时收取货物的权利，并顺利实现国际货物买卖和信用证结汇。但是，因卖方未备妥货物、港口拥挤等各种原因，倒签提单亦屡见不鲜，对国际贸易正常秩序和收货人利益产生严重不利影响。

所谓倒签提单是指在货物装船后签发的，以早于货物实际装船日期为签发日期的已装船提单。[1] 具体而言，如果货物实际装船日期晚于信用证要求或合同约定的装船日期，在实际完成装船之后所签发的、载明的签发日期(视为货物装船完毕的日期)满足(早)于信用证要求或合同约定的装船日期的已装船提单。

理论上，在提单未流转或转让至第三方手中的情况下(亦即，提单收货人或提单持有人是海上货物运输合同的托运人)，承运人若签发倒签提单，并不会影响到承托双方之外的第三方，而只是承托双方对海上货物运输合同的补充协议；抑或，此种情况下，实无必

---

① 司玉琢等编著：《新编海商法学》，大连海事大学出版社1999年版，第166页。

要签发倒签提单。

但是，实践中，更加可能的情形是，提单将流转或转让至第三方。此种情况下，承运人签发倒签提单将影响到第三人的利益，进而承担相应的责任。因此，托运人要求承运人签发倒签提单时通常需要提供保函，承诺对承运人因签发倒签提单而遭受的损失承担赔偿责任。这与承运人凭托运人签发清洁提单保函而签发清洁提单①以及凭保函签发预借提单②的情形比较类似。

📝 导入案例 4-5

记名提单承运人凭托运人保函无单放货的责任

2016年7月7日，根据贸易合同下买方的指示，卡安公司委托巡洋公司出运涉案货物。巡洋公司亦确认系目的港代理LFC公司指定其承运涉案货物。巡洋公司是在中国交通运输主管部门登记的无船承运人，登记使用的英文名称为"CNSINTERNATRANS（SHENZHEN）CO.，LTD."。

7月25日，卡安公司发邮件告知巡洋公司其需要取得提单正本，指出目前巴西客户只付了30%的货款，在客户付清货款之后卡安公司才会把提单正本交给客户，并强调："由于巴西无单放货的情况严重，如果出现客户未取得我司提供的提单正本却得到货物的情况，将会对我司造成严重损失，届时我司将保留起诉贵司在内的一切权利。"

7月26日，涉案货物装船后，巡洋公司向卡安公司签发全套正本提单（简称无船承运人提单）。该无船承运人提单载明：托运人为卡安公司，收货人为MARILLIAM公司；货物为卡车车体零件；收货地点为中国南京，装货港为中国上海港，卸货港和交付地点为巴西纳维根特斯港；运费到付；目的港放货代理为LFC公司。7月28日，巡洋公司发邮件告知卡安公司，当日将全套正本的无船承运人提单寄给卡安公司，并告知："如果收到款可寄单第一时间通知我司放主单，否则会造成客人延误提货。"

巡洋公司接受委托后，委托中通华公司向地中海公司订舱。地中海公司向巡洋公司签发全套正本提单（以下简称海运提单）。该海运提单载明：托运人为巡洋公司，收货人为LFC公司；货物品名、集装箱箱号、收货地点、装货港、船名航次等记载与无船承运人提单记载一致；交接方式为"FCL-FCL（整箱交接）"；卸货港代理为地中海航运巴西公司；运费到付。另，该提单正面条款显示："根据巴西海关法规，承运人的责任在货物进入海关监管后终止；承运人不承担提单未经出示交付货物的责任。"

8月22日，巡洋公司根据LFC公司的指示，通过中通华公司向地中海公司申请"改为做目的港出单"。巡洋公司向地中海公司交还了全套正本海运提单，并出具了

① 上海海事法院（2009）沪海法商初字第1124号民事判决书，上海市高级人民法院（2010）沪高民四（海）终字第136号民事判决书，最高人民法院（2013）民申字第35号民事裁定书。
② 上海海事法院（86）沪海法商字第13号民事判决书；福建省宁德地区经济技术协作公司诉日本国日欧集装箱运输公司预借提单侵权损害赔偿纠纷上诉案，《最高人民法院法院公报》1989年第3期。

"非起运港放单保函"。在该保函中，巡洋公司申明作为涉案货物的托运人放弃涉案海运提单，明确提单无需在起运港签发，请地中海公司安排在巴西纳维根特斯港将提单签发给 LFC 公司，并表示将承担由此造成的任何损失、损害以及由此产生的任何费用(包括合理的法律费用)。

8 月 24 日，LFC 公司也向地中海航运巴西公司申请撤回之前签发的海运提单，并书面确认收到了另外一套重新签发的相同编号提单。前后签发的两套提单除签章栏中的签字不同之外，其余记载均相同。

9 月 12 日，LFC 公司向地中海航运巴西公司申请支付海运提单相关的税费并对提单项下货物进行放行。地中海公司确认因涉案货物税费结清且提单持有人 LFC 公司要求放行货物，故地中海公司在巴西外贸网货物系统中解锁相关货物，但未收回海运提单。

涉案货物在目的港的进口商为 MARILLIAM 公司，海关抽查通道为绿色，通关日期为 9 月 26 日。涉案集装箱均在 9 月 29 日从巴西纳维根特斯港重箱出场，并于 10 月 15 日空箱返回巴西伊塔雅伊堆场。2017 年 5 月 4 日，地中海公司在发给巡洋公司的电子邮件中确认，涉案货物已从码头放走。

另，中国商务部于 2013 年 6 月 6 日发布《商务部公平贸易局关于巴西无正本提单提货的新规说明》，指出：巴西财政部于 2013 年 5 月 6 日起执行 1356 号令，对 2006 年 10 月 2 日发布的 680 号法令部分条款做出修改。据此，进口巴西的货物所适用的通关通道是由外贸系统基于对进口商纳税情况和贸易行为情况，进口货物性质、数量及价格，进口税价格或进口征税情况，货物原产地、出口地和目的地等条件和因素的综合分析后进行随机选择确定；适用绿色通道表示报关货物及文件可全部免检，自动通关；清关完毕后，进口方凭海关货物放行证明从海关保税区提货，无需再出示正本提单。此外，地中海公司确认，进口方提取货物除取得海关的货物放行证明外，还需要承运人在巴西外贸网货物系统中解锁相关货物。

2016 年 12 月 15 日，巡洋公司向 LFC 公司询问涉案货物情况。次日，LFC 公司回复称"请查收我之前和你说过的关于海关监管仓库货物存放信息和等待清关的海关保税号文件"。巡洋公司确认，为证明涉案货物未被提走，LFC 公司将海运提单寄给巡洋公司。关于邮寄时间，巡洋公司在证据交换时陈述系在 2016 年 12 月 16 日邮件之后，在庭审中陈述为 2016 年 9 月底 10 月初，但均在 LFC 公司申请地中海公司放行货物之后。

根据出口货物报关单、商业发票和装箱单显示，涉案货物价值应当为 FOB 上海 136468.16 美元。卡安公司自认已收到货款 50000 美元。卡安公司目前仍持有巡洋公司签发的全套正本提单。于是，卡安公司提起诉讼，请求判令巡洋公司赔偿其无单放货行为导致卡安公司遭受的货物损失及其利息，且地中海公司承担连带责任。双方当事人协议选择适用中国法。

一审法院认为：涉案货物运输存在巡洋公司和地中海公司签发的两份记名提单，表明在卡安公司与巡洋公司之间、巡洋公司与地中海公司之间分别存在两个相互独立的海上货物运输合同关系；巡洋公司向卡安公司签发无船承运人提单且涉案货物系整箱交接，但在卡安公司仍持有全套正本无船承运人提单的情况下，涉案货物于 2016 年 9 月 29 日被进口方 MARILLIAM 公司从堆场重箱提离；LFC 公司是巡洋公司的目的港放货代理，其行为的后果由巡洋公司承担。此外，地中海公司签发海运提单，LFC 公司是提单持有人；地中海公司应 LFC 公司申请放行货物，其解锁货物行为符合正本提单持有人的意思表示，不符合无单放货的构成要件。最后，地中海公司已履行其签发海运提单项下的义务，且无证据证明地中海公司与 LFC 公司、实际收货人存在串谋，故地中海公司对卡安公司也不存在侵权行为。综上，巡洋公司作为涉案货物的承运人，未履行凭正本提单交付货物的义务，应当对由此造成的正本提单持有人卡安公司的损失承担赔偿责任。因此，一审法院判决：巡洋公司向卡安公司赔偿其货物损失及利息。巡洋公司不服一审判决，提起上诉。

二审法院对一审查明的事实予以确认，并另查明：地中海公司在目的港签发的涉案海运提单的签发对象是托运人巡洋公司，地中海公司按照巡洋公司的指示，签发后直接将提单交给 LFC 公司。因此，二审法院认为：巡洋公司应当对卡安公司承担无单放货的赔偿责任；地中海公司系根据托运人巡洋公司的指示，签发海运提单并交付于收货人 LFC 公司；LFC 公司是巡洋公司的目的港代理人，也是涉案海运提单的记名收货人、合法的提单持有人，故地中海公司依据 LFC 公司指示解锁涉案货物，不存在无单放货行为，且在巡洋公司针对卡安公司实施的无单放货行为中不具有过错。综上所述，二审法院判决：驳回上诉，维持原判。

巡洋公司不服二审判决，申请再审。再审法院认为：巡洋公司向卡安公司签发无船承运人提单，而地中海公司则向巡洋公司签发了海运提单；卡安公司系涉案货物托运人，巡洋公司为承运人，地中海公司为实际承运人；依据中国《海商法》第六十三条关于"承运人与实际承运人都负有赔偿责任的，应当在此项责任范围内负连带责任"的规定，地中海公司作为涉案货物的实际承运人，其是否负赔偿责任应视其就涉案货物的灭失是否具有过错；地中海公司解锁涉案货物的行为符合其与巡洋公司之间海上货物运输合同的约定，地中海公司对卡安公司的涉案货损并无过错。因此，再审法院判决：驳回巡洋公司的再审申请(涉案主体法律关系如图 4-2 所示)。

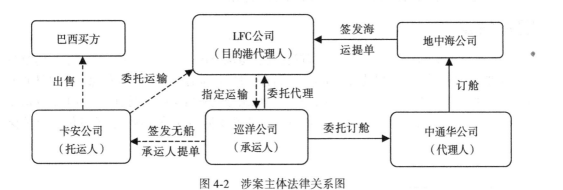

图 4-2　涉案主体法律关系图

📋 案例索引

一审：上海海事法院(2017)沪72民初554号民事判决书。

二审：上海市高级人民法院(2018)沪民终451号民事判决书。

再审：最高人民法院(2019)最高法民申4943号民事裁定书。

✍️ 简要述评

海上货物运输的承运人未凭正本提单交付货物，导致提单持有人或收货人遭受货损的，应承担赔偿责任。如果承运人依据提单记名收货人的指示以及托运人出具的保函而将提单项下货物交付给提单记名收货人的，承运人不存在无单放货之过错行为。此外，提单签发之后，承运人与提单持有人或收货人的关系依据提单来确定，因此，提单法律关系具有相对性。本案中，涉案货物存在两套相对独立的记名提单(无船承运人提单和海运提单)，而无船承运人提单项下的托运人卡安公司与海运提单并无直接法律关系，因此卡安公司遭受的货损乃无船承运人巡洋公司无单放货行为所致，与地中海公司并无直接的因果关系。同时，签发海运提单的地中海公司根据既是海运提单收货人又是海运提单托运人代理人的LFC公司的指示交付了货物，并无过错。因此，本案判决阐释了保函效力、无单放货行为的认定以及提单法律关系的相对性，具有较强的实践意义，对今后同类案件的处理具有重要的示范和指导作用。

📖 法条依据

《中华人民共和国合同法》第一百零七条、第一百一十三条第一款(已废止，参见《中华人民共和国民法典》第五百七十七条、第五百八十四条)；《中华人民共和国海商法》第七十一条；《最高人民法院关于审理无正本提单交付货物案件适用法律若干问题的规定》第一条、第二条、第六条；《中华人民共和国民事诉讼法》第六十四条第一款、第一百七十条第一款第(一)项、第一百七十五条；《最高人民法院关于民事诉讼证据的若干规定》第七十七条；《最高人民法院关于适用〈中华人民共和国民事诉讼法〉的解释》第九十三条第(五)项；《中华人民共和国涉外民事关系法律适用法》第四十一条。

📋 理论要点

保函，又称保证书，是指银行、保险公司、担保公司或个人应申请人的请求，向第三方开立的一种书面信用担保凭证。通常，银行出具的保证称为保函，其他保证人出具的书面保证则称保证书。实践中，在不同行业，保函分类有所不同。例如，在海上货物运输领域，保函通常围绕交货或提货两个环节，包括签发清洁提单保函①、签发倒签提单保

---

① 天津海事法院(2021)津72民初155号民事判决书，天津市高级人民法院(2021)津民终925号民事判决书。

函、签发预借提单保函、舱面货保函、弃货保函①、改港保函②、电放保函③、放货保函④等。随着实践的发展，出具保函的主体越来越多样化：托运人向承运人出具保函；第三人向承运人出具保函；托运人和第三人共同向承运人出具保函；提货人向承运人出具保函；提货人和第三人共同向承运人出具的保函。其中，合同当事人提供的保函在性质上属于合同(补充协议)，而第三人提供的保函则属于担保范畴。

海上货物运输实践中，保函有利于缓解海上货物运输过程中出现的矛盾，保障货物贸易及其结汇的顺利进行，对贸易和航运起着"润滑剂"的作用。但是，基于保函而采取的行为，如倒签提单、货物外表状态不良情况下签发清洁提单等，可能会损害第三方的利益，甚至构成串通欺诈，所以，有关保函的外部效力存在较大争议。对此，国际上倾向于保函应以相对性原则为基础，亦即，保函以意思自治为基础，仅在保函出具人(合同当事人或担保人)和接受人之间有效，但保函对第三方无约束力，其主要理由在于保函所担保的事项与提单相矛盾。但是，如果保函出具人和接受人恶意串通欺诈第三方，保函在出具人和接受人之间亦无效，且保函接受人对因接受保函而引发的货物灭失或损失，应对第三方承担无限额的赔偿责任。⑤ 因此，当保函无效时，作为第一赔偿责任人的保函接受人(通常是承运人)应赔偿遭受损失的第三方，且不得以此保函向保函的出具人进行追偿。

此外，依据最高人民法院《关于适用〈中华人民共和国民法典〉有关担保制度的解释》第二十一条第一款、第三款规定，保函作为担保合同的一种，可以约定生效条件⑥、仲裁条款或管辖权条款。债权人依法可以单独起诉保函出具人(构成民法之担保人时)且仅起诉出具人的，应当根据保函确定管辖法院。

---

① 上海海事法院(2015)沪海法商初字第 2598 号一审民事判决书，上海市高级人民法院(2016)沪民终 256 号民事判决书，最高人民法院(2018)最高法民申 3348 号民事裁定书。

② 上海海事法院(2013)沪海法商初字第 1633 号民事判决书，上海市高级人民法院(2015)沪高民四(海)终字第 55 号民事判决书，最高人民法院(2018)最高法民再 196 号民事判决书。

③ 青岛海事法院(2016)鲁 72 民初 1613 号民事判决书，山东省高级人民法院(2018)鲁民终 240 号民事判决书，最高人民法院(2018)最高法民申 6242 号民事裁定书；广州海事法院(2014)广海法初字第 374 号民事判决书，广东省高级人民法院(2015)粤高法民四终字第 77 号民事判决书，最高人民法院(2017)最高法民再 71 号民事判决书；以及下列系列裁判文书：宁波海事法院(2016)浙 72 民初 1138 号民事判决书，浙江省高级人民法院(2017)浙民终 49 号民事判决书，最高人民法院(2018)最高法民申 3873 号民事裁定书；宁波海事法院(2016)浙 72 民初 1139 号民事判决书，浙江省高级人民法院(2017)浙民终 52 号民事判决书，最高人民法院(2018)最高法民申 3919 号民事裁定书；宁波海事法院(2016)浙 72 民初 1140 号民事判决书，浙江省高级人民法院(2017)浙民终 51 号民事判决书，最高人民法院(2018)最高法民申 633 号民事裁定书。

④ 上海海事法院(2013)沪海法商初字第 1633 号民事判决书，上海市高级人民法院(2015)沪高民四(海)终字第 55 号民事判决书，最高人民法院(2018)最高法民再 196 号民事判决书。

⑤ 司玉琢等编著：《新编海商法学》，大连海事大学出版社 1999 年版，第 163~164 页。

⑥ 青岛海事法院(2009)青海法烟海商初字第 70 号民事判决书。

第三节 无单放货法律问题

海上货物运输承运人签发提单后,应凭正本提单将货物交付给提单记载的收货人或通知通知方提取货物。但是,由于目的港习惯或规定、装卸港距离较短但结汇费时较长等原因,实践中也经常发生凭副本提单和保函提取货物的情形。通常,此种情形下,提单持有人遭受的货损由承运人承担赔偿责任。但是,按照卸货港当地法律必须将货物交给海关或港口当局的、超期无人领取被拍卖或被司法拍卖的以及记名提单托运人指示导致的,抑或,提单持有人事先同意或事后追认承运人的无单放货行为的,承运人可免除赔偿责任。

📝 导入案例 4-6

承运人对依法交付给目的港海关的货物仍有掌控影响力

2015 年 10 月,佰利兰德公司委托地中海公司出运汽车轮胎。10 月 2 日,涉案货物装船出运,温州中外运公司代理地中海公司向佰利兰德公司签发正本记名提单。该提单载明:托运人为佰利兰德公司,收货人为 Turbo 公司,起运港宁波,目的港巴西纳维根特斯,运输条件为 CY-CY,运费预付。

佰利兰德公司向货运代理人支付海运费和改港费。涉案货物出运后,因国外买方未付款买单,现全套正本提单仍由佰利兰德公司持有。

12 月 9 日,涉案集装箱在目的港被卸至 Portonave 码头,并在巴西外贸综合系统办理相关登记。12 月 11 日,涉案集装箱被海关当局转移至 POLY 港口保税码头。POLY 港口保税码头在接受货物后,于 2016 年 6 月 30 日将涉案集装箱货物交付给收货人。POLY 码头股份有限公司出具的巴西外贸综合系统中的系统信息显示,涉案集装箱在清关前保管于 POLY 保税码头。

另认定,巴西 2007 年第 800 条税法规范规定,海关对于港口货物进出口和搬运,以及货品保管人在送交货物上的控管,将按照本规范执行,在外贸综合系统中的水路货物管控模块(Siscomex Cargo)上操作;国外经海、水或河运进口的商品,仓库保管人应于系统中登记该货品的存放;进口货物若存放在非外贸综合-运储货物清单管理系统管控的仓库,在交货时,该保管人应于外贸综合系统货物模块中登记,关税司另有规范之情况除外;保管人在系统中登记货品送交事宜后,方可放货给进口商;根据 1967 年 1 月 25 日第 116 条法令第 7 条规定,船公司在运费付清前,或共同海损款项结清前,有权扣留存放在保税仓库的货物。巴西 2006 年第 680 条税法规范第 4 条规定,进口申报单(DI)是由进口商在外贸综合系统,按照申报单种类和清关模式,填入唯一附件上的所有信息。第 18 条规定,进口申报单由以下文件组成:(1)正本提单或同等效力文件;(2)出口商签字的正本商业发票;(3)装箱单;(4)根据国际惯例或特殊法律规定的其他相关文件。第 21 条规定,在登记后,DI 将通过稽查程序,而后确认下列各种海关检验灯号:(1)绿灯:系统登记货品自动清关,无须进行任何文件核对或实品检验。(2)黄灯:需进行文件核对,若无任何错误,即可放行,无须进行实品检验。(3)红灯：需进行货品实体检验和文件核实后，方可放行。(4)灰灯：需进行文件核对，货品检验和海关管控特殊流程，根据特殊规定，检查是否在货品申报金额上有诈骗之可能。第48条规定，在完成海关审核后，货品即刻可以放行。第一分段：按照税务部1976年10月13日第389条决定规定，所有的货品，在海关确认放行后，只有在履行相关税务要求，或是提供相对应的保证后，方可领货。第二分段：货品放行是由负责的海关稽查员在Siscomex系统，进行最后审核后才确认。第三分段：货品申报若取得绿灯，则由Siscomex系统自动放行。巴西8.630/93法令港口现代化法第35条规定，在有序设立的港口，海关管理按照特定法执行。独立款：外国货物的接收和交付只能在保税港口和码头执行。第36条规定，财政部通过海关管理以下事项：……(8)根据海关法的有关规定，准予货物从港区移动到保税区或其他地方。巴西116/67法令第2条：港口的责任自货物进入港口的仓库、堆场或其他指定的仓储地方时开始，在货物交给船舶或收货人时结束。第3条：承运人的责任自接收货物上船时起，自交付给目的港船边的港口或地方码头时止。6.759/2009法令批准的海关规则第662条：保管人应对其保管下货物的损害或短少负责，同时也应对其受雇人在装货和卸货过程中造成的货物损害承担责任。

于是，佰利兰德公司向宁波海事法院起诉，请求判令地中海公司、温州中外运公司赔偿其货物损失及利息。各方当事人均选择适用中国法。

一审法院认为：涉案货物卸货港为巴西纳维根特斯港；依据查明的现行有效的巴西法律，涉案货物的接收或交付只能在保税港口和码头执行，承运人必须将货物交给港口；承运人责任期间(自接收货物上船时起至交付给目的港船边的港口或码头止)及港口责任期间(自货物进入港口的仓库、堆场或其他指定的仓储地方时起至交给船舶或收货人止)的规定，决定了港口不可能为承运人的代理人；地中海公司已经将涉案货物运至巴西纳维根特斯港，并按照巴西法律将货物交给Portonave码头，应当视为其已完成运输合同下的义务；之后，货物被海关当局转移至POLY港口保税码头，并由POLY港口保税码头向收货人交付了货物；审核放行和实际交付货物的并不是地中海公司或其代理人；佰利兰德公司没有证据证明地中海公司向收货人提供了正本提单或其他同等效力的文件如提货单，佰利兰德公司认为地中海公司仍对卸至保税码头的涉案货物具有控制权缺乏依据。综上所述，一审法院判决：驳回佰利兰德公司的诉讼请求。佰利兰德公司不服一审判决，提起上诉。

二审法院对一审判决认定的事实予以确认。二审法院认为：地中海公司已证明其依照提单载明的卸货港所在地法律强制规定，将承运到港的货物交付给当地海关或者港口当局，依法可免除涉案货物被无单放货本应承担的责任。因此，二审法院判决：驳回上诉，维持原判。佰利兰德公司不服二审判决，申请再审。

再审法院对二审判决查明的事实予以确认，并另查明了巴西律师签署宣誓书的内容、巴西1356号令等。再审法院认为：根据巴西新的1356号法令，进口货物的收货人需拿正本提单向船公司换取交货单，凭交货单到海关办理清关，清关完毕后凭海关货物放行证明提货，无需再出示正本提单。因此，承运人在货物交付给目的港海关后并未丧失对货物的掌控。因此，再审法院判决：撤销一、二审民事判决；地中海公司赔偿佰利兰德公司货物损失及利息。

案例索引

一审：宁波海事法院(2017)浙 72 民初 2757 号民事判决书。

二审：浙江省高级人民法院(2017)浙民终 859 号民事判决书。

再审：最高人民法院(2020)最高法民再 171 号民事判决书。

简要述评

承运人负有在卸货港凭正本提单交付货物的义务。承运人在目的港未收回其签发的正本记名提单即将货物交给收货人的，将构成无单放货。因此，承运人应当承担因其无单放货造成的托运人的货款和运费损失。但是，本案争议比较大的是，承运人在目的港依据港口所在国法令将货物交给海关或码头当局后，承运人是否仍然对提单项下货物享有控制权，并应对海关的货物交付行为负责。本案判决明确了承运人在巴西将货物交给海关或港口当局之后的货物控制权及其交付货物的程序，对预判和防范风险具有非常重要的意义。例如，近年来中国海事法院已审理多起案件事实、纠纷性质、判决结果均与本案极为相似的巴西港口无单放货纠纷案：(2020)最高法民再 172 号①以及被列为典型案例而公布的(2019)浙民终 422 号。②

法条依据

《中华人民共和国海商法》第七十一条、第二百六十九条；《中华人民共和国涉外民事关系法律适用法》第三条；《中华人民共和国民事诉讼法》第六十四条第一款、第一百七十条第一款第(一)项、第二百零七条第一款、第二百五十九条；《最高人民法院关于审理无正本提单交付货物案件适用法律若干问题的规定》第七条。

理论要点

凭正本提单交付货物是承运人的义务。承运人不凭正本提单交付货物造成提单持有人损失的，应承担相应赔偿责任。对此，中国《海商法》第七十一条等国内立法或国际公约均做了明确规定。但是，也有部分国家允许无单放货，如美国、加拿大立法允许记名提单无单放货。③ 此外，海上货物运输实践中，由于货物抵达目的港的时间常常早于提单流转到收货人手中之时，抑或其他各种原因，承运人往往凭收货人副本提单和保函放货，从而构成无单放货行为，并对提单持有人或托运人因此遭受的货物、运费、保险费用以及实际发生的其他合理的损失承担赔偿责任，除非存在免除责任或限制赔偿责任的情形。

---

① 宁波海事法院(2016)浙 72 民初 2758 号民事判决书，浙江省高级人民法院(2017)浙民终 864 号民事判决书，最高人民法院(2020)最高法民再 172 号民事判决书。

② 宁波海事法院(2018)浙 72 民初 1899 号民事判决书，浙江省高级人民法院(2019)浙民终 422 号民事判决书。

③ 武汉海事法院(1999)武海法宁商字第 80 号民事判决书。

所谓无单放货，又叫无正本提单放货，是指承运人或其代理人或港务当局或仓库管理人在未收回正本提单的情况下，依提单上记载的收货人或通知人凭副本提单或提单复印件加保函放行货物的行为。《最高人民法院关于审理无正本提单交付货物案件适用法律若干问题的规定（2020 修正）》第一条至第三条规定：正本提单包括记名提单、指示提单和不记名提单；承运人违反法律规定，无正本提单交付货物，损害正本提单持有人提单权利的，承运人承担由此造成损失的民事责任；承运人因无正本提单交付货物造成正本提单持有人损失的，正本提单持有人可以要求承运人承担违约责任，或者侵权责任；正本提单持有人要求承运人承担无正本提单交付货物民事责任的，适用海商法规定，但海商法没有规定的，适用其他法律规定。因此，向承运人主张无单放货损失赔偿的主体必须是托运人或正本提单持有人，且无单放货行为与货损存在因果关系。① 如果有证据证明托运人或者提单持有人已经收到部分货款，在确定损失赔偿额时，应相应地扣除已收回的那部分货款。例如，无船承运人签发无船承运人提单后无单放货给目的港收货人，而实际承运人依据其签发海运提单托运人和通知方的指示将货物交给目的港收货人的情形下，实际承运人不构成无单放货，无船承运人则应对无船承运人提单持有人承担无单放货赔偿责任。② 再如，若实际承运人无单放货给持有正本提单的无船承运人的目的港代理，而无船承运人的目的港代理无单放货给目的港收货人，无船承运人将构成无单放货，并为此向托运人承担赔偿责任，但无船承运人无权就其损失向实际承运人追偿，因为其损失与实际承运人的无单放货行为不存在因果关系。③

需要注意的是，在某些情形下，承运人不承担无单放货的责任。例如，正本提单持有人认可无单放货；提单载明的卸货港所在地法律强制性规定到港货物必须交付给当地海关或港口当局，除非承运人未丧失货物控制；目的港无人提货，承运人按照托运人的指示交付货物；提单因遗失、被盗、灭失或其他原因经法院公示催告后丧失交货凭证和物权凭证功能情形下，承运人凭担保将货物交付给提单受让人。再如，在拼箱货的情况下，集装箱开箱是承运人的正常行为，并不能单独构成无单放货的初步证据。

✍ 导入案例 4-7

以自己名义签发提单的无船承运人应承担无单放货责任

2015 年 12 月 10 日，柯泰公司为履行与国外买方的贸易合同，委托皓帆公司承

---

① 宁波海事法院（2018）浙 72 民初 1519 号民事判决书，浙江省高级人民法院（2018）浙民终 1115 号民事判决书；宁波海事法院（2018）浙 72 民初 1520 号民事判决书，浙江省高级人民法院（2018）浙民终 1113 号民事判决书；宁波海事法院（2018）浙 72 民初 1521 号民事判决书，浙江省高级人民法院（2018）浙民终 1114 号民事判决书；宁波海事法院（2018）浙 72 民初 1522 号民事判决书，浙江省高级人民法院（2020）浙民终 1210 号民事判决书。

② 上海海事法院（2017）沪 72 民初 554 号民事判决书，上海市高级人民法院（2018）沪民终 451 号民事判决书，最高人民法院（2019）最高法民申 4943 号民事裁定书。

③ 天津海事法院（2015）津海法商初字第 862 号民事判决书，天津市高级人民法院（2018）津民终字 67 号民事判决书。

运货物并支付相应费用；皓帆公司接受柯泰公司委托后办理了托运手续，并向柯泰公司签发抬头为皓帆公司、托运人记载为柯泰公司、收货人为 ALGHAD MEDICAL SUPPLES、编号为 HFS1512023 的已装船提单，且提单记载集装箱号显示为 MSCU6234260，船名航次为 MSCGAIAV.FD550W，装货港中国上海，卸货港阿联酋迪拜。

柯泰公司称该提单系皓帆公司签发并交付柯泰公司。皓帆公司否认出具上述提单，并称其没有相应的无船承运人资质，其提单样式亦未在交通部备案。皓帆公司仅在拼箱运输的场合使用该提单，目的是告知目的港代理货物的情况。皓帆公司从未将提单出具给托运人，该提单也不具备通常提单所具备的功能，不参与货物的流转。涉案货物是一批医疗器械，系皓帆公司接受阿莱莎公司委托代理出运。皓帆公司接受委托后完成代理订舱、报关等业务。涉案海运提单由利胜地中海(上海)有限公司(以下简称地中海公司)出具，提单编号为 MSCUEY6××××，托运人为 ALLPROFZC，收货人为 OXY-MED，集装箱号为 MSCU62××××，船名航次为 MSCGAIAV.FD550W，装货港中国上海，卸货港黎巴嫩贝鲁特。

一审诉讼过程中，一审法院经柯泰公司申请向上海海关调取涉案货物报关单，且报关单与皓帆公司提交的报关单内容一致。报关单显示：发货单位为阿莱莎公司，商品品名为一次性使用无菌注射器。此外，地中海公司确认皓帆公司提交的编号为 MSCUEY6××××的提单的真实性。

一审庭审中，柯泰公司述称其将涉案货物送至阿莱莎公司告知的仓库地址上海市奉贤区平港路 1888 号。皓帆公司则述称其要求阿莱莎公司将货物送至上海市浦东新区江心沙路 1735 号仓库并委托上海贺群货物运输代理有限公司(以下简称贺群公司)对货物进行装卸业务，贺群公司亦出具证明予以证实。

另查明，2016 年 1 月 7 日，涉案货物于黎巴嫩卸货。买方未凭正本提单提取货物，但仅支付了部分货款，余款未向柯泰公司支付。于是，柯泰公司请求法院判令皓帆公司作为无船承运人应赔偿其无单放货行为给柯泰公司造成的货物损失及利息。双方协商选择适用中国法。

一审法院认为：柯泰公司持有的此份无船承运人提单无相应海运提单予以印证，该份提单显示目的港与实际货物出运目的港不符，不能真实反映涉案货物运输情况，故不能认定柯泰公司与皓帆公司之间存在海上货物运输合同关系；柯泰公司称经阿莱莎公司指示将货物送至上海市奉贤区平港路某仓库，亦与皓帆公司实际收取货物的浦东新区江心沙路的仓库不符，故此份提单亦不能作为皓帆公司从柯泰公司处接收货物的凭证；皓帆公司提交的海运提单经实际承运人地中海公司核实确认，故初步证明该提单项下货物来源以及实际运输与柯泰公司无涉。综上所述，一审法院判决：驳回柯泰公司的诉讼请求。柯泰公司不服一审判决，提起上诉。

二审法院对一审法院查明的事实予以确认，并经审理认为：柯泰公司除持有皓帆公司签发的提单以及涉案货物的货运代理费用发票之外，并无其他证据证明其与皓帆公司成立涉案货物运输合同关系；相反，皓帆公司提供了与案外人阿莱莎公司之间的货运委托书、代理报关委托书、预录入报关单、提单确认函、进仓通知书及涉案货物的海运提单复印件，且该海运提单内容与一审调取的海运提单内容一致。因此，柯泰公司应承担举证不能的不利后果。于是，二审法院判决：驳回上诉，维持原判。柯泰公司不服此判决，申请再审。

再审法院对原判决查明的事实予以确认。但是，再审法院认为：柯泰公司持有展宸公司(原皓帆公司)签发的正本提单，且该提单的编号与展宸公司开具的发票中备注栏载明的提单编号相一致；展宸公司虽否认出具上述提单，但未能对柯泰公司持有的该正本提单做出合理解释，亦未能提供证据否认该提单自身的真实性；无船承运业务经营者以自身名义签发无船承运人提单后，再将货物交由实际承运人运输的，实际承运人亦会向其签发海运提单，因此，展宸公司提供的海运提单、海关报关单、提单确认函等证据即使可证明其系接受案外人阿莱莎公司的委托运输案涉货物，但该证据并不能当然否定其以承运人名义向柯泰公司签发案涉提单；货运代理企业在处理海上货运代理事务过程中以自己的名义签发提单、海运单或者其他运输单证的，应承担承运人责任(笔者注：包括本案所涉无单放货的赔偿责任)。综上所述，再审法院判决：撤销本案一、二审判决；展宸公司赔偿柯泰公司货物损失及利息。

📑 案例索引

一审：上海海事法院(2016)沪72民初3196号民事判决书。
二审：上海市高级人民法院(2017)沪民终371号民事判决书。
再审：最高人民法院(2020)最高法民再214号民事判决书。

📝 简要述评

无船承运人与货代、船代相近，但有着本质不同，且区别于海运承运人。实践中，无船承运人法律地位的准确认定须综合考虑提单记载、往来函件、相关主体的行为等因素。在涉案两份提单装卸港并不一致、装港交货地址不同的情况下，一、二审法院先后认定柯泰公司持有的提单并不足以证明其与展宸公司(原皓帆公司)存在海上货物运输合同关系。但是，再审法院认为柯泰公司持有展宸公司(原皓帆公司)所签发的提单，尤其是该提单的编号与展宸公司开具的发票中备注栏载明的提单编号相一致，因此，再审法院判定展宸公司构成无船承运人，从而对一、二审判决做出改判。本案是在事实证据并不十分充分的情况下，明确认定以自己名义签发提单、再以自己的名义将货物运输委托给实际承运人的人具有无船承运人法律地位的一起典型案例，对识别无船承运人的地位及其权利义务具有较强的实践意义。此外，前引(2019)最高法民申4943号民事判决书①更为清晰地阐释了以自己名义签发提单的无船承运人应承担无单放货责任这一问题。

📋 法条依据

《中华人民共和国海商法》第四十二条、第七十一条、第七十一条、第二百六十九条；

---

① 上海海事法院(2017)沪72民初554号民事判决书，上海市高级人民法院(2018)沪民终451号民事判决书，最高人民法院(2019)最高法民申4943号民事裁定书。

《中华人民共和国涉外民事关系法律适用法》第三条；《中华人民共和国民事诉讼法》第六十四条第一款、第一百六十九条第一款、第一百七十条第一款第一项、第一百七十五条、第二百零七条第一款、第二百五十九条；《最高人民法院关于审理无正本提单交付货物案件适用法律若干问题的规定》第二条、第六条、第七条；《最高人民法院关于适用〈中华人民共和国民事诉讼法〉的解释》第九十一条、第一百零八条第一款；《中华人民共和国国际海运条例》第七条；《中华人民共和国国际海运条例实施细则》第三条；《最高人民法院关于审理海上货运代理纠纷案件若干问题的规定》第四条第一款。

理论要点

1. 无单放货的责任主体

无单放货是海运实践中相当普遍但亦较为复杂的一个现象，因为无单放货往往涉及责任主体及其法律关系、货物损失及其因果关系的认定等问题。例如，承运人、实际承运人、无船承运人、港口经营人、承运人或实际承运人或无船承运人的代理人①是否构成无单放货并承担相应赔偿责任？抑或，是否应承担连带赔偿责任？无单放货损失是侵权②还是违约导致的？享有货物所有权的提单托运人可否主张实际提货人与承运人对无单放货和提货承担侵权责任？③ 无单放货保函出具人、无单提货人是否应承担责任或承担何种责任？④ 提单持有人可否直接起诉无单提货人，或双方达成的货款支付协议是否影响提单持有人索赔的权利？⑤ 承运人对其无单放货行为做出赔偿后可否向无单提货人追偿并要求无单放货保函指定的收货人承担连带责任？⑥

2. 无船承运人无单放货的责任

随着集装箱运输，尤其是多式联运的快速发展，传统货代逐渐区分为纯货代和无船承运人。其中，前者按照托运人的指示安排货物运输，不签发自己的提单，也不独立承担责任，而无船承运人以自己名义揽货、拼箱，且以自己名义就不同托运人托运的货物分别签发无船承运人提单(亦称分提单，House Bill of Lading)给各托运人，然后将拼箱货物交予

① 厦门海事法院(2014)厦海法商初字第 27 号民事判决书，福建省高级人民法院(2014)闽民终字第 621 号民事判决书。青岛海事法院(2013)青海法海商初字第 486 号民事判决书，山东省高级人民法院(2014)鲁民四终字第 74 号民事判决书；宁波海事法院(2020)浙 72 民初 1101 号民事判决书，浙江省高级人民法院(2020)浙民终 1210 号民事判决书。

② 厦门海事法院(2020)闽 72 民初 617 号民事判决书；厦门海事法院(2020)闽 72 民初 618 号民事判决书。

③ 青岛海事法院(2009)青海法海商初字第 126 号民事判决书，山东省高级人民法院(2010)鲁民四终字第 120 号民事判决书；宁波海事法院(2012)甬海法台商重字第 1 号民事判决书，浙江省高级人民法院(2012)浙海终字第 90 号民事判决书。

④ 宁波海事法院(2016)浙 72 民初 2211 号民事判决书，浙江省高级人民法院(2018)浙民终 14 号民事判决书；武汉海事法院(2006)武海法商字第 563 号民事判决书，湖北省高级人民法院(2012)鄂民四终字第 00130 号民事判决书。

⑤ 浙江省高级人民法院(2015)浙海终字第 5 号民事判决书。

⑥ 宁波海事法院(2016)浙 72 民初 2211 号民事判决书，浙江省高级人民法院(2018)浙民终 14 号民事判决书。

实际承运人运输，并以提单托运人的名义取得实际承运人签发的海运提单(亦称主提单)。相应地，无船承运人将传统上与托运人订立运输合同的承运人由《海牙规则》时期拥有船舶所有权或使用权之身份的人发展为《汉堡规则》时期不限身份的与托运人订立运输合同或签发提单的人。因此，无船承运人区别于纯货代、船代(依承运人授权而行事，并向承运人收取代理费)，其资质应获交通主管部门的核准，并以自己名义签发提单。[1]

因此，无船承运人签发无船承运人提单后，将与托运人形成海上货物运输合同关系。若无船承运人未凭无船承运人提单交付货物，将构成无单放货，并赔偿托运人因其无单放货行为所遭受的货物损失。

但是，需注意的是，实际承运人签发的海运提单(主提单)与无船承运人签发的无船承运人提单应遵循合同相对性原则。亦即，两份提单代表的是两个不同的运输合同关系，是不能相互替代的。依据《最高人民法院关于审理无正本提单交付货物案件适用法律若干问题的规定》第一条和第二条的规定，承运人和实际承运人应分别向其签发的正本提单持有人交付货物。[2] 此外，承运人或实际承运人或无船承运人不能放任其代理人对于同一份货物签发两份以上的提单且不能全部收回，因为这是存在被索赔的风险的。

---

①　王肖卿：《班轮货物运输中无船承运人的法律地位》，载《中国海商法研究》2021 年第 3 期，第 23～30 页。

②　上海海事法院(2017)沪 72 民初 554 号民事判决书，上海市高级人民法院(2018)沪民终 451 号民事判决书，最高人民法院(2019)最高法民申 4943 号民事裁定书；上海海事法院(2021)沪 72 民初 997 号民事判决书。

第五章 海上货物多式联运合同

◎**本章引言** 海上货物多式联运是海上货物运输的一种特殊形式。因此，除法律另有明确规定外，海上货物多式联运合同双方当事人享有或承担海上货物运输合同双方当事人的相应权利或义务。然而，海上货物多式联运合同亦引发新的法律问题，如货物损失发生于哪一运输区段、法律适用以及多式联运经营人或区段承运人与货主的关系等。

◎**本章重点** 海上货物多式联运；多式联运经营人；区段承运人；责任期间；网状责任制

第一节 海上货物多式联运合同概述

依中国《海商法》，海上货物多式联运是必须包含海上货物运输区段的多式联运。因此，海上货物多式联运合同兼具海上货物运输与内河货物运输或陆路（包括公路和铁路）货物运输或航空货物运输等其他运输方式的特征，并由此引发出其自身的新特征、新问题，包括但不限于：海上货物多式联运合同的认定、多式联运经营人或区段承运人的识别，等等。

✒ 导入案例 5-1

需转船的内河货物运输与海上货物运输构成海上货物多式联运

天成公司（香港）系武汉天成公司的全资子公司。2014年1月10日，天成公司（香港）出口一批医用纱布片，通过湖北时进国际货运代理公司向外港海关办理报关手续，并于同日就涉案货物开出一张商业发票。次日，长锦商社签发提单。该提单载明：托运人为天成公司（香港），收货人为大韩公司；承运船舶为"长航集运8302"轮；装货港中国武汉，目的港韩国釜山。

1月15日，武汉天成公司就涉案货物向汉口人保投保货物运输保险。汉口人保签发保险单，被保险人为天成公司（香港）。

1月16日，"长航集运8302"轮（系内河船舶）轮在长江上海段与"康瑞1"轮（系海船）发生碰撞事故。事故发生后，武汉长伟作为"长航集运8302"船登记所有人，向上海海事法院起诉"康瑞1"轮的光船承租人南京康瑞公司，主张南京康瑞公司对碰撞事故承担70%的责任。上海海事法院作出（2014）沪海法海初字第68-1号《民事判决书》，判令南京康瑞公司就此次碰撞事故承担30%的责任。

涉案碰撞事故发生后，武汉天成公司向汉口人保索赔。上海悦之保险公估公司根据中国人民财产保险公司武汉市分公司的委托，对受损货物进行检验，并作出货损事故《公估报告》，认定天成公司(香港)报损的集装箱货物水湿事故属实，货损金额为34304.88美元，扣除免赔额后的理算金额为32589.64美元。7月22日，汉口人保向武汉天成公司支付保险赔款32589.64美元。被保险人天成公司(香港)和投保人武汉天成公司共同向汉口人保出具了《赔款收据》和《权益转让书》，将向第三方的索赔权转让给汉口人保。因此，汉口人保于2015年3月18日提起诉讼，请求法院判令长锦商社与武汉长伟连带赔偿货物损失和利息。对有关争议，双方当事人均选择适用中华人民共和国法律。

法院认为：本案系通海水域保险合同纠纷；汉口人保已向投保人武汉天成公司支付全部保险赔款，而被保险人和投保人则出具《赔款收据》和《权益转让书》，故汉口人保取得代位追偿权；涉案货物运输包括内河运输和海上运输两种方式，需要转船，非江海直达，因此，涉案货物运输系内河货物运输与海上货物运输相结合的多式联运；长锦商社签发提单系多式联运经营人，而武汉长伟系内河区段承运人；涉案碰撞事故发生于内河船与海船之间，属于中国《海商法》第一百六十五条规定的船舶碰撞，因此，武汉长伟(承运货物的本船所有人)有权依据《海商法》第一百六十九条的规定援引已生效的(2014)沪海法海初字第68-1号《民事判决书》确定的责任比例进行抗辩，但多式联运经营人长锦商社应对货主就碰撞事故承担全部赔偿责任；此外，因碰撞事故发生在转船之前的内河区段，而非国际海上货物运输区段，因此，就涉案货损而言，长锦商社与武汉长伟无法适用中国《海商法》第五十一条第一款第(一)项规定的"航海过失免责"。

综上所述，一审法院判决：长锦商社应对碰撞事故导致的涉案货损责任承担全部赔偿责任。其中，武汉长伟就前述责任之70%与长锦商社承担连带责任。

案例索引

一审：武汉海事法院(2015)武海法商字第00307号民事判决书。

简要述评

国际海上货物多式联运合同性质的认定是确定相关主体之间合同的法律适用、各主体实体权利义务的前提与基础。然而，由于各国立法或国际公约关于不同运输方式(甚或同一运输方式)的规定不同，或其适用范围不同，致使国际货物多式联运的认定存在较大分歧或争议。依据中国《海商法》第二条和第一百零二条的规定，海上货物多式联运合同是指多式联运经营人以两种以上的不同运输方式，其中一种是海上运输方式，负责将货物从接收地运至目的地交收货人，并收取全程运费的合同；但是，海江之间、江海之间的国际直达运输则属于国际海上货物运输。

本案中，涉案货物以需要转船的内河运输和海上运输两种方式完成运输，非江海直达，而是构成内河货物运输与海上货物运输相结合的多式联运。因此，本案判决对中国《海商法》下海上货物多式联运做出了具体解释，明确了江海直达运输、内河与海上转船联合运输的区别，并在江海联运多式联运经营人与区段实际承运人的责任认定、航海过失免责、保险代位追偿范围等方面确立了相应的裁判规则，符合航运实务需求，对未来含内河运输多式联运会起到较好的规范和指引作用，具有较强的实践参考价值。

📋 法条依据

《中华人民共和国海商法》第一百零二条、第一百零四条、第一百六十九条；《最高人民法院关于审理船舶碰撞纠纷案件若干问题的规定》第一条、第七条、第八条；《中华人民共和国合同法》第三百一十一条(已废止，现为《中华人民共和国民法典》第八百三十二条)；《中华人民共和国保险法》第六十条第一款；《中华人民共和国民事诉讼法》第二十三条、一百四十二条、二百五十三条。

📋 理论要点

国际货物多式联运是指多式联运经营人按照多式联运合同，以两种或两种以上的不同运输方式，负责将货物从一国境内接收货物的地点运至另一国境内指定交付货物的地点，并收取全程运费的一种国际货物运输方式。

国际货物多式联运是随着集装箱运输的发展而出现的一种新的运输方式，是陆路、水运、空运、铁运或管道运输等传统上单式货物运输方式的"有机组合"，具有实现不同运输方式优势互补、解决单一运输方式覆盖范围有限等优势。对托运人而言，其只需面对"一个多式联运经营人"，实现"一次委托""一次保险""一次结算""一单到底"。

然而，相关国际公约、各国立法对运输方式的界定存在分歧或空白，也给国际货物多式联运的认定带来一定的困难。例如，荷兰法下的运输方式以海运、内河、铁路、公路、航空或管道等作为界定标准，而德国法则以不同类型的运送工具为确定标准，而我国《民法典》《海商法》以及众多的国际公约对此均未做出明确规定。此外，一些国际公约扩大其适用范围，使得国际货物运输是否属于多式联运的性质而具有较强的不确定性，如《国际公路货物运输合同公约》扩展适用于非公路货物运输合同之公路运输区段。[①] 甚至，部分国内立法或国际公约将单式货物运输立法扩展适用于其他运输方式。例如，1999 年美国《海上货物运输法》第 3 条第 2 款规定，"本法不禁止将任何权利通过运输合同扩展至公路或铁路承运人"；美国最高法院在 Norfolk Southern Railway Co. v. James N. Kirby Pty. Ltd. [②] 案中进一步确立海事规则扩展适用于其他运输区段；1999 年《统一国际航空运输某些规则的公约》第十八条第(4)款规定："机场外履行的任何陆路、海上或内水运输是在履行航空运输合同时为了装载、交付或转运而办理的，在没有相反证明的情况下，所发生的任何损失推定为在航空运输期间发生的事件造成的损失；承运人未经托运人同意，以其他运输方式代替当事人各方在合同中约定采用航空运输方式的全部或部分分运的，此项以其他方式履行的运输视为在航空运输期间。"

对此，中国《海商法》第一百零二条做了明确规定，海上货物多式联运中必须有一种方式是海上运输方式。同时，依据中国《海商法》第二条第二款之规定，中国《海商法》第

---

① （2001）2 Lloyd's Rep. 133；（2002）2 Lloyd's Rep. 25.

② Norfolk Southern Railway Co. v. James N. Kirby Pty. Ltd. 2004 AMC 2705.

四章仅适用于国际海上货物运输，而不适用于内河货物运输或沿海货物运输。因此，本案中涉案货物运输经由武汉至上海港的内河运输、上海港至韩国釜山的海上货物运输两个区段才得以完成，构成中国《海商法》第一百零二条规定的海上货物多式联运。实践中，类似纠纷案件时有发生，如中国太平洋财产保险股份有限公司重庆分公司与金星轮船有限公司海上、通海水域货物运输合同纠纷案①。此外，海上货物多式联运合同性质的认定，往往还受承运人（多式联运经营人）主体地位的识别②等因素的影响。

✍ 导入案例 5-2

海上货物多式联运经营人的地位应依约或实际履行情况而确定

2020 年 11 月 10 日，广东英得尔实业公司（简称实业公司）委托无忧达（宁波）物流科技有限公司（简称无忧达公司）、深圳网优达物流科技有限公司（简称网优达深圳公司）由深圳出运两个集装箱货物至美国长滩港。其后，实业公司与两公司分别签订《海外仓储与物流服务合同》和《国际物流与海外仓储合同》，并分别约定：实业公司委托无忧达公司为其提供中国出口至海外国家以及海外仓配、海外仓一件代发、卡车配送至 FBA 等其他仓库、国际货运代理、代理海外清关等服务；委托网优达深圳公司代理宁波等口岸的海运、空运出口货物国际运输服务、海外仓储服务、目的国代理清关、拖车、拆箱、派送、仓储等物流仓储业务。

两家公司接受委托后，向案外人德威公司订舱，并由德威公司签发了两份无船承运人电放提单，其所载托运人为旺利多公司、收货人为 Future International Trading Company（系两家公司的目的港代理），且托运人、收货人均非实业公司指示。涉案货物于 11 月 19 日装船出运，并于 11 月 30 日在海运过程中落海灭失。涉案委托业务发生期间，宁波海宴供应链科技有限公司（简称供应链公司）同时为无忧达公司及网优达深圳公司的唯一股东，而网优达深圳公司于 2021 年 7 月 8 日注销（注：供应链公司作为其唯一股东应承担其责任）。而且，合同履行过程中，两公司在电子邮箱后缀、网站、宣传标签、人员、经营业务上存在重合。实业公司主张两公司人格混同，应承担共同赔偿责任。于是，实业公司提起诉讼，请求法院判令无忧达公司、供应链公司连带赔偿实业公司的货物损失及利息、律师费。

一审法院认为：

从涉案两份合同所涉业务的实际履行情况看，两被告无忧达公司及网优达深圳公司接受委托后并未向实业公司披露涉案两票货物的承运人，而实业公司仅于事故发生后才被告知由德威公司签发的两份无船承运人提单（该事实能够与两被告提供的邮件往来相互印证）；两被告亦未提供关于其接受委托后及时报告了涉案货物的承运人及运输合同订立情况的反证。此外，两被告自认德威公司出具的提单所载托运人、收货

---

① 武汉海事法院（2018）鄂 72 民初 1360 号民事判决书。

② 上海海事法院（2013）沪海法商初字第 1633 号民事判决书，上海市高级人民法院（2015）沪高民四（海）终字第 55 号民事判决书，最高人民法院（2018）最高法民再 196 号民事判决书。

人均非实业公司指示，其中收货人是两被告的目的港代理，且涉案两票货物均采取电放操作，因而不需要签发正本提单。综上，涉案合同的实际履行并不符合海上货运代理合同(即委托合同)的特征。

此外，依据涉案两份合同关于服务的定义("乙方提供优质的国际运输……服务""如果使用乙方国际货运头程海运/空运服务的……""客户尽量使用我司头程发货服务进入仓库")等约定，无忧达公司、网优达深圳公司亦提供海上货物运输服务(头程发货服务)。因此，两被告关于无忧达公司或网优达深圳公司与实业公司仅成立海外仓储、配送服务合同关系的抗辩与约定不符。因此，无忧达公司、网优达深圳公司与实业公司的法律关系定性除考虑涉案合同约定之外，亦应结合具体业务的履行情况而认定。

综上所述，涉案货物由实业公司自起运港盐田码头交付后，由被告方负责货物的海运、到达目的港后的清关、提箱、拆箱、仓储及配送至收货人地址，因此，实业公司与被告方之间的法律关系为包含海运方式在内的国际货物多式联运合同关系与仓储等服务合同关系的混合。此外，无忧达公司、网优达深圳公司在人员上难于区分、经营业务上存在重合；涉案两个集装箱货物的灭失发生在海运期间，即属于无忧达公司、网优达深圳公司的责任期间内，因此，两公司应对实业公司的损失承担赔偿责任。

综上所述，一审法院判决：无忧达公司、供应链公司赔偿实业公司涉案货物损失及利息；驳回实业公司的其他诉讼请求。

📑 案例索引

一审：宁波海事法院(2022)浙72民初332号民事判决书。

📝 简要述评

随着跨境电商业务的兴起，跨境电商物流业务也蓬勃兴起，其纠纷也不断涌现。实践中，跨境电商物流服务提供商收取包干费用，提供门到门全程运输以及报关报检、仓储、尾程运输等附加服务。此外，在跨境电商物流服务之海运阶段，往往多采拼箱方式，而不签发提单等运输单据(实践中，亦可能采用以下模式：跨境物流服务商分别向各货主签发无船承运人提单，再将承揽的货物拼箱后交付给海运区段承运人实际运输，并自海运承运人处取得海运提单，带货物运至目的港后提取货物并拆箱后分别交付给各货主)。因此，司法实践对该类物流合同究竟是运输合同还是海上货运代理合同的认定存在分歧。① 本案判决明确了该类跨境电商物流合同的性质为国际海上货物多式联运合同与仓储合同、海上

---

① 上海海事法院(2022)沪72民初422号民事判决书；上海海事法院(2017)沪72民初3024号民事判决书；大连海事法院(2017)辽72民初885号民事判决书，辽宁省高级人民法院(2020)辽民终269号民事判决书，最高人民法院(2021)最高法申3133号民事裁定书；上海海事法院(2018)沪72民初929号民事判决书，上海市高级人民法院(2018)沪民终405号民事判决书，最高人民法院(2020)最高法民申6908号民事裁定书。

货运代理合同的混合，进而明确了各方的权利义务，为统一审理同类案件提供了裁判尺度，亦为跨境卖家和货代物流企业维护自身权益提供了有益的参考或借鉴。

📖 法条依据

《中华人民共和国海商法》第四十六条、第五十一条、第五十五条、第五十六条；《中华人民共和国民法典》第五百七十七条；《中华人民共和国涉外民事关系法律适用法》第三条；《最高人民法院关于适用〈中华人民共和国公司法〉若干问题的规定(二)》第二十条；《中华人民共和国民事诉讼法》第六十七条第一款。

📖 理论要点

依据中国《海商法》第一百零二条之规定，海上货物多式联运经营人是指本人或者委托他人以本人名义与托运人订立海上货物多式联运合同的人。此外，中国《海商法》第一百零四条、中国《民法典》第八百八十三条规定，多式联运经营人是指负责履行或者组织履行多式联运合同，并对全程运输享有承运人权利，承担承运人义务的主体；多式联运经营人可以与参加多式联运的各区段承运人就多式联运合同的各区段运输另以合同约定相互之间的责任，但此项合同不得影响多式联运经营人对全程运输所承担的责任。可见，海上货物多式联运经营人在海上货物多式联运诸多法律关系中处于核心地位，是货主、区段承运人、货运代理人等众多主体之间的"联系纽带"。因此，识别海上货物多式联运经营人这一主体及其法律地位尤为关键，有利于厘清国际货物多式联运中错综复杂的各种法律关系，进而确定相关纠纷的法律适用以及相关主体的权利义务等。

然而，海上货物多式联运经营人及其法律地位的识别在相关国际公约或各国国内法下尚未形成统一的认定标准。对此，中国《海商法》和1980年《联合国国际货物多式联运公约》均规定：多式联运经营人是一个独立的法律主体，其身份是基于多式联运合同而向托运人承担履行运输义务的本人。不管多式联运经营人是否实际运输货物还是仅作为海上货物多式联运的承办人，只要其与托运人签订国际货物多式联运合同，就构成海上货物多式联运经营人，应对海上货物多式联运作出妥善安排，同时对整个多式联运过程中发生的货物灭失、损害或迟延交付承担责任。

此外，实践中，货方和多式联运经营人之间并不一定签订多式联运合同，致使多式联运经营人的识别问题成为一个事实问题，需根据个案合同措辞和实际履行行为而进行具体的、单独的分析。例如，2004年由广东省高级人民法院审理的"广州市花都区丰达制衣厂与上海汇东船务有限公司深圳分公司等海上货物运输合同货物交付纠纷上诉案"①是比较典型的有关多式联运经营人识别的案件。该案是典型的陆路货物运输与海上货物运输相结合的多式联运，但是，由于该案有众多与履行运输职责相关的主体，识别谁是多式联运经营人仍是二审的首要问题。再如，本案中，两家公司分别与实业公司仅签订了《海外仓储与物流服务合同》《国际物流与海外仓储合同》，但法院仍依据两公司的实际履行行为而确

---

① 广州海事法院(2004)广海法初字第83号民事判决书，广东省高级人民法院(2004)粤高法民四终字第230号民事判决书。

定其为多式联运经营人。又如，与本案相类似，日本财产保险（中国）有限公司上海分公司与中外运现代物流有限公司等海上货物运输合同纠纷案①中，法院在当事人仅签署《物流服务承揽协议》，且中外运物流公司未针对涉案货物签发提单的情况下，亦依据其实际履行行为而将其认定为多式联运经营人；在北京和风国际物流有限公司与宜兴市明月建陶有限公司多式联运合同纠纷上诉案中，和风公司与明月公司仅签订《货物运输代理合同》，但一审、二审法院均认为二者之间成立国际货物多式联运合同，而和风公司则是国际货物多式联运经营人。②

第二节　海上货物多式联运经营人与区段承运人的权利义务

海上货物多式联运合同是双务有偿合同，但海上货物多式联运经营人与区段承运人、货主三者之间的法律关系可能在一定程度上突破了合同相对性。因此，应在多式联运合同框架下对海上货物多式联运经营人、区段承运人、货主等相关主体之间的权利义务与责任做出法律规定或合同约定，尤其是多式联运经营人与区段承运人之间有关货物风险的划分、责任形式等问题。此外，海上货物多式联运合同还须明确其管辖权、法律适用等问题。

📝**导入案例 5-3**

签发多式联运单证并收取全程运费之多式联运经营人的赔偿责任

2014 年 4 月，中国盛公公司向加拿大 SC 生产集团出售一批钢管，约定的价格条件为 CIF 埃德蒙顿，付款方式为 T/T，售货合同签订后预付 60%货款，发货前付清余款，货物价值为 430917.52 美元。

为出运该批钢管，盛公公司委托源信公司订舱。后，源信公司向新世洋公司订舱。因此，新世洋公司出具多式联运提单。该提单记载：托运人为盛公公司，收货人为巴塞罗内陆系统公司，通知方为 SC 生产集团；装货港为中国上海，卸货港为加拿大鲁珀特王子港；交货地为加拿大埃德蒙顿；交货方式为堆场至堆场（CY/CY）；运费预付；装船时间为 2014 年 7 月 10 日；交货联系人为点线公司。源信公司向新世洋公司支付了海运费、文件制作费等。

之后，新世洋公司又委托中艺公司向韩进公司订舱，并向中艺公司支付了海运费、文件制作费等。因此，韩进公司出具海运单。该海运单载明：托运人为新世洋公司，收货人和通知方均为点线公司；货物描述及其他运输信息与新世洋公司出具的多式联运提单的记载一致。此外，新世洋公司确认点线公司系其目的港代理人。

盛公公司为涉案货物出运向人保天津公司投保，且人保天津公司于 7 月 10 日出

① 上海海事法院（2022）沪 72 民初 422 号民事判决书。
② 天津海事法院（2009）津海法商初字第 329 号民事判决书，天津市高级人民法院（2010）津高民四终字第 29 号民事判决书。

具保险单。该保险单记载：被保险人为盛公公司；保险金额为 473866 美元；承保险别为海洋货物运输一切险，包括战争险；仓至仓条款。且，人保天津公司确认保险金额系按照涉案货物价值加成 10% 计算。

7 月 10 日，涉案货物在中国上海装船，并于 7 月 22 日运抵加拿大鲁珀特王子港。7 月 23 日，涉案货物从船舶卸离，并于次日装上加拿大铁路公司的两列火车。其中，17 个集装箱被装于编号为 Q19851-24 的火车运往加拿大埃德蒙顿，而编号为 SLSU7XXXX76 的集装箱被装于另一列火车，后安全运抵埃德蒙顿。

7 月 25 日，装有 17 个集装箱的火车与一辆原木运输车在加拿大的汉普顿米尔发生碰撞并脱轨。韩进公司通知点线公司发生了脱轨事故。点线公司向韩进公司提出的索赔遭拒，此后点线公司拒绝了 SC 生产集团的索赔。加拿大铁路公司称事故中只有 80 根钢管运到了加拿大国家铁路堆场，其余钢管全损。

8 月 24 日，人保天津公司委托的检验人 Crawford 公司与韩进公司、点线公司指定的检验人、收货人代表及加拿大铁路公司负责人在加拿大铁路公司斯阔米什堆场对上述 80 根钢管进行了检验，发现该批钢管因火车碰撞事故亦严重受损。此后，Crawford 公司将该 80 根钢管进行了折价处理——经过招标，最终 80 根钢管残值为 15242.51 美元。Crawford 公司出具的检验报告认定涉案货损金额为 399700.37 美元。新世洋公司确认其至今(注：案件审理当时)未从韩进公司处收到除剩余 80 根钢管以外的其他钢管，韩进公司亦无法说明涉案事故其他钢管的下落。

2015 年 2 月 3 日，SC 生产集团向盛公公司转让涉案货物在保险单下的索赔权利。2 月 16 日，人保天津公司向盛公公司支付保险赔款 439670.41 美元。3 月 6 日，巴塞罗内陆系统公司出具声明和特别授权委托书，确认其为涉案货物真实收货人及买方 SC 生产集团的货运代理人，而 SC 生产集团为涉案货物的唯一权利人。

于是，人保天津公司向上海海事法院提起诉讼，请求判令新世洋公司和韩进公司连带赔偿货损及利息。

一审法院认为：涉案货物经海运和铁路运输两种运输方式从接收地运至目的地，故本案为多式联运合同纠纷；韩进公司系境外法人，运输目的地亦位于中国境外，故本案具有涉外因素；在合同当事人未选择合同适用的法律的情况下，根据最密切联系原则，涉案当事人人保天津公司和新世洋公司系境内法人，涉案运输起运地位于中国境内，中国系与涉案运输有最密切联系的国家，故本案适用中国法律进行审理；新世洋公司接受盛公公司的委托，并出具多式联运提单，收取全程运费，后又委托他人向韩进公司订舱、支付运费，且是韩进公司所签发海运单载明的托运人；韩进公司海运单记载的收货人系新世洋公司的目的港代理人点线公司；新世洋公司系涉案运输的多式联运经营人；盛公公司系涉案货物的托运人；韩进公司系涉案多式联运海运区段的实际承运人；人保天津公司依法取得代位求偿权，可以代位盛公公司作为托运人行使索赔权；涉案货损发生于铁路运输区段，故新世洋公司作为多式联运经营人应对涉案货损向人保天津公司承担赔偿责任，而作为海运段实际承运人的韩进公司对货损不承担任何责任。

综上所述，一审法院判决：新世洋公司赔偿人保天津公司货物损失和相应的利息损失；对人保天津公司的其他诉讼请求不予支持。新世洋公司不服一审判决，提起上诉，请求二审法院撤销一审判决，改判新世洋公司不承担赔偿责任，或改判韩进公司对涉案货损与新世洋公司承担连带责任。韩进公司亦不服一审判决，提起上诉，请求二审法院对一审判决认定的涉案纠纷所适用的法律进行纠正，并依法改判。

二审法院经审理查明了加拿大铁路运输区段的承运人责任限额，以及加拿大铁路公司与韩进公司达成的保密协议等，并对一审法院查明的其他事实予以确认。因此，二审法院认为：一审法院适用中国法作为涉案纠纷的准据法并无不当；新世洋公司系涉案运输的多式联运经营人，应对涉案货物的全程运输负责；韩进公司是海运区段承运人，就铁路运输区段发生的货损无需与多式联运经营人新世洋公司承担连带责任；收货人主张的货损金额没有超过加拿大铁路运输区段的承运人责任限额。综上所述，二审法院判决：驳回上诉，维持原判。

📇 案例索引

一审：上海海事法院(2016)沪 72 民初 2914 号民事判决书。
二审：上海市高级人民法院(2016)沪民终 321 号民事判决书。

✍️ 简要述评

依据中国《海商法》规定，涉案货物的多式联运经营人新世洋公司签发多式联运单证并收取全程运费，应对涉案货物在铁路运输区段发生的涉案货损承担赔偿责任，并应适用铁路运输区段所应适用的法律确定其赔偿责任及其责任限额，而海运区段的区段承运人(实际承运人)韩进公司对铁路运输区段的涉案货损则不承担赔偿责任。因此，该案判决明确了多式联运合同(包括概括性物流服务总合同)的法律适用以及签发多式联运单证并收取全程运费之多式联运经营人的责任形式、赔偿责任和责任限额，对同类性质纠纷案件的解决具有较强的实践参考价值。

📋 法条依据

《中华人民共和国合同法》第一百一十三条(已废止，参见《中华人民共和国民法典》第五百八十四条)；《中华人民共和国海商法》第五十五条、第六十三条、第一百零二条、第一百零三条、第一百零四条、第一百零五条、第二百五十二条第一款；《中华人民共和国民事诉讼法》第六十四条第一款、第一百四十四条、第一百七十条第一款第(一)项、第一百七十五条。

📑 理论要点

依据中国《海商法》，签订海上货物多式联运合同的多式联运经营人，应负责履行或组织多式联运合同，并对全程运输负责。而且，多式联运经营人对多式联运货物的责任期间是自接收货物时起至交付货物时止，货物处于承运人掌管之下的全部期间。此外，各区段承运人仅对自己完成的运输区段负责，且各区段适用的责任原则按适用于该区段的法律予以确定。因此，多式联运货物的灭失或者损坏发生于多式联运某一运输区段的，多式联运经营人的赔偿责任和责任限额适用调整该区段运输方式的有关法律规定。如果货物的灭失或者损坏发生的运输区段不能确定的，多式联运经营人应当依照中国《海商法》第四章关于承运人赔偿责任和责任限额的规定负赔偿责任。因此，海上货物多式联运合同下多式联运经营人实行"网状责任制"。

与本案相类似，在三井住友海上火灾保险株式会社为与中远海运集装箱运输有限公司多式联运合同纠纷案①中，法院亦坚持意思自治原则，主张铁路运输区段应适用涉案货损发生地希腊之法律，并根据希腊法下的法律渊源选择适用《国际铁路运输公约》《国际铁路货物运输合同统一规则》，而其余争议问题则适用中华人民共和国法律。

但是，实践中，双方当事人签订的概括性物流服务总合同或提单背面条款往往只注明：本合同适用某国法律（或某国际公约）。这极易引发下列问题：（1）合同选择适用的某国法律无法查明，最终被迫适用法院地法；（2）抑或，适用公约规定的责任限额时却发现事故发生的承运区段并不能适用该公约。例如，多式联运合同双方当事人选择适用中国法，但货损发生于中国境外并根据外国法律确定赔偿责任且计算赔偿限额的案例非常稀少，能搜集的案例仅有义乌市堆正进出口有限公司诉现代商船株式会社海上货物运输合同纠纷案。② 因此，多式联运经营人在合同中选择适用法律时，尤其是选择由中国法院管辖但适用外国法律时，应尽可能明确合同履行中可能涉及的相关国家的法律和相关的国际公约，并详细列明相关责任限额条款，且对责任限制条款使用强调字体进行简要的条款说明，或提示详细条款见官网或某协议。

此外，司法实践中，多式联运合同除依据中国《海商法》第一百零五条规定确定区段运输之法律适用外，亦可能因双方当事人选择适用其他法律而排除"调整该区段运输方式的有关法律规定"的适用。例外，在湖南贝加尔动力科技有限公司与深圳市中创国际物流有限公司多式联运合同纠纷案③中，涉案货物自中国长沙运至美国亚特兰大，后在亚特兰大公路运输区段发生货损。对此，双方一致选择适用中华人民共和国法律处理涉案货损的赔偿责任及其责任限额问题，故多式联运经营人的赔偿责任应适用货损发生区段的法律，即中国《合同法》，而未适用中国《海商法》第一百零五条所规定的"调整该区段运输方式的有关法律规定"。因此，多式联运经营人应对涉案货损承担相应的赔偿责任，且无权享受赔偿责任限制。

📝 **导入案例 5-4**

依区段运输的准据法确定海上货物多式联运经营人的责任限制

2015 年 9 月 22 日，航美公司受玛伟公司委托出运一批服装，并就涉案货物签发多式联运提单。该提单记载：托运人为玛伟公司，通知方和收货人均为卡洛斯公司，

---

① 上海海事法院(2016)沪 72 民初 288 号民事判决书、上海市高级人民法院(2018)沪民终 140 号民事判决书。

② 宁波海事法院(2014)甬海法商初字 639 号民事判决书。

③ 广州海事法院(2020)粤 72 民初 399 号民事判决书。

装货港为上海，卸货港为墨西哥的拉萨罗卡德纳斯，交货地为墨西哥城，集装箱号为"GCCU XXXX 423"。且，涉案货物运输方式为 CY/DOOR。

就涉案货物运输，航美公司接受委托后又委托奥南公司安排运输。奥南公司签发了自己的提单(该提单记载的收货人为航美公司在卸货港的代理人 ILS 公司)，并委托马士基公司实际承运涉案货物。因此，马士基公司签发涉案货物海运单。该海运单载明：托运人为奥南公司，通知方和收货人均为奥南公司在卸货港的代理人 IGC 公司；船名航次、装港卸港、交货地及货物信息同多式联运提单记载；运输方式为 CY/SD。

10 月 12 日，涉案货物运抵卸货港。11 月 27 日，IGC 公司发送邮件给奥南公司，称"涉案集装箱本应全程通过卡车送至墨西哥市的收货人处，但由于某些未知原因，报关行要求不使用航运公司提供的运输工具，而直接使用他们自己的卡车将集装箱从集装箱堆场取走。我们今天被告知这个集装箱未送到最终客户手中，因此，空集装箱也还未送回。我们收到这个消息后，还无法联系到收货人进一步了解具体情况"。2016 年 4 月 13 日，ILS 公司发邮件给航美公司，称："关于涉案集装箱，请向托运人确认，客人拒绝马士基送货上门，由他们自己独立运输交付。我已要求提供被盗货物的相关文件，目前还未拿到这些文件。"

2016 年 3 月，马士基公司员工与奥南公司员工就涉案货物内陆运输到底是由谁安排的进行了多次邮件往来。3 月 21 日，奥南公司员工再次询问马士基公司员工："从客户那里得知的是，客户是自己找拖车公司安排的。烦请再次与你们目的港确认下，这两票拖车是否我之前附件发你的拖车行安排的？这一点一定要确认清楚。"马士基公司员工回复："目的港确认拖车是由马士基安排的。如客人有疑义，麻烦给我目的港反馈的邮件，我再去核实。"

2016 年 5 月 5 日，航美公司上海分公司出具情况说明，称包括涉案集装箱在内的两个箱子"在到达目的港以后，需要船公司做内陆点拖车到门的业务，两票的条款都是 CY/DOOR，马士基的海运单上都已经注明，在船公司内陆的运输过程中，两个箱子及其货物出现被抢的事件"。

另，玛伟公司为涉案货物出运向人保上海分公司投保。2015 年 9 月 21 日，人保上海分公司为涉案货物签发货物运输保险单。该保险单记载：被保险人为玛伟公司；保险货物为女士针织夹克，保险金额为 103996 美元；装载运输工具同涉案多式联运提单；承保责任期间为自上海经墨西哥的拉萨罗卡德纳斯至墨西哥城；承保险别为中国人民财产保险股份有限公司海运一切险。2016 年 5 月 24 日，人保上海分公司向玛伟公司支付保险赔款 170524 美元，其中包含涉案赔款 103996 美元(货物价值 94542 美元加成 10%)，并取得代位求偿权。

2016 年 9 月 13 日，人保上海分公司向上海海事法院提起诉讼，请求判令航美公司赔偿其损失 103996 美元及利息。该案诉讼中，上海海事法院依航美公司申请，通知马士基公司签单代理人马士基(中国)航运有限公司及奥南公司作为第三人参加诉讼，并于 2017 年 6 月 29 日做出(2016)沪 72 民初 2556 号案判决，判决：航美公司赔偿人保上海分公司货物损失 94542 美元，并承担一审案件受理费人民币 9693.58 元。

航美公司不服该判决,提起上诉。上海市高级人民法院于 2017 年 11 月 15 日作出(2017)沪民终 305 号判决:驳回上诉,维持原判。后,航美公司于 2017 年 12 月 4 日、2018 年 2 月 2 日依据上述判决向人保上海分公司支付了货损赔偿,并承担一审、二审案件受理费。

作出赔偿之后,航美公司认为:马士基公司是实际承运人,是涉案货物灭失的直接责任人,因此,航美公司作为无船承运人在完成赔偿后,有权向实际承运人马士基公司追偿;航美公司委托奥南公司安排运输,奥南公司应对其损失承担连带赔偿责任。因此,航美公司请求法院判令:奥南公司、马士基公司连带向航美公司赔偿人民币 618947.57 元;两被告连带向航美公司支付(2016)沪 72 民初 2556 号案一审和二审的案件受理费;本案案件受理费由两被告承担。庭审中,各方当事人均选择使用中国法审理案件。

一审法院认为:航美公司接受委托后又委托奥南公司安排运输,奥南公司则签发了自己的提单,并载明收货人为航美公司在卸货港的代理人 ILS 公司,运输方式为 CY/DOOR;奥南公司又委托马士基公司实际承运涉案货物,且马士基公司签发涉案货物海运单,并载明托运人为奥南公司,收货人为奥南公司在卸货港的代理人 IGC 公司;因此,航美公司与奥南公司之间成立海上货物运输合同关系,而马士基公司构成实际承运人。另外,法院还认为:涉案货物在目的港内陆运输区段被劫灭失;综合现有证据,马士基公司为涉案货物全程的实际承运人。因此,奥南公司与马士基公司未能合理、谨慎地履行运输和保管货物的义务,应在货物灭失的责任范围内承担连带赔偿责任。

综上所述,一审法院判决:奥南公司、马士基公司连带赔偿航美公司货物损失;驳回航美公司的其他诉讼请求。对此,马士基公司不服一审判决,提起上诉,请求撤销一审判决,改判驳回航美公司对马士基公司的全部诉讼请求。

二审法院对一审法院查明的事实予以确认,并经审理查明:涉案货物在到达墨西哥拉萨罗卡德纳斯港后由斯雷尼奥古兹曼运输服务公司实际承运前往墨西哥城的过程中灭失。

二审法院认为:奥南公司与马士基公司签署的涉案多式联运提单和海运单,均载明货物由上海经海路和公路运输至墨西哥内陆城市墨西哥城,运输方式分别为 CY/DOOR 和 CY/SD,而涉案货物也在墨西哥内陆运输区段发生灭失,故本案诉争法律关系应认定为国际海上货物多式联运合同关系;内陆区段最终由墨西哥当地运输公司斯雷尼奥古兹曼运输服务公司承运,并发生了货物灭失;奥南公司和马士基公司自身均非涉案货物内陆区段实际运输实施人,但这并不影响其依据提单、海运单及其所证明之运输合同关系而应承担的交货义务以及货物在其运输责任区段内发生灭失所致的违约责任;本案多式联运经营人马士基公司和奥南公司的赔偿责任和责任限额应适用货物灭失区段的法律,即墨西哥法律,亦即墨西哥调整当地公路运输的民商事法律。

综上所述,二审法院判决:驳回上诉,维持原判。马士基公司不服二审判决,申请再审。

再审法院认为:货物灭失发生于墨西哥公路运输区段;(2015)民提字第 225 号

判决书认定:"如果货物交付的实际履行情况与提单记载不相符,承运人并未在提单记载的地点完成交付,而是继续掌控货物,那么承运人的责任期间相应也应当延伸至其完成交付之时。承运人是否对货损承担责任,应当根据货物是否完成交付的实际履行情况进行认定,而不能仅凭提单的记载进行认定。"该案的核心意旨是只要货物仍在承运人的掌管之下,其仍要对货物的毁损、灭失承担责任,而不是收货人可以通过实际履行行为变更货物运输合同的约定;但是,依据中国《合同法》第三百零八条规定,托运人享有变更货物运输合同的权利,因此,原判决基于已经查明的事实认定,马士基公司未提供证据证明其与奥南公司就"涉案货物运输责任期间发生变更"达成合意,进而认定马士基公司应当承担赔偿责任,并无不当。此外,再审法院认为:原审法院充分考虑新冠肺炎疫情对举证时限的影响,延长了马士基公司的举证期限,马士基公司在举证期限内不能提供证明其与奥南公司就"涉案货物运输责任期间发生变更"达成合意的证据,应承担相应的举证不能之责任;但是,马士基公司提交的证据不足以证明斯雷尼奥古兹曼运输服务公司承运涉案货物时具备墨西哥主管机关授予的运输营运许可。

综上所述,再审法院判决:驳回马士基公司的再审申请。

案例索引

一审:上海海事法院(2018)沪72民初929号民事判决书。
二审:上海市高级人民法院(2018)沪民终405号民事判决书。
再审:最高人民法院(2020)最高法民申6908号民事裁定书。

简要述评

依据中国《涉外民事关系法律适用法》第八条,涉外民事关系的定性应适用法院地法。因此,本案诉争民事法律关系的性质应根据中国法确定,进而依次确定争议应适用的准据法以及有关的赔偿责任和责任限制问题。本案中,当事人仅在整体上选择适用中国法,但并未在多式联运合同或提单中明确各运输区段的法律适用。这导致两种不同的观点:虽然各方整体同意适用中国法律,但是区段法律适用约定不明情况下,应按照中国《海商法》第一百零五条的规定,依据调整该区段运输方式的有关法律规定确定多式联运经营人的赔偿责任和责任限额(即认为海商法对多式联运经营人规定的责任是"网状责任制",货损发生在海上,就按照该区段海运的法律赔偿;货损发生在公路上,就按照该区段公路运输的法律赔偿)。但是,另有观点认为,《海商法》第一百零五条并非冲突规范,不具有冲突规范的结构架式,其中的"依据调整该区段运输方式的有关法律规定"并非指向货损区段国家或地区的专门法律,而应是双方同意整体适用法律框架下该国调整某一运输方式的法律(亦即,如果当事人间就货损责任认定赔偿整体适用中国法律,那么不论发生在任何区段,均按照中国法律规定就责任与赔偿做出认定。本案中航美公司代理人即持该观点)。最终,本案判决选择适用区段运输的有关法律(即墨西哥法)处理涉案争议,并依此来确认多式联运经营人的赔偿责任与责任限制等问题。这为日渐增多的多式联运合同纠纷的"同案同判"提供了较好的"范本",并取得了较好的法律效果和社会效果。

⊞ 法条依据

《中华人民共和国合同法》第一百一十三条第一款、第三百零八条(已废止,参见《中华人民共和国民法典》第五百七十七条、第八百二十九条);《中华人民共和国海商法》第四十六条第一款、第五十五条第一款与第二款、第六十三条、第一百零四条、第一百零五条、第二百六十九条;《中华人民共和国民事诉讼法》第六十四条第一款与第二款、第一百七十条第一款第(一)项、第一百七十五条、第二百条、第二百零四条第一款;《最高人民法院关于民事诉讼证据的若干规定》》第二条第一款、第五条第一款与第二款、第四十二条第一款;《最高人民法院关于适用〈中华人民共和国民事诉讼法〉的解释》第三百九十五条第二款。

⊟ 理论要点

国际海上货物多式联运涉及海运、公路运输、铁路运输、航空运输等两种以上的不同运输方式。此外,各单一运输方式的相关国际公约或国内立法有关赔偿责任或责任限制制度的规定存在较大差异,如海运与公路运输区段享有责任限制权的具体损失类型、相关立法下丧失责任限制的标准及其解释均有所不同。因此,在确定国际海上货物多式联运各区段法律适用的基础上,有必要解决多式联运经营人或各区段承运人的赔偿责任限制问题(参见本书"导入案例2-7"之"理论要点"部分)。

对此,国际海上货物多式联运的不同运输区段往往跨越多个国家或法域,当货损发生于境外运输区段并依照当事人约定(意思自治原则)或者最密切联系原则而应适用中国法作为准据法时,中国《海商法》第一百零五条所规定的"适用调整该区段运输方式的有关法律规定"是指中国(准据法所属国)法律体系内关于特定运输方式的法律,还是指损失发生地(非准据法所属国)的法律以及如果适用损失发生地法律,司法实践中仍有较大分歧。例如,在新加波长荣海运股份有限公司与第一产物保险股份有限公司、长荣海运股份有限公司海上货物运输合同纠纷案①中,最高人民法院认为,根据中国《海商法》第一百零五条规定的网状责任制,境外特定区段货损应适用损失发生地国家关于该种运输方式的法律规定。但是,在宜兴市明月建陶有限公司与北京和风国际物流有限公司多式联运合同纠纷案②以及泛亚班拿国际运输代理(中国)有限公司与中国人民财产保险股份有限公司无锡市分公司海上、通海水域货物运输合同纠纷案③中,最高人民法院则认为货物虽在境外陆路运输区段发生货损,但被告的赔偿责任和赔偿限额应适用中国《合同法》的相关规定。

理论上,多式联运经营人作为对货物全程运输责任的"总包方",享有货物灭失、损

---

① 上海海事法院(2013)沪海法商初字第1633号民事判决书,上海市高级人民法院(2015)沪高民四(海)终字第55号,最高人民法院(2018)最高法民再196号民事判决书。

② 天津海事法院(2008)津海法商初字第507号民事判决书,天津市高级人民法院(2009)津高民四终字第574号民事判决书,最高人民法院(2011)民申字第417号民事裁定书。

③ 上海海事法院(2011)沪海法商初字第1201号民事判决书,上海市高级人民法院(2012)沪高民四(海)终字第94号民事判决书,最高人民法院(2014)民申字第1188号民事裁定书。

坏或迟延交付的责任限制权利，并可能基于法定事由而丧失其责任限制权。对此，中国《海商法》第一百零五条和第一百零六条做了明确规定。此外，需注意的是，中国《民法典》第八百三十八条至八百四十二条亦对多式联运合同做了明确规定，并在中国《海商法》等特别法未做明确规定时予以适用。

比较而言，就货损发生于国外某一运输区段的国际海上货物多式联运合同纠纷，并依照准据法分割适用理论适用货损发生地所在国调整该区段运输方式的法律或国际公约的有关规定来确定多式联运经营人的赔偿责任及其责任限额，契合了货物多式联运运输方式的"复合性"。该做法是对既存的各单一运输方式下的相关立法（尤其是各国国内立法）的适用的"国际礼让"，亦是对动产（多式联运的运输标的物）所在地法的尊重，在一定程度上将有利于多式联运货损纠纷案件判决的承认与执行。对此，《联合国国际货物多式联运公约》第十九条与《联运单证统一规则》第十三条、《多式联运单证规则》第六条第六款均规定，货损发生于多式联运某特定运输区段的，应以该区段的赔偿责任限制规则支配多式联运经营人的赔偿责任限额。此外，1976年《海事索赔责任限制公约》第四条、《联合国国际货物多式联运公约》第二十一条、《多式联运单证规则》第七条、《鹿特丹规则》第六十一条、中国《海商法》第二百零九条等，均对多式联运经营人丧失赔偿责任限制权利的情形做了明确规定。

综上所述，网状责任制将使得多式联运合同托运人在责任与风险上面临巨大的不确定性，进而导致各区段的责任原则、责任限额存在较大的不确定性，从而阻碍了多式联运贸易的顺利发展。因此，为契合越来越多的"门到门"物流实践需求，有必要对现行"网站责任制"以及多式联运人经营人的归责原则等问题进行体系化的完善。

导入案例 5-5

非船东或承租人的多式联运经营人无碰撞责任比例抗辩权

重庆力帆出售一批货物给尼日利亚的 BS 公司。2017年7月19日，重庆力帆向 BS 公司开出商业发票。20日，该批货物办理报关手续。

重庆力帆与无船承运人金星公司（香港企业）签订多式联运合同。7月22日，金星公司代理人太平洋公司签发多式联运提单。该多式联运提单载明：托运人为重庆力帆，收货人凭尼日利亚万通银行指示，通知方为 BS 公司，承运船舶为"重轮 J3010"轮（系内河船），装货港重庆港，目的港尼日利亚阿帕帕港。另，涉案货物计划在上海转船完成至阿帕帕港的运输。

7月21日，太保重庆公司就涉案货物签发涉案货物运输保险单。该保险单载明：被保险人为重庆力帆，保单价格条件为 CFR，投保比例为110%。

7月31日，"重轮 J3010"轮在长江太仓段与巴拿马籍"新航2"轮（系海船）发生碰撞，造成"重轮 J3010"轮沉没，全部集装箱落水。对此，太仓海事局作出事故调查结论书，认定"新航2"轮负事故主要责任，"重轮 J3010"轮负事故次要责任。

重庆力帆向涉案货物保险人太保重庆公司索赔。2018年2月9日，重庆力帆收到保险赔偿款（人民币845980.14元，即：受损货物销售价格129588.12美元×保单签发日中国人民银行公布的人民币兑美元汇率中间价 6.7415×投保比例 110%-人民币 115000 元-免赔额 0)后出具《权益转让书》。于是,太保重庆公司请求法院判令金星公司赔偿其保险金损失。原、被告双方均选择适用中国法。

一审法院认为:涉案运输包括国内水路货物运输和国际海上货物运输两种方式,非江海直达运输,系包含海上运输在内的多式联运;涉案货物损失发生在国内水路运输区段,应适用中国《合同法》,而转船后上海至阿帕帕港的运输则适用中国《海商法》;多式联运经营人责任形式应以特别法《海商法》之规定;因未能提供免责证据,金星公司应就涉案货物损失承担严格赔偿责任;涉案船舶碰撞发生于内河船和海船之间,受中国《海商法》《最高人民法院关于审理船舶碰撞纠纷案件若干问题的规定》调整。另,一审法院认为:本案系因货损赔偿而引起的保险代位求偿纠纷;太保重庆公司替代重庆力帆向承运人主张权利,其基础法律关系是通海水域货物运输合同关系。

综上所述,一审法院判决:金星公司赔偿太保重庆公司损失人民币 756907 元(货物价值-残值,即受损货物销售价格 129588.12 美元×事故发生时中国人民银行公布的人民币兑美元汇率中间价 6.7283-残值拍卖价格人民币 115000 元)。

🗒 案例索引

一审:武汉海事法院(2018)鄂 72 民初 1360 号民事判决书。

✍ 简要述评

船舶碰撞事故导致货物灭损后,如果货主依据合同之债起诉多式联运经营人,多式联运经营人是否有权援引碰撞责任比例抗辩?实践中,对此问题存在不同的认识。本案判决通过对中国《海商法》规定的责任比例抗辩的目的和功能、多式联运经营人赔偿责任和责任限额的法律适用进行体系化分析,确立了多式联运经营人不是船舶所有人或租船人的情况下无权援引碰撞责任比例抗辩的裁判规则。本案例是武汉海事法院于 2020 年发布的《武汉海事法院服务和保障长江经济带发展典型案例(第四批)》之一,对维护各方主体的权益、促进贸易物流经济的发展具有较强的实践指导价值。

🗒 法条依据

《中华人民共和国海商法》第五十条、第五十一条第一款第(一)项、第一百零二条、第一百零四条、第一百零五条、第一百六十九条第二款;《中华人民共和国保险法》第六十条第一款。《中华人民共和国民事诉讼法》第一百四十二条;《中华人民共和国合同法》第一百二十一条、第三百一十一条(已废止,参见《中华人民共和国民法典》第一百八十六条、第八百三十二条);《最高人民法院关于审理船舶碰撞纠纷案件若干问题的规定》第一条、第七条、第八条;《最高人民法院关于适用〈中华人民共和国民事诉讼法〉的解释》第五百五十一条。

🗒 理论要点

多式联运经营人与托运人签订国际海上货物多式联运合同情形下,多式联运经营人可以行使与其合同义务相适应的履行抗辩权①、赔偿责任抗辩权等。例如,《联合国国际货物多式联运公约》第二十条第一款规定:本公约规定的抗辩和赔偿责任限制,应适用于因货物灭失、损坏或迟延交付造成损失而对多式联运经营人提起的任何诉讼,不论这诉讼是以合同、侵权行为或其他为根据。对此,中国《民法典》第八百三十八条明确规定:多式联运经营人负责履行或者组织履行多式联运合同,对全程运输享有承运人的权利,承担承运人的义务。此外,尽管中国《海商法》对此问题未作出明确规定,但由于该法第四十四条规定:"海上货物运输合同和作为合同凭证的提单或者其他运输单证中的条款,违反本章(笔者注:第四章)规定的,无效。此类条款的无效,不影响该合同和提单或者其他运输单证中其他条款的效力……"且海上货物多式联运合同作为"多式联运合同的特别规定"被列为该法第四章"海上货物运输合同"的第八节。因此,在多式联运经营人签发多式联运提单的情形下,多式联运合同或多式联运提单条款不得违反中国《海商法》第四章的规定。

然而,海上货物多式联运实践中,托运人(货主)经常委托货代指定承运人。然后,承运人再指定各个运输区段的承运人。此种情况下,该承运人即是多式联运经营人,而货代可能是托运人的代理人,也可能成为无船承运人(自己签发无船承运人提单,并注明自己是承运人)且与多式联运经营人形成多式联运合同关系。因此,实践中,需要首先根据具体情况判断货代的身份,之后才能进一步确定其是否享有承运人之抗辩或责任限制等权利。此外,海上货物多式联运系内河运输与海上运输等不同运输方式的联合,且多式联运经营人可能是无船承运人抑或实际从事内河或海上区段货物运输的船舶所有人或租船人。因此,结合中国《海商法》有关船舶碰撞等规定,多式联运经营人对相关货物的灭失或损坏是否应承担赔偿责任或是否享有赔偿责任限制或责任比例抗辩权亦须根据案件的具体情况而进行具体分析。

但是,需要注意的是,多式联运经营人的赔偿责任还可能受货损事故原因等其他事实因素或法律制度的影响或限制。例如,就本案例而言,依据中国《海商法》,金星公司系多式联运经营人,其赔偿责任和责任限额应适用调整涉案货损之内河区段运输方式的有关法律规定,即中国《合同法》(已废止,参见中国《民法典》)的相关规定予以确定。但是,由于涉案碰撞事故是内河船舶与海船之间发生的碰撞(非内河船舶之间的碰撞),属于中国《海商法》第一百六十五条、《最高人民法院关于审理船舶碰撞纠纷案件若干问题的规定》第一条规定的船舶碰撞,并适用中国《海商法》第一百六十九条有关"互有过失的船舶,对碰撞造成的船舶以及船上货物和其他财产的损失,各船按照过失程度的比例负赔偿责任"的规定以及《最高人民法院关于审理船舶碰撞纠纷案件若干问题的规定》第七条有关"船载货物的权利人因船舶碰撞造成其货物损失向承运货物的本船提起诉讼的,承运船舶可以依照海商法第一百六十九条第二款的规定主张按照过失程度的比例承担赔偿责任"的规定。基于上述,金星公司对涉案碰撞事故负次要责任,并就本案货损纠纷主张按照过失程度的比例承担赔偿责任(即主张援引碰撞事故责任比例抗辩)。然而,一审法院认为:

---

① 天津海事法院(2009)津海法商初字第 329 号民事判决书,天津市高级人民法院(2010)津高民四终字第 29 号民事判决书。

(1)中国《海商法》规定责任比例抗辩是为保护船东的权益，如《海商法》规定的船东赔偿责任限制仅限于船舶所有人、救助人、船舶承租人、船舶经营人和船舶管理人，且《最高人民法院关于审理船舶碰撞纠纷案件若干问题的规定》第七条也延续了同样的精神，而作为多式联运经营人的金星公司不属于涉案货物承运船舶的船东，不享有该项权利；(2)本案系保险人太保重庆公司与多式联运经营人金星公司之间的法律关系，应优先适用被保险人重庆力帆与金星公司之间的多式联运合同以及中国《海商法》第一百零五条之规定，即本案多式联运经营人的赔偿责任和责任限额应适用《合同法》的相关规定，而不能适用《海商法》的相关规定，故涉案多式联运经营人应依《合同法》第三百一十一条(已废止，参见《中华人民共和国民法典》第八百三十二条)对货损承担严格责任；(3)若金星公司能够援引《最高人民法院关于审理船舶碰撞纠纷案件若干问题的规定》中的责任比例抗辩，将违反合同相对性原则，并与《合同法》第一百二十一条(已废止，参见《中华人民共和国民法典》第一百八十六条)有关"当事人一方因第三人的原因造成违约的，应当向对方承担违约责任。当事人一方和第三人之间的纠纷，依照法律规定或者按照约定解决"的规定相悖，进而陷入因合同当事人以外的第三人过错造成违约的，由合同当事人以外的第三人对合同当事人承担违约责任的错误逻辑。

此外，需指出的是，因涉案货损发生在国内水路货物运输区段，应适用中国《合同法》的有关规定，故金星公司不能援引中国《海商法》第五十一条第一款第(一)项规定的航海过失免责进行免责抗辩。

第六章 海上货物运输纠纷解决

◎**本章引言** 航海行业为共建"一带一路"和构建开放型世界经济发挥了重要作用，而海上货物运输是我国航海事业发展的重要一环，但随着我国航海事业的蓬勃发展，由海上货物运输引起的纠纷也随之与日俱增。因海上货物运输所涉环节多、主体众多且具较强的涉外性，由此导致了海上货物运输合同纠纷涉及多方合同关系和国际贸易法律规定并且呈现多样化发展态势，具体表现为案情复杂化加剧、案件数量激增以及涉案主体多元化等特征。因此，为切实保护各方主体的利益，维护公平、公正的国际法治营商环境，有必要对海事诉讼、海事仲裁、调解、和解等海上货物运输纠纷解决方式及其所涉及的管辖权、法律适用、时效、外国法院判决或仲裁裁决的承认与执行等问题予以分析，以期提升我国在航海业中的综合国际竞争力。

◎**本章重点** 管辖权异议；并入条款；换取清洁提单保函；外国法查明；诉讼时效

第一节 海上货物运输争议解决方式

海上货物运输纠纷解决通常采用海事诉讼、海事仲裁、调解、当事人协商解决四种方式。因海上货物运输纠纷具有特殊的海上风险性以及较强的涉外性而形成了区别于普通民事诉讼的独特法律规定。例如，涉外案件管辖权的扩大、对物诉讼概念的引入、海事请求保全与海事证据保全、海事强制令、对合同相对性原则的突破、船舶碰撞案件中的证据保密制度、海事赔偿责任限制制度、船舶优先权催告制度等特有的法律制度。本节重点就涉外案件管辖权以及海事仲裁相关法律问题展开分析讨论。

📝 **导入案例 6-1**

海上保险人应全面继受被保险人的管辖协议与仲裁协议

2015 年 11 月 18 日，垦利公司与中海油新加坡公司（以下简称中海油公司）签订贸易合同，向中海油公司购买 60 万净美制桶（加减 5%）冠军出口原油。中海油公司向太平洋财险公司就该合同项下货物投保一切险和战争险以及超过整批货物 0.3% 重量短少。12 月 15 日，太平洋财险公司签发货物运输险保险单。该保险单记载被保险人为中海油公司。

12 月 16 日，文莱壳牌石油有限公司（以下简称文莱壳公司）委托库米埃公司将涉案货物装载于库米埃公司所有的"狮城河"轮，自文莱诗里亚港运至中国山东莱州港。在装货港，船长签发了清洁提单（提单对出现游离水情况并未记载），其收货人为中海油公司且涉案货物交货依 BNP Paribas Singapore（以下简称 BNP）指示。此后，该提单被背书给 BNP 及 United Overseas Bank Limited Singapore（以下简称 UOBLS），并经合法转让由垦利公司最终持有了该提单。另，提单正面特别注明：提单背面条款 1 至 11 并入并构成本提单的一部分；提单项下的任何规定都不应视为承运人放弃根据规则所享有的任何权利或豁免，或增加其根据规则应承担的义务或责任。此外，提单背面条款第 7 条"首要条款"规定：本提单应适用《海牙维斯比规则》。而且，提单背面条款第 10 条规定：提单包含的或证明的运输合同，无论提单项下或并入的其他条款如何规定，应根据英国法进行解释，且各方的关系应根据英国法确定，纠纷应提交伦敦仲裁。

12 月 26 日，装载涉案货物的船舶抵达中国山东莱州港。2016 年 1 月 5 日，被保险人中海油公司向太平洋财险公司报告涉案货物短量。1 月 7 日，船舶开始卸货作业，并于 9 日卸货完成。1 月 12 日，莱州出入境检验检疫局对报检原油出具重量证书及品质证书。3 月 1 日，垦利公司授权中海油公司全权办理涉案货物短量一案在太平洋财险公司的保险索赔事宜。4 月 6 日，太平洋财险公司将涉案货物保险赔款支付给中海油公司。

由此，太平洋财险公司起诉库米埃公司，请求判令库米埃公司赔偿其遭受的涉案货损及其利息。太平洋财险公司主张适用中华人民共和国法律，库米埃公司主张适用提单背面条款记载的英国法及《海牙维斯比规则》。

一审法院认为：根据《中华人民共和国涉外民事关系法律适用法》第四十一条，涉案货物收货人、合同买方经常居所地系中国境内公司，涉案货物在中国山东莱州港卸货，合同履行地位于中国山东省莱州市，故本案应当适用中华人民共和国法律；本案系海上货物运输保险代位求偿纠纷，涉案货物运输卸货港在中国山东莱州港，属于该院地域管辖范围内，该院对案件具有管辖权；提单系海上货物运输合同的证明，提单背面仲裁条款及法律适用条款是承运人与托运人协商确定的；库米埃公司系涉案货物承运人，垦利公司系收货人，垦利公司自中间商处受让取得全套正本提单；太平洋财险公司作为保险人在向被保险人垦利公司进行了保险赔付后，依法取得代位求偿权。此外，因太平洋财险公司并非提单项下海上货物运输合同的一方当事人，故被保险人垦利公司（海上货物运输合同的托运人）与承运人库米埃公司之间就解决纠纷达成的记载于提单的管辖协议以及仲裁协议对太平洋财险公司不具有约束力。

综上所述，一审法院判决：库米埃公司赔偿太平洋财险公司涉案货物短量损失及相应利息。库米埃公司不服一审判决，提请上诉。

二审法院对一审法院查明的事实予以确认，并认为：本案系太平洋财险公司作为涉案货物保险人在赔付被保险人后向承运人提起的追偿诉讼；涉案提单仲裁条款的约定，适用于提单记载的当事人；作为保险人的太平洋财险公司不是协商订立提单仲裁条款的当事人，故提单仲裁条款并非保险人的意思表示，对保险人不具有约束力，除非保险人明确表示接受；涉案货物卸货港为中国山东莱州港，属于一审法院地域管辖区域，故一审法院对本案行使管辖权符合法律规定；本案双方当事人没有协议选择解决纠纷适用的法律，一审法院根据《中华人民共和国涉外民事关系法律适用法》第四十一条的规定，以适用履行义务最能体现该合同特征的一方当事人经常居所地法律或者其他与该合同有最密切联系的法律。结合本案货物收货人、合同买方经常居所地系中国境内公司，涉案货物在中国山东莱州港卸货，合同履行地位于中国山东省莱州市，确定本案适用中华人民共和国法律解决实体争议，并无不当。因此，二审法院判决：驳回上诉，维持原判(涉案主体法律关系如图 6-1 所示)。

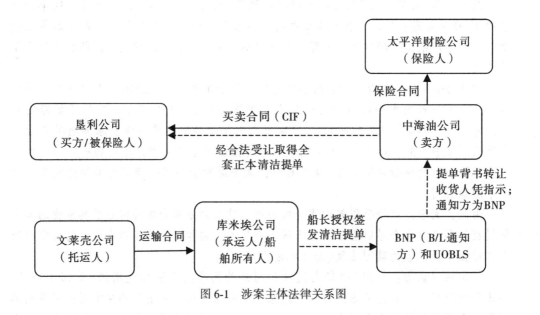

图 6-1　涉案主体法律关系图

📇 案例索引

一审：青岛海事法院(2017)鲁 72 民初 144 号民事判决书。
二审：山东省高级人民法院(2019)鲁民终 1415 号民事判决书。

📝 简要述评

本案是涉及海上保险人基于代位求偿权而要求明确管辖协议、仲裁协议应依据何种法律关系确定的典型案例，对此后类似案例的处理有较强的借鉴意义。

就本案而言，依据《中华人民共和国保险法》第六十条，海上保险人在向被保险人赔偿后，在赔偿金额范围内代位行使被保险人对承运人请求赔偿的权利。由此而提起诉讼的，不能以保险人不是协商订立仲裁及法律适用条款的当事人，其并非保险人的意思表示，而排除提单管辖协议、仲裁协议对保险人的约束力，除非保险人明确表示接受。相反，保险人因代位求偿权提起诉讼的，其管辖协议、仲裁协议的确定应该适用海上货物运输合同法律关系。换言之，本案保险人基于代位求偿权而起诉承运人的，也应该适用被保险人持有承运人签发的提单所载明的管辖协议、仲裁协议，即适用英国法及《海牙维斯比规则》，应在英国伦敦仲裁。

📖 法条依据

《中华人民共和国涉外民事关系法律适用法》第四十一条；《中华人民共和国海商法》第四十六条第一款、第四十八条及第七十一条；《最高人民法院关于适用〈中华人民共和国民事诉讼法〉的解释》第二百一十六条第一款；《最高人民法院关于审理海上保险纠纷案件若干问题的规定》第十三条；《中华人民共和国民事诉讼法》第一百七十条第一款第一项。

📋 理论要点

因承运人原因导致保险标的遭受损害的，保险人向被保险人赔偿后，享有代位行使被保险人对承运人请求赔偿的权利。由此而提起的诉讼，其管辖法院的确定依据是保险人所代位的被保险人与承运人之间的海上货物运输合同法律关系，而非保险合同法律关系。其理由分析如下：

保险人基于代位求偿权而提起的诉讼可分两种情况。其一，若被保险人持有的承运人签发的提单的管辖协议、仲裁协议对保险人具有约束力，无论保险人以被保险人名义还是以自己名义提起诉讼，其管辖法院的确定依据是保险人所代位的被保险人与承运人之间的海上货物运输合同法律关系。其二，若被保险人持有的承运人签发的提单之管辖协议、仲裁协议对保险人不具有约束力，需再细分为两种情形予以讨论：一是，保险人以被保险人名义起诉，其管辖法院的确定依据是保险人所代位的被保险人与承运人之间的海上货物运输合同法律关系。二是，保险人以自己名义提起诉讼，其管辖法院的确定依据是保险合同法律关系。本案二审法院便属于上述第二种情况第二种情形，即认为保险人仅代位被保险人的实体权利，不代位其程序权利。由此，将会面临保险人仅通过代位求偿权这一行为即导致了管辖协议效力发生改变。其相当于变相限制了承运人的诉权行使，使其丧失了原本基于协议管辖可期待性争议解决的合法权益，有违民法上的公平原则。故，上述两种情况下，第二种情况中的第二种情形比较合理。

其次，保险人代位求偿权的基础是被保险人对第三者享有债权。① 具体而言，在海上货物运输保险代位求偿关系中存在着三方当事人和两个法律关系：一是保险人和被保险人之间保险合同关系，二是被保险人和承运人之间的海上货物运输合同关系。因承运人造成的损失，被保险人有权基于合同违约请求承运人损害赔偿，同时若发生保险事故，被保险人也可以从保险人处获得索赔。为了防止被保险人同时行使两种请求权而获得不当得利，法律便规定了被保险人在获得保险人的赔偿后，应将向承运人求偿的权利转移给保险人，即债的转移，而且这种转移是强制性、法定性的。海上保险的代位求偿权其本质上是保险人在赔付被保险人保险赔付金之后从被保险人处在此限度范围内继受了对承运人追究责任的债权请求权，是保险人基于被保险人债权的转移而取得的权利，其不能超越被保险人的权利。综上，我国立法下代位求偿权是法定债权转让，亦即海上保险中保险人代位求偿权

---

① 广东省佛山市中级人民法院(2013)佛中法民二初字第24-1号民事裁定书，广东省高级人民法院(2014)粤高法立民终字第1663号民事裁定书，最高人民法院(2015)民提字第165号民事裁定书。

是保险人在赔偿金额范围内对被保险人在原有合同中法律地位的全面继受。因此，海上保险人的诉讼地位及其相应权利只能以被保险人的相应权利义务为限。但是，在不足额保险情形下，虽然保险人对被保险人损失的赔偿责任仅以保险金额为限，但在保险人基于代位求偿权向承运人提起诉讼以追偿自己那部分损失的，为了节约司法资源，遵循效力原则，保险人应该以最高额向法院提起诉讼。换言之，对于超出保险金额以外的那部分损失保险人亦可向承运人索赔，此部分的诉讼请求权并非基于代位求偿权而是出于节约司法资源，遵循效力原则的考量。值得强调的是，虽然保险人是以最高额去提起的诉讼，但此并未增加承运人的责任，因为对于承运人而言总的损失赔偿额是未变的，而仅仅是将应分别赔偿给保险人与被保险人的赔偿金合二为一，一次性先均赔偿给保险人，然后保险人在从承运人那获得最高额赔偿金后，扣除自己应当受偿部分，剩下部分再返还给被保险人。

最后，基于权利义务不可分原则，保险人从被保险处获得债权的同时也应该同时继授被保险人与承运人项下的相应义务。

综上所述，依据《最高人民法院关于适用〈中华人民共和国民事诉讼法〉的解释（2022修正）》第三十三条，基于代位求偿权，保险人替代被保险人的诉讼地位。故而，海上保险人应对被保险人的管辖、仲裁协议全面继受。因此，被保险人的管辖法院或仲裁协议对保险人有效，但代位时保险人不知道有管辖、仲裁协议，或者保险人与承运人另有约定且被保险人同意的除外。另，根据《中华人民共和国民法典》（以下简称《民法典》）第五百四十八条的规定，承运人对被保险人的抗辩，可以向保险人主张。

由此，承运人向海上保险人主张适用管辖条款的抗辩是有效的。这也从侧面印证了上述观点。因此，保险人代位行使的是被保险对承运人所享有的海上货物运输合同项下的权利，应根据被保险人与承运人海上货物运输合同法律关系确定管辖法院[1]、仲裁协议及法律适用。

📝 导入案例 6-2

租约仲裁条款并入提单之有效性的识别

2 月 17 日，海联船运有限公司（以下简称海联公司）所属的帕纳伊亚·斯拉斯尼轮将涉案货物自特立尼达与多巴哥共和国利萨斯角港运至中国乍浦港，其中第一卸货港是中国天津港，并且船代代表船长签发了编号为 AMCBM4287、AMCBM4289 的两份清洁提单。此前，中国人民财产保险股份有限公司嘉兴市分公司（以下简称人保嘉兴公司）与涉案货物购买人浙江兴兴新能源科技有限公司（以下简称兴兴公司）于 2 月 13 日签订了保险合同，约定：保险金额为 10968922.38 美元，与货物发票金额（CIF价格 398.40 美元/MT）溢价 10%，免赔率为保险金额的 0.3%。

4 月 21 日，帕纳伊亚·斯拉斯尼轮抵达中国乍浦港后，船东、租家代表以及人保嘉兴公司委托的仁祥保险公估（北京）有限公司（以下简称公估公司）的公估人、中

---

[1]　广州海事法院（2019）粤 72 民初 2217 号民事裁定书，广东省高级人民法院（2019）粤民辖终 494号民事裁定书。

国检验认证集团人员联合登船，对装载于该轮 1W、3W、4W、5S、6W、7W、8W 货舱内属于兴兴公司的货物进行了分舱取样检验，确定存放在 1W 舱(分为 1S、1P)的 4199.213 公吨甲醇的氯离子项目超标。其中 1P 样品化验数值为 0.6ppm，1S 样品氯离子化验数值为 1.1ppm，均超过在装货港装船后由香港 SGS 有限公司出具的质量证书记载的 IMPCA 要求小于 0.5ppm 的标准，确定 1W 舱的货物遭受货损，其他各舱的货物样品以及混舱样各化验项目均符合装货港的质量标准。

此外，兴兴公司为了避免损失扩大，经与船东以及发货人协商，并经船东同意，将受损的涉案货物于 2018 年 5 月 5 日运至太仓港并租用了 2 个岸罐容积为 5000 立方米的空罐用于卸载存放，产生岸罐存储费人民币 255000 元。兴兴公司将此情况告知了海联公司。

7 月 6 日，人保嘉兴公司向被保险人兴兴公司赔偿了包括货物贬值、货物短重、岸罐租用费损失共计 190554.14 美元，兴兴公司则向人保嘉兴公司出具了收据及权益转让书。

另查明，依据中国检验认证集团江苏有限公司出具的重量证书(船舱)记载的数据与提单记载量短少 85.251 吨。

因此，人保嘉兴公司将海联公司起诉至一审法院，并请求判令海联公司赔偿人保嘉兴公司涉案货损及利息。

一审法院认为：本案各方当事人均确认审理本案纠纷应适用的准据法为中国法律；人保嘉兴公司的被保险人兴兴公司合法持有提单并提取货物，其在提单项下的权利应予以保护，人保嘉兴公司实际赔付了兴兴公司货物损失后依法享有向承运人代位求偿的权利；海联公司是承运船舶帕纳伊亚·斯拉斯尼轮的所有人，涉案提单是由船代代表船长签发，因此可以确认海联公司为涉案海上货物运输合同的承运人；根据《中华人民共和国海商法》第四十六条的规定，承运人对于非集装箱装运的货物的责任期间，是从货物装上船时起至卸下船时止，货物处于承运人掌管之下的全部期间；在承运人责任期间货物发生灭失和损坏，除法律另有规定外承运人应当负赔偿责任。

综上所述，一审法院判决：海联公司赔偿人保嘉兴公司涉案货损及利息。海联公司不服一审判决，提起上诉。

二审法院认为：本案审理的管辖争议属于程序问题，应适用法院地法，即应依据我国相关法律进行审理；海联公司和人保嘉兴公司的争议焦点在于涉案租约是否有效并入提单以及租约中有关仲裁和法律适用的约定能否约束人保嘉兴公司。首先，涉案提单正面明确载明："本次运输根据下述租船合同/运输合同完成：日期 2018 年 2 月 13 日，缔约人莫尔化学品运输有限公司、滨海航运有限公司。运输条款见背面。"该条款虽提及租船合同或运输合同，并以大写、加粗的方式突出"运输条件见背面"，但具体内容并不包含仲裁和法律适用，甚至未提及仲裁和法律适用的问题，故提单正面所涉租船合同或运输合同中关于"纠纷应适用美国法、纽约仲裁"和"如果法律、管辖或仲裁条款没有有效地并入，则该提单应由伦敦仲裁机构根据《1996 年仲裁法》并根据伦敦海事仲裁员协会的规则解决"的约定，均未有效并入提单，不能对人保嘉兴公司产生约束力。其次，仲裁条款作为纠纷解决条款、法律适用条款作为准据法确定依据，均具有独立性，需当事人达成合意或明确表示接受对方提供条款的约束，否则不能对相关当事人产生约束力；人保嘉兴公司系以提单持有人的身份行使追偿权，据以起诉的提单正面并未载明任何仲裁和法律适用条款，且人保嘉兴公司亦未明确表示接受提单指向的租船合同或运输合同中的相关条款约束，未与海联公司就仲裁和法律适用达成新的合意，故不应受该仲裁和法律适用条款约束。再次，本案属于海商纠纷，应由海事法院专门管辖。综上所述，根据《中华人民共和国海事诉讼特别程序法》第六条第一款和《中华人民共和国民事诉讼法》第二十三条的规定，本案应由被告住所地或合同履行地人民法院管辖，且涉案货物转运地太仓港属于一审法院原管辖区域，故一审法院对本案依法享有管辖权。因此，二审法院判决：驳回上诉，维持原裁定。

案例索引

一审：武汉海事法院(2019)鄂72民初752号民事判决书。
二审：湖北省高级人民法院(2021)鄂民辖终140号民事裁定书。

简要述评

实务中，将租约的仲裁条款并入基于租约而签发的提单中是通行做法，即通过并入条款将租约的仲裁条款全部或部分并入提单之中。进而，并入条款应明确表述将租约中的仲裁条款并入基于租约而签发的提单中，并且明确具体租约的名称及该租约的签约当事人、日期和地点，这样才能将租约仲裁条款有效并入基于租约而签发的提单。如果未明确载明，则认定租约中仲裁条款并未有效地并入提单，对提单持有人不具约束力。例如，本案涉案提单正面明确载明，"本次运输根据下述租船合同/运输合同完成：日期2018年2月13日，缔约人莫尔化学品运输有限公司、滨海航运有限公司。运输条款见背面"并未提及仲裁和法律适用的问题。因此，二审法院认为提单正面所涉租船合同或运输合同中关于"纠纷应适用美国法、纽约仲裁"和"如果法律、管辖或仲裁条款没有有效地并入，则该提单应由伦敦仲裁机构根据《1996年仲裁法》并根据伦敦海事仲裁员协会的规则解决"的约定，均未有效并入提单，不能对人保嘉兴公司产生约束力。

法条依据

《中华人民共和国涉外民事关系法律适用法》第四十一条；《中华人民共和国海商法》第四十六条第一款、第五十一条、第五十五条；《中华人民共和国海事诉讼特别程序法》第六条第一款；《中华人民共和国民事诉讼法》第二十三条、第一百四十五条、第一百五十四条第一款第二项、第一百七十条第一款第一项、第一百七十一条及第一百七十五条。

理论要点

实践中，出租人与承租人之间通常会在租船合同中设置仲裁条款，并为方便纠纷的解决而将仲裁条款并入基于租约而签发的提单之中。然而，作为第三方的提单持有人往往并未实际参与租约之仲裁条款的制定。故而，当提单持有人与出租人发生争议时，租约约定的仲裁机构是否对案件具有排他性管辖权，往往成为案件争议焦点之一。例如，本案即涉及此争议。因此，判断租约中的仲裁条款是否被并入提单显得尤为重要。笔者认为，此问题的判断至少需要考查两个方面：一是并入条款的措辞；二是仲裁条款适用的准据法。对于前者，租约仲裁条款并入提单必须在并入条款中明确载明；对于后者，仲裁条款的准据法应当依次为当事人约定的法律、仲裁地法律和法院地法律。①

在中国，法院对租约仲裁条款有效并入提单的方式有着十分严格的要求。具体而言，中国法院对租约仲裁条款有效并入提单的认定条件是在借鉴英美法的基础之上新增了"正面载明"这一要求，而且即使"租船合同条款有效并入提单后，承运人和提单持有人（非托运人）的关系属于提单运输法律关系，而非租船合同法律关系。因此，除非在并入条款中明示，租船合同中的仲裁条款、管辖权条款及法律适用条款并入提单，否则这些条款不能约束非承租人的提单持有人"（参见最高人民法院《涉外商事海事审判实务问题解答（一）》第 98 问"提单中并入条款对提单持有人的效力如何？"的解答）。

进而，中国法院要求当事人使用"正面载明"的方式明确将租约合同中的仲裁条款并入提单，并且明确具体的租船合同并写明合同当事人及签约的时间、地点。反之，若将未明确记载特定年月日的租约仲裁条款并入或仅在提单背面以格式条款表明，不能认定为有效并入。例如，在天津大亚国际物流有限公司与中成新星油田工程技术服务股份有限公司提单纠纷上诉案②中，法院认为，"因提单中无特殊并入条款，故租船协议中的仲裁条款并未有效并入提单，因此仲裁条款对提单收货人不具有约束力"。再如，《最高人民法院关于中铁四局集团有限公司与克莱门特海运有限公司海上货物运输合同纠纷一案仲裁条款效力问题的请示的复函》中，最高人民法院认为，"涉案提单正面仅记载该提单与租约同时使用，提单正面并未明确该租约中的仲裁条款已经合并到提单中，进而约束提单上记载的托运人，且该租约的当事人为海运公司和德运船务，故克莱门特公司主张其与中铁公司之间存在仲裁条款缺乏事实依据。因此租约中的仲裁条款对中铁公司不具有约束力"。再如，下述案件均属于提单并入条款未以"正面载明"的方式将租约中的仲裁条款并入提单之中，而导致该租约中的仲裁条款未能有效并入提单，对提单持有人无约束力的情形：外迪爱慕航运有限公司与江苏华建能源集团有限公司海上货物运输合同管辖权异议再审案；③ 拉雷多海运公司、山东省轻工业供销总公司海上、通海水域货物运输合同纠纷管辖民事裁定案；④ 天津大亚国际物流有限公司、中成新星油田工程技术服务股份有限公司海上、通海水域货物运输合同纠纷案；⑤ 阳光自豪控股有限公司、重庆红蜻蜓油脂有限责任

---

① 张国军：《提单并入仲裁条款的有效识别》，载《人民司法》2014 年第 8 期，第 75 页。

② 天津海事法院（2013）津海法商初字第 191-2 号民事裁定书，天津市高级人民法院（2013）津商民终字第 0098 号民事裁定书。

③ 天津市高级人民法院（2012）津高立民终字第 0335 号民事裁定书，最高人民法院（2013）民申字第 69 号民事裁定书。

④ 天津海事法院（2015）津海法商初字第 763 号民事裁定书，天津市高级人民法院（2016）津民辖终108 号民事裁定书。

⑤ 天津市高级人民法院（2013）津高立民终字第 0098 号民事判决书。

公司海上、通海水域货物运输合同纠纷案;① 等等。此外,承运人不能将他人之间租约中的仲裁条款并入提单。例如,厦门中禾实业有限公司诉马来西亚国际航运有限公司海上货物运输合同纠纷管辖权异议案②中,法院认为,"涉案航次租船合同的承租人是 Bunge Glob-al Markets,出租人是 International Produce Inc. 提单承运人即航运公司并非该租约的当事人,根据《海商法》第九十五条规定,能并入提单的航次租船合同应是以承运人为一方当事人的航次租船合同。然而,本案中原告厦门中禾与被告航运公司均非案涉航次租船合同的当事人,故包括仲裁条款在内的航次租船合同均不能有效并入提单对双方当事人产生约束力"。

实务界对租约仲裁条款是否有效并入提单存在两种不同认识。第一种观点认为,国际海上货物运输注重国际化,租约仲裁条款并入提单规则应当与国际接轨,并且根据提单背面条款的约定,提单当事人已经在提单中明确约定并入租约中的仲裁条款,此种仲裁并入条款有效,因此与涉案运输合同相关的所有争议均应提交仲裁。第二种观点则认为,根据国际通行规则,在提单背面记载租约仲裁条款并入提单属于格式条款,不能认定为有效并入。③ 笔者认为,第一种观点更为合理,因为在租船实务中通过并入条款将租约仲裁条款全部或部分并入提单中是通行做法,其与一般的格式条款有着本质区别。该做法的特殊性在于租约仲裁条款并入提单是各方当事人意思自治的结果,且其形式也更为严格,主要表现在:提单背面记载的租约仲裁条款并入提单必须要在提单中以"正面载明"的方式,将租约中的仲裁条款并入提单并明确具体租约的名称及该租约的签约当事人、日期和地点,否则并入无效。

第二节　海上货物运输冲突法问题

海上货物运输冲突规范是调整涉外海上货物运输法律关系的基本规范。该规范在调整涉外海上货物运输法律关系时,指向应适用特定国家或国际公约的实体法,也称之为准据法,是用间接的方法解决涉外海上货物运输法律冲突问题。例如,中国《海商法》第一百零五条指向调整特定运输区段的国家(或地区)的法律,该条款具有冲突规范的指引作用。此外,海上货物运输实体法直接规范涉外海上货物运输法律关系方的权利义务,该实体法的适用必须通过具体的冲突规范的指引才能确定。另外,海事程序法是为解决涉外海事诉讼案件而专门设立的程序法规范,其功能是为解决涉外海上货物运输合同纠纷案件的管辖、诉讼主体地位、外国法院判决或者仲裁裁决能否被国内法院承认、执行等程序法相关问题,如中国《海事诉讼特别程序法》第四条、第六条第二款第(二)项的规定。概言之,

---

① 武汉海事法院(2015)武海法商字第 01403 号民事裁定书,湖北省高级人民法院(2017)鄂民辖终31 号民事判决书。

② 厦门海事法院(2005)厦海法商初字第 353 号民事裁定书,福建省高级人民法院(2008)闽民终字第 359 号民事裁定书。

③ 南京海事法院课题组:《海上货物运输合同案件审判疑难问题研究》,2021 年 4 月 25 日,https://www.njhsfy.gov.cn/zh/trial/detail/id/4571.html,2023 年 12 月 9 日最后访问。

本节重点就换取清洁提单保函、提单背面管辖条款、多式联运合同法律适用、外国法查明、诉讼时效、超期返箱损失索赔诉讼时效起算点以及互惠关系的认定标准。

导入案例 6-3

换取清洁提单保函的法律性质、管辖依据及效力认定

2008 年，宁波中盟钢铁有限公司(以下简称中盟钢铁公司)向远大物产集团有限公司(原浙江远大进出口有限公司，以下简称远大物产公司)及科勒发展有限公司(以下简称科勒公司)出售数批钢材供转售给土耳其客户。中盟钢铁公司将涉案货物委托福州天恒船务有限公司(以下简称天恒船务公司)管理的"东方财富"轮承运。天恒船务公司在接受货物时发现货物表面状况有损坏，于是船舶责任保险人委托检验机构对货物外部状况做了检验，然后船方根据实际情况在大副收据上如实作了批注，并拟将批注并入提单。中盟钢铁公司为获得清洁提单，便联合远大国际(香港)有限公司(以下简称远大国际公司)与远大物产公司一并向天恒船务公司提供了保函。最终，天恒船务公司向中盟钢铁公司签发了"OFNB01-05"号清洁提单。该清洁提单载明：托运人为中盟钢铁公司，承运人为天恒船务公司。"东方财富"轮到达目的港后，两个收货人以货损为由向土耳其法院申请扣押了该轮，并提出索赔，同时分别要求提供5075682.12 美元与 1769410.48 美元的担保。天恒船务公司根据保函要求中盟钢铁公司、远大国际公司、远大物产公司履行保函中的义务，提供担保以释放船舶，但该三公司未履行，导致船舶被土耳其法院扣押 143 天后拍卖。由此，天恒船务公司遭受了船期损失。

因此，天恒船务公司向一审法院起诉，请求法院判令中盟钢铁公司、远大国际公司、远大物产公司赔偿天恒船务公司因船舶被扣押 143 天而遭受的船期损失及可能进一步遭受的其他损失。

一审法院认为：天恒船务公司系因中盟钢铁公司、远大国际公司、远大物产公司出具保函后未履行保函义务而提起诉讼，本案应认定为海事担保纠纷更为合适；根据《中华人民共和国民事诉讼法》第二十四条的规定，因合同纠纷提起的诉讼，由被告住所地或者合同履行地人民法院管辖；天恒船务公司住所地及营业地位于福建省福州市并在福州市接受了中盟钢铁公司、远大国际公司、远大物产公司的保函，因此福州市应认定为担保合同的履行地，故而厦门海事法院依法具有管辖权；天恒船务公司起诉所依据的保函第六条约定："本保函应根据英国法进行解释，本保函项下负有责任的任何人应根据你方要求，服从英国高等法院的管辖"，因此英国与本案没有任何实际联系，故而该管辖条款根据《中华人民共和国民事诉讼法》第二百四十二条的规定是无效的；远大物产公司、远大国际公司主张船东代理与远大国际公司订立的租船确认书约定租船纠纷应当在香港仲裁，但远大物产公司、远大国际公司提供的租船确认书不能证明天恒船务公司为该确认书及仲裁协议的当事人，因此该仲裁协议对天恒船务公司并无拘束力。

综上所述，一审法院裁定：驳回中盟钢铁公司、远大国际公司、远大物产公司对

本案管辖权提出的异议。一审裁定后，中盟钢铁公司、远大国际公司、远大物产公司均不服上述一审裁定，向福建省高级人民法院提起上诉。

二审法院认为：本案系中盟钢铁公司、远大国际公司、远大物产公司要求天恒船务公司签发清洁提单并承诺赔偿因此造成损失而产生的纠纷。虽然，保函系当事人在海上货物运输过程中出具，但双方当事人争议所包含的法律关系已经不是海上货物运输合同关系，而是损失追偿权利义务关系；天恒船务公司取得追偿权并非源自双方的海上货物运输合同，而是源自中盟钢铁公司、远大国际公司、远大物产公司出具的保函，故本案不属于海上货物运输合同纠纷；一审法院厦门海事法院认定案由为海事担保合同纠纷，但案涉保函产生的追偿权利义务关系不属于《中华人民共和国海事诉讼特别程序法》第七十三条规定的海事担保范围，故本案也不属于海事担保合同纠纷，应属于其他海商合同纠纷；保函虽然约定有关争议由英国高等法院管辖，但英国与案涉争议并无实际联系，故该协议管辖条款不符合《中华人民共和国民事诉讼法》第二百四十二条的规定，应属无效；天恒船务公司并非租船确认书的当事人，并且天恒船务公司是依据保函而非租船确认书主张追偿权，故租船确认书中约定的仲裁条款不能约束天恒船务公司；保函未约定支付补偿款的履行地，根据《中华人民共和国合同法》第六十二条第一款第(三)项之规定，履行地点不明确的，给付货币的，在接受货币一方所在地履行，故应认定天恒船务公司所在地福州为合同履行地；根据《中华人民共和国民事诉讼法》第二十四条、第二百四十一条之规定，厦门海事法院作为合同履行地法院对本案具有管辖权。综上，二审法院裁定：驳回上诉，维持原裁定。

基于上述，远大物产公司、中盟钢铁公司不服二审裁定，申请再审。

最高人民法院再审认为：本案管辖权纠纷主要涉及当事人之间法律关系的认定及其法律适用；涉案"OFNB01-05"号提单下的托运人为中盟钢铁公司，承运人为天恒船务公司，双方之间存在以该提单为证明的运输合同关系；中盟钢铁公司就"OFNB01-05"号提单的签发而出具的保函，属于托运人(债务人)自己为保证运输合同的履行而作出的承诺，不属于《中华人民共和国担保法》第六条规定的由第三人出具的保证，而仍属于双方运输合同关系的范畴，因此天恒船务公司与中盟钢铁公司之间的纠纷属于海上货物运输合同纠纷；按照远大物产公司、远大国际公司、中盟钢铁公司出具保函的文义，保函下的责任人服从英国高等法院的管辖，是以天恒船务公司提出相应要求为前提；天恒船务公司向中华人民共和国的海事法院起诉，而没有要求将本案纠纷提交英国高等法院管辖，因此保函约定由英国高等法院管辖的条件并未成就，故而远大物产公司认为本案应当由英国高等法院管辖，没有事实和法律依据，不予支持。此外，远大物产公司提供的租船确认书虽载明(香港)仲裁条款，但该租船确认书并非天恒船务公司起诉的依据，并且远大物产公司认为本案应当根据该仲裁条款提交仲裁，亦不予支持。依照《中华人民共和国民事诉讼法》第二十八条及《中华人民共和国海事诉讼特别程序法》第四条、第六条第二款第(二)项的规定，因海上货物运输合同纠纷提起的诉讼，由运输始发地、目的地、被告住所地、转运港所在地海事法院管辖。基于上述，本案货物运输的始发地、被告中盟钢铁公司的住所地均在宁波，上述法定的四个管辖连接点均不在厦门海事法院辖区内，因此厦门海事法院对天恒船务公司与中盟钢铁公司之间的纠纷没有管辖权，而可由宁波海事法院管辖。

综上所述，一审、二审法院裁定厦门海事法院对本案有管辖权，适用法律错误，应当予以纠正。因此，再审法院判决：撤销一审、二审民事裁定且将本案由厦门海事法院移送宁波海事法院进行审理。此后，本案经宁波海事法院一审、浙江省高级人民法院二审终结。

📠 案例索引

一审：厦门海事法院(2010)厦海法商初字第240号民事裁定书。
二审：福建省高级人民法院(2011)闽民终字第412号民事裁定书。
再审：最高人民法院(2011)民提字第313号民事裁定书。

✍ 简要述评

本案系因保函引起的海上货物运输合同纠纷。该案对换取清洁提单保函下的管辖依据及其效力进行了准确界定，并对海上货物运输下非承托双方之间保函纠纷之法律性质的认定及其法律适用进行了明确，对类案处理具有示范作用。

实践中，换取清洁提单保函产生于国际货物买卖的现实需要，并逐渐成为航运惯例。换取清洁提单保函的目的在于保证承担因签发清洁提单造成的一切损失，实质上是一份附义务的独立付款承诺，是我国法律没有予以明确规范的无名单务合同，是一种补偿责任，是保函当事人在意思表示真实的基础上进行的利益与风险的分配。① 故而，保函换取清洁提单的做法，即使存在高风险，但确实能提高海商事交易效率、满足国际货物买卖的现实需要，仍然被广泛应用。因此，承运人在已知货物存在瑕疵或损坏的情形下，应谨慎考虑以保函换取清洁提单的做法，以免因保函被认定为无效而无法行使追偿权的法律风险。

📠 法条依据

《中华人民共和国民事诉讼法》第二十四条、第二十八条、第三十八、第一百五十三第一款第(二)项、第一百八十六条第一款、第二百四十一条、第二百四十二条；《中华人民共和国海事诉讼特别程序法》第四条、第六条第二款第(二)项、第六条第二款第(六)项、第七十三条；《中华人民共和国合同法》第六十二条第一款第(三)项；《中华人民共和国担保法》第六条。

📠 理论要点

换取清洁提单保函(Letter of Indemnity)是指托运人向承运人出具的，承诺只要承运人签发清洁提单，所引起的一切损失由托运人承担。②

① 张健、张钰鑫：《换取清洁提单保函的有效性分析》，上海海事法院，2019年12月16日，https://shhsfy.gov.cn/hsfyytwx/hsfyytwx/spdy1358/dycg1505/2019/12/16/09b080ba6efec9be016f0de2c89b004d.html? tm=1590652347425，2023年12月10日最后访问。
② 陈宪民、魏友宏、张梅生编著：《海商法论》，中国法制出版社2002年版，第70页。

对托运人来说，以保函换取符合买方要求的提单可以保证托运人从银行取得货款，从而避免因承运人对货物行使批注权而导致买方拒收货物、银行拒绝付款的风险，这比要求买方更改信用证要方便迅捷得多。同时，对于承运人而言，其接受了换取清洁提单保函，能给货主以良好形象，对进一步争取货载往往有不小的帮助。这一点在航运市场不景气时更是极其重要的。① 因此，托运人用保函换取承运人为其签发清洁提单，从而依据清洁提单使出口商能顺利完成结汇的做法在当今航运实务中被普遍采用。但是，上述做法对承运人来说存在很大的法律风险。例如，若承运人因未将大副收据的批注并入提单而签发清洁提单，依据我国最高人民法院在《关于保函是否具有法律效力问题的批复》中，承运人可能承担对收货人的赔偿责任，并且承运人不能凭保函拒赔，因为保函对收货人是无效的。此后，若承运人再向托运人追偿，却因换取清洁提单保函的效力问题而导致难以得到法律的救济，由此承运人将承担很大的风险。因此，笔者将就换取清洁提单保函存在的法律问题做以下几点讨论：

1. 换取清洁提单保函是否属于"海事担保"及其管辖依据

托运人为签发清洁提单而出具的保函，属于托运人（债务人）自己为保证运输合同的履行而作出的承诺，既不属于《中华人民共和国担保法》第六条规定的由第三人出具的保证，亦不属于《中华人民共和国海事诉讼特别程序法》第六条第二款第（六）项规定的"海事担保"，而应属于双方运输合同关系的范畴。因此，托运人与承运人之间的换取清洁提单保函纠纷仍属于海上货物运输合同纠纷，应依照《中华人民共和国民事诉讼法》第二十八条及《中华人民共和国海事诉讼特别程序法》第四条、第六条第二款第（二）项的规定，即因海上货物运输合同纠纷提起的诉讼，由运输始发地、目的地、被告住所地、转运港所在地海事法院管辖。但是，海上货物运输合同以外的第三人为换取清洁提单而出具的保函，应属于《中华人民共和国担保法》规定的"保证"及《中华人民共和国海事诉讼特别程序法》上述条款规定的"海事担保"，应由担保物所在地、被告住所地海事法院管辖。综上所述，上述两项保函，因保函的出具主体不同而导致其法律关系不同，进而导致其法律适用以及相关纠纷的管辖依据也相应有所不同。

2. 换取清洁提单保函是否有效

事实上，托运人为取得清洁提单而出具保函的情况有两种。其一，在装船时承运人已经发现货物表面状况有问题，却仍然以保函来换取清洁提单。对此，有学者认为，该种情况下的换取清洁提单保函具有欺诈因素，应当归于无效。此时，如果托运人希望承运人签发不加批注的清洁提单，正确的方法应该是由托运人补修或更换包装。其二，承运人与托运人仅在货物数量等方面有分歧，但又无从查验时，由托运人出具保函，承运人签发清洁提单。对此，有学者认为，该种情况下的换取清洁提单保函是一种商业上的变通做法，②应当认定有效。就本案而言，承运人在接受货物时已发现货物表面状况有损坏，却仍然同意托运人以保函换取清洁提单，因此属于上述第一种保函，具有欺诈因素，应当归于无

---

① 郭洪庆：《浅析海运贸易中换取清洁提单保函的应用》，载《中国水运》2010 年第 8 期，第 53 页。

② 张丽英著：《海商法学》，高等教育出版社 2010 年版，第 85 页。

效。笔者建议，换取清洁提单保函的产生是国际贸易快速发展的必然产物，因此我国应鼓励其在国际商事交易中发挥的重要作用。但是，在司法实践中仍应对换取清洁提单保函的性质及效力认定作充分论证和说理，而不能直接否定其效力。

📌 **导入案例 6-4**

提单背面管辖条款法律效力的认定

郑州悦童游乐设备有限公司(以下简称悦童公司)委托青岛昭阳国际货运代理有限公司(以下简称昭阳公司)以悦童公司名义与长荣海运英国有限公司(以下简称长荣公司)签订海上货物运输合同，委托其将涉案货物自中国青岛运至俄罗斯圣彼得堡。长荣公司作为承运人签发了以悦童公司为托运人的 EGLV140800338630 号提单。然后，承托双方因目的港滞箱费等损失索赔产生纠纷。

一审法院认为：双方成立了提单证明的海上货物运输合同关系，并且涉案提单背面条款系由长荣公司提供的格式条款；悦童公司作为接受提单格式条款的一方，在长荣公司提起本案诉讼后，以提出管辖权异议申请的方式明示接受提单条款的约束，应视为悦童公司与长荣公司就提单项下的纠纷所涉管辖问题达成了合意；涉案提单背面条款第 29 条第(1)项明确约定"非美国贸易：除下文第(2)项规定外，本协议项下产生的所有索赔必须仅在英国伦敦高等法院提出和审理，任何其他法院除外，除本提单另有规定外，英国法律适用于此类索赔"，而本案货物运输自中国青岛至俄罗斯，系"非美国贸易"，属于上述提单背面条款第 29 条第(1)项约定的情形；依据《最高人民法院关于适用〈中华人民共和国民事诉讼法〉的解释》第五百三十一条规定，提单中载明的管辖法院应该是与争议有实际联系的地点的法院，而本案中长荣公司住所地位于英国伦敦，且提单中约定英国伦敦高等法院对本案享有排他性管辖权，并因本案系国际海上货物运输合同纠纷且不属于中华人民共和国法院专属管辖的案件，故本案应由英国伦敦高等法院管辖；关于长荣公司辩称的提单背面条款第 29 条第(3)项所载明的"本法律适用和管辖条款仅仅是为了承运人利益设定，承运人有权在诉讼开始前或开始后单方放弃本条款的全部或一部分"，依据《中华人民共和国合同法》第四十条规定，本案中提单背面第 29 条第(3)项的约定实际上排除了接受格式条款一方对于该条第(1)项关于管辖问题的选择权利，排除了托运人在发生纠纷时选择法院解决争议的权利，一定程度上限制了承运人自身的责任，加重了托运人参加诉讼的义务，故该条款应属无效。

综上所述，一审法院判决：驳回原告长荣公司的起诉。

一审判决后，长荣公司提起上诉，请求依法撤销一审裁定，并裁定一审法院对本案具有管辖权，驳回悦童公司的管辖异议。

二审法院认为：本案所涉海上货物运输合同纠纷不属于人民法院专属管辖案件，故涉案合同纠纷当事人可以依据《最高人民法院关于适用〈中华人民共和国民事诉讼法〉的解释》第五百三十一条规定协议选择管辖法院。而且，本案长荣公司作为承运人向托运人悦童公司签发提单，双方成立提单所证明的海上货物运输合同关系，并且提单背面条款明确约定英国伦敦高等法院管辖本案所涉索赔，并适用英国法律。上述提单条款是具有排他性管辖的约定，并因长荣公司住所地在英国伦敦，故该项约定也符合《最高人民法院关于适用〈中华人民共和国民事诉讼法〉的解释》第五百三十一条规定中的以原告住所地选择法院的条件，不违背中华人民共和国的法律规定，具有法律效力。虽然，提单背面条款第 29 条第 (3) 项约定了有关承运人有权在诉讼开始前或开始后单方放弃本条款的全部或一部分的内容，但是，该条款中的诉讼应是指当事人在英国伦敦高等法院提起的诉讼，在向英国伦敦高等法院提起诉讼前所有的放弃均应为该条款中约定的诉讼前的放弃，该项放弃声明应当由声明人长荣公司直接向相对方悦童公司表达，而不是向第三方表达。然而，在一审法院中华人民共和国青岛海事法院受理本案诉讼前，长荣公司未证明其已经行使了条款赋予其的放弃约定管辖及选择法律适用的权利。因此，不能因提单背面条款第 29 条第 (3) 项内容的存在，当然地认为长荣公司的任意起诉行为就是行使该条款所赋予选择权的行为，中华人民共和国青岛海事法院不因长荣公司的起诉而具有管辖权。综上所述，排他性协议管辖及双方争议解决适用英国法为合同双方协议确定，虽然提单背面条款第 29 条第 (3) 项赋予长荣公司放弃的选择权，但实现变更排他性管辖需要双方均放弃才能达到合同变更的结果，原条款中仅约定了长荣公司选择权行使的时间及条件，未约定选择权行使后的结果为法律适用和管辖条款的全部或一部分不再约束双方当事人，故本案所涉争议应当依照该条款中关于排他性管辖的约定，由英国伦敦高等法院管辖。

因此，二审法院判决：驳回上诉，维持原裁定。

案例索引

一审：青岛海事法院 (2019) 鲁 72 民初 995 号民事裁定书。
二审：山东省高级人民法院 (2019) 鲁民终 2701 号事裁定书。

简要述评

本案是涉及提单背面管辖条款法律效力认定法律问题的典型案例，为此后法院对类似案件的审理提供了范例。本案明确了提单背面管辖条款效力认定的实质标准，即应审查提单双方是否就该条款达成了合意。具体而言，若提供提单一方的承运人与接受提单一方就提单背面管辖条款达成合意，该条款记载的管辖法院符合《中华人民共和国民事诉讼法》及相关司法解释的规定且不属于人民法院专属管辖案件，则应当认为该格式条款应属有效。另外，即使提单背面亦载明了排除托运人在发生纠纷时选择法院解决争议的权利，如本案中"提单背面第 29 条第 (3) 项的约定实际上排除了接受格式条款一方对于该条第 (1) 项关于管辖问题的选择权利，排除了托运人在发生纠纷时选择法院解决争议的权利"，法院亦应审查该格式条款的效力。

此外，在处理提单管辖权纠纷时，应坚决维护国家主权，并兼顾国际民事诉讼管辖权的协调。因此，法官在不违反我国主权、公共秩序和强制性法律规定之前提下，应依国际礼让原则及对等原则进行裁量，尊重合法有效的协议管辖条款，主动放弃对案件的管辖权。这也是衡量一个国家司法制度开明程度的标准之一，也是继我国"一带一路"倡议提出之后，国际礼让精神在司法实践中的具体体现。

法条依据

《中华人民共和国民事诉讼法》第三十三条、第一百五十四条、第一百七十条第一款第一项，第一百七十一条、第二百六十六条；《最高人民法院关于适用〈中华人民共和国民事诉讼法〉的解释》第五百三十一条之规定；《中华人民共和国合同法》第四十条(已废止，参见《中华人民共和国民法典》第四百九十七条)。

理论要点

随着经济发展、科技进步、国际分工的日益深化，因同一争议涉及多国平行诉讼而产生的管辖权国际冲突案件日益增多，而案件审理涉及国际条约、国际惯例和准据法适用的情形亦不断增多，导致司法管辖权和法律适用等问题愈加复杂。[1] 特别是关于提单背面管辖条款效力纠纷类案件，数量呈逐年增长势态，已经成为理论界与司法实务界的热点。

提单管辖权条款是协议管辖制度应用于海上货物运输领域的结果。相比于普通的管辖协议，提单的格式条款属性导致其对契约效力审查的依赖性更强。与此同时，契约效力审查依据在民事诉讼法中的缺失，并未被海事诉讼法所弥补，导致司法实践无法可依、进退两难。[2] 在司法实践中，提单管辖权条款的效力在各国不尽相同。其中，大多数国家以诉讼不便或该条款减轻承运人责任为由，否认其效力，并依据本国的诉讼法主张本国法院对提单产生的纠纷案件拥有管辖权。此外，也有的国家采取对等原则或将其作为协议管辖处理，承认其有效。[3] 就本案而言，一审、二审法院均认为提单背面的协议管辖权条款能排除青岛海事法院的管辖权。但是，不是所有协议管辖我国法院都必然放弃管辖权。根据我国法律及有关司法解释规定，当事人选择管辖权条款不得违反我国的公共秩序和强制性法律规定，当事人规避我国强制性或者禁止性法律规范选择的管辖权条款无效。例如，江苏省纺织品进出口集团股份有限公司诉北京华夏企业货运有限公司上海分公司等海上货物运输合同无单放货赔偿案[4]中，法院判定违反我国法律强制性规定的提单管辖权条款无效。

实践中，法院多以格式条款为由认为提单管辖权条款只是承运人单方意思表示，而提单持有人在接受提单时或接受提单后，没有明示接受该条款的约束，因此认定该条款不能视为提单持有人与承运人通过合意自愿达成的协议，从而否认提单管辖权条款的效力。例

---

① 周强：《最高人民法院关于人民法院涉外审判工作情况的报告——2022 年 10 月 28 日在第十三届全国人民代表大会常务委员会第三十七次会议上》(2022-10-29)[2023-12-12]. 全国人民代表大会官网 http：//www. npc. gov. cn/npc/c2/c30834/202210/t20221029_320037. html.

② 陈泽坤：《论提单管辖权条款之契约效力审查》，载《上海法学研究》2023 年第 20 卷，第 130 页。

③ 司玉琢等编著：《新编海商法学》，大连海事大学出版社 1999 年版，第 174 页。

④ 上海海事法院(2003)沪海法商初字第 299 号民事判决书，上海市高级人民法院(2004)沪高民四(海)终字第 87 号民事判决书。

如，港捷国际货运有限公司诉义乌商品进出口有限公司等海上货物运输合同纠纷案①中，法院认为，"虽然涉案提单约定了管辖权条款，但该管辖权条款是承运人根据自己的意愿单方拟定、事先印制的格式条款，义乌进出口公司取得提单后没有机会就该管辖权条款与承运人进行磋商并表示异议，因此该管辖权条款不是义乌进出口公司的真实意思表示，并且该管辖权条款以小字体英文字印制于提单上，未有明显标识，上诉人未提供证据证明其已尽合理提示义务，因此该管辖权条款应认定为无效"。再如，宏海箱运支线有限公司等与江西稀有稀土金属钨业集团进出口有限公司海上货物运输合同纠纷管辖权异议上诉案②中亦是如此。但是，也有部分法院肯定了提单管辖权条款的效力，认为既然承托双方就海上货物运输合同达成合意，提单背面管辖条款也是海上运输合同不可分割的一部分，应当认定管辖条款的效力。例如，温州市轻工工艺品对外贸易公司诉法国达飞轮船有限公司海上货物运输合同纠纷被告依其签发的提单管辖权条款提出管辖权异议案③中，法院认为，"本案作为托运人的原告在接受被告即承运人签发的提单时，未对提单格式中已列明的协议管辖条款提出异议，则可认定提单中的协议管辖条款是原、被告双方合意的结果，并且被告是在提单正面以区别于其他条款的醒目的红色字体印刷出管辖权条款，故可认定被告已采取合理的方式提示原告，原告不宜以格式条款单方印制为由抗辩"。笔者认为，出于效率优先兼顾公平原则的考量，应当认可当事人在提单背面以格式条款方式写明的管辖条款的效力，因为提单的内容虽然是由承运人单方预先印制的，但在实务中法院只要做好对当事人真实意愿的审查工作，确认其属于当事人真实意思表示，就应当认可管辖条款具有法律效力，而不能一竿子"打死"，一律认为无效。

✍ 导入案例 6-5

海上货物多式联运定域性损失的法律适用与外国法查明

2012 年 9 月，泰立国际货运代理(上海)有限公司(以下简称泰立公司)向新加坡长荣海运股份有限公司(以下简称新加坡长荣公司)订舱，将一批电脑从中国上海出运至墨西哥曼萨尼亚。9 月 20 日，泰立公司向新加坡长荣公司、长荣公司出具改港保函，要求将目的港曼萨尼亚改为目的地墨西哥城，并表示承担由此产生的费用。

9 月 22 日，上海航华国际船务代理有限公司(以下简称航华公司)代表新加坡长荣公司签发编号为 EGLV142201015163、EGLV142201015155 的两份提单。该两份提单均载明：货物接收地上海，交货地墨西哥城，卸货港曼萨尼亚；托运人为华硕电脑股份有限公司(以下简称华硕公司)之新加坡子公司 ASUS 公司(以下简称 ASUS 公

---

① 宁波海事法院(2013)甬海法商初字第 414 号民事裁定书，浙江省高级人民法院(2013)浙辖终字第 97 号民事裁定书。

② 广州海事法院(2009)广海法初字第 493 号民事裁定书，广东省高级人民法院(2010)粤高法立民终字第 151 号民事裁定书。

③ 福建省高级人民法院(2022)新 2901 民初 7703 号民事裁定书。

司），收货人为单一贸易经纪物流公司。其中，编号为 EGLV142201015163 的提单项下集装箱箱号为 EMCU1395303，编号为 EGLV142201015155 的提单项下集装箱箱号为 IMTU1078587。此后，涉案货物到达曼萨尼亚后，由长荣公司、新加坡长荣公司安排货物自曼萨尼亚运至墨西哥城。但是，10 月 23 日，涉案货物在自曼萨尼亚运往墨西哥城内陆运输过程中，集装箱编号为 EMCU1395303、IMTU1078587 发生了毁损、灭失。

另外，第一产物公司与泰安产物保险股份有限公司（以下简称泰安保险公司）、新光产物保险股份有限公司（以下简称新光保险公司）、兆丰产物保险股份有限公司（以下简称兆丰保险公司）联合签发编号为 2011OP083 的全球货物流动保险单，被保险人为华硕电脑股份有限公司（以下简称华硕公司）及其所有的子公司与联营公司（包括在保险期间被收购或合并的子公司与联营公司），保险期限自 2011 年 10 月 1 日 00：00 时起至 2012 年 9 月 30 日 24：00 时止，保险估值按照发票金额所列一切费用另加 10%。该保单中共同保险条款载明：第一产物公司承保份额 40%、泰安保险公司承保份额 35%、兆丰保险公司承保份额 15%、新光保险公司承保份额 10%。

2013 年 1 月 30 日，第一产物公司向 ASUS 公司支付 3082795.78 美元，ASUS 公司则向第一产物公司签发权利转让同意书，确认就编号为 EGLV142201015163、EGLV142201015155 提单项下货物所受毁损、灭失而向运送人等应负责之人主张的一切契约及侵权行为损害赔偿请求权全部转让给第一产物公司。同年 9 月 30 日，泰安保险公司、新光保险公司及兆丰保险公司签发声明书，确认由第一产物公司作为共同保险领导者处理上述保险合同中有关理赔及索赔事宜。庭审中，第一产物公司确认就涉案损失金额已从天豪全球物流股份有限公司（以下简称天豪公司）处获得 5000000 元新台币（折合 172146.67 美元）的赔偿。

基于上述，第一产物公司向一审法院上海海事法院提起诉讼，请求判令新加坡长荣公司、长荣公司赔偿其货物损失及利息。

一审法院认为：本案为海上货物运输合同纠纷，新加坡长荣公司接受委托以两种以上运输方式（海上运输及陆路运输）将案涉货物从中国上海港运至墨西哥内陆城市墨西哥城，案涉运输为多式联运。此外，第一产物公司按照保险合同向提单托运人 ASUS 公司进行赔付，依法取得代位求偿权，有权向案涉运输承运人进行索赔；航华公司代表新加坡长荣公司签发提单，故新加坡长荣公司为案涉运输承运人，而长荣公司非案涉运输承运人，不应向第一产物公司承担赔偿责任；因案涉货物灭失于曼萨尼亚至墨西哥城的陆路运输过程中，关于承运人责任及责任限制等问题应适用墨西哥当地陆路运输民商事法律，但后因一审法院通过相关途径无法查明墨西哥法律，故本案适用中华人民共和国法律。

综上所述，一审法院判决：新加坡长荣公司向第一产物公司赔偿涉案货损 2129297.74 美元（海关出境货物备案清单显示金额 23014441.41 美元－原告已从天豪公司处获得的赔偿 172146.67 美元）及其利息。

新加坡长荣公司不服一审判决，向上海市高级人民法院提起上诉，请求撤销一审判决，并改判驳回第一产物公司提出的全部一审诉讼请求。

二审法院对一审法院查明的事实予以确认，并经审理查明：一审查明的事实，有相关证据予以佐证，双方当事人均未提出异议，亦未提交新的证据，本院对一审查明的事实予以确认。另外，二审法院认为：本案为多式联运，一审法院根据《中华人民共和国海商法》规定，认定关于涉案纠纷承运人责任及责任限制等应适用墨西哥当地陆路运输民商事法律规定，二审中新加坡长荣公司、长荣公司和第一产物公司对此均予同意；根据《最高人民法院关于适用〈中华人民共和国涉外民事关系法律适用法〉若干问题的解释(一)》第十八条之规定，人民法院应当听取各方当事人对应当适用的外国法律的内容及其理解与适用的意见，当事人对该外国法律的内容及其理解与适用均无异议的，人民法院可以予以确认，但是，若当事人有异议的，由人民法院审查认定；本案中，涉案双方对墨西哥法律存在争议，且一审法院在审理期间，分别向华东政法大学、上海海事大学、墨西哥驻上海总领事馆就墨西哥法律查明发函查询，均未能查明本案纠纷适用的墨西哥法律。因此，一审法院通过合理途径无法查明与本案纠纷相关的墨西哥法律规定，依法确认本案纠纷处理适用中华人民共和国法律，符合法律规定。综上所述，二审法院判决：驳回上诉，维持原判。

新加坡长荣公司向最高人民法院申请再审。再审法院对一审、二审法院已查明的基本事实予以确认，并另补充查明如下事实：(1)华硕公司委托天豪公司安排案涉货物运输，而天豪公司又委托泰立公司于2012年9月17日向新加坡长荣公司订舱；两份订舱确认函载明：承运人新加坡长荣公司、订舱客户泰立公司、发货人华硕公司；航华公司于9月22日代新加坡长荣公司就案涉两个集装箱货物各签发一套提单；(2)同年9月26日，泰立公司根据天豪公司的指示向新加坡长荣公司发出"电放"保函，载明：泰立公司将案涉货物的全套正本提单交还新加坡长荣公司，请新加坡长荣公司准予以"电放"(由托运人以电传方式指示承运人直接向指定收货人交付货物而无需再凭提单交付)方式处理，将货物交由收货人单一贸易经纪物流公司；(3)之后，泰立公司向航华公司交还案涉货物的两套提单，航华公司则在提单上加盖该公司"全套正本提单收讫，同意电放"的印章；(4)案涉货物损失发生后，天豪公司与第一产物公司于2013年6月5日签署和解书，一致同意由天豪公司赔付第一产物公司新台币500万元结案。

再审法院认为：(1)案涉货物运输系从中国上海经海路和公路运输至墨西哥内陆城市墨西哥城的国际货物多式联运，货物灭失发生于墨西哥公路运输区段，各方当事人之间由此发生货损赔偿民事纠纷，该纠纷具有涉外因素。依照《中华人民共和国涉外民事关系法律适用法》第八条的规定，涉外民事关系的定性，适用法院地法律，因此本案首先应当根据中华人民共和国法律认定当事人诉争的民事法律关系的性质，然后确定本案的法律适用问题。(2)泰立公司向新加坡长荣公司订舱时明示托运人为华硕公司，且航华公司代新加坡长荣公司就案涉货物签发的两套提单均记载托运人为华硕公司，故华硕公司与新加坡长荣公司之间成立国际货物多式联运合同关系；进而，货物保险人第一产物公司行使保险代位求偿权，其与新加坡长荣公司之间的纠纷仍应按该合同关系进行审理，故本案当事人诉争的民事法律关系应定性为国际货物多式联运合同关系。(3)各方当事人对于一审法院、二审法院整体上适用中华人民共和国法律审理本案纠纷并无异议，并在再审中一致表示同意，故再审法院予以确认；案涉货物运输系从中国上海经海路和公路运输至墨西哥内陆城市墨西哥城的国际货物多式联运，且货物灭失发生于墨西哥公路运输区段，故各方当事人之间由此发生的纠纷具有涉外因素；依据《中华人民共和国海商法》第一百零五条的规定，涉案货损应适用墨西哥调整当地公路运输的民商事法律。(4)《中华人民共和国海商法》第一百零五条规定的多式联运经营人"网状责任制"有其明确的适用事项(赔偿责任和责任限额)，不宜将该"网状责任制"扩大解释适用于诉讼时效；诉讼时效基本上系以不同请求权所赖以发生的法律关系为标准相应作出不同规范，故对于有关多式联运合同的请求权，也应当基于其所涉法律关系相应确定诉讼时效的法律适用；《中华人民共和国海商法》没有规定有关多式联运合同的请求权的诉讼时效，故本案多式联运合同项下货损赔偿请求权的诉讼时效期间应当依据中华人民共和国在案涉运输行为发生当时所施行的法律规定即《中华人民共和国民法通则》第一百三十五条关于二年诉讼时效期间的规定予以确定，而非涉案货损发生区段的墨西哥法律所规定的诉讼时效。(5)依据《中华人民共和国海商法》第一百零五条，新加坡长荣公司的赔偿责任和责任限额均应当适用货损发生区段的法律即墨西哥法律。(6)二审期间，新加坡长荣公司提交的相关墨西哥法律条文可以满足案件审理需要；第一产物公司仅提出外国法律专家的法律意见不完整，但未具体指出外国法律专家的法律意见和新加坡长荣公司提交墨西哥法律的部分条文在哪些问题上不能满足案件审理需要，也未充分说明理据，因此，与本案纠纷相关的墨西哥法律已可以查明。(7)根据墨西哥法律，公路运输承运人对案涉货物损失的赔偿限额标准为每吨934.95墨西哥比索，故案涉货物的赔偿限额为22345.305墨西哥比索(案涉货物的提单载明货物重量合计23.9吨×934.95比索/吨)。但是，因第一产物公司以美元请求货物损失，上述责任限额由墨西哥比索兑换为1737.97美元(按照案涉货物灭失当日墨西哥比索兑换美元的汇率——12.8571墨西哥比索兑1美元)。

综上，二审法院在能够查明墨西哥法律的情况下，未予查明并据以确定新加坡长荣公司的赔偿责任和责任限额，认定事实与适用法律错误，本院予以纠正。因此，再审法院判决：撤销二审法院民事判决；变更一审法院民事判决第一项为：新加坡长荣公司应向第一产物公司赔偿涉案货损1737.97美元及其利息(涉案主体法律关系如图6-2所示)。

案例索引

一审：上海海事法院(2013)沪海法商初字第1633号民事判决书。
二审：上海市高级人民法院(2015)沪高民四(海)终字第55号民事判决书。
再审：最高人民法院(2018)最高法民再196号民事判决书。

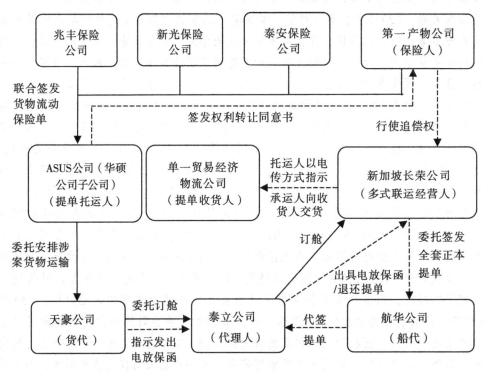

图 6-2 涉案主体法律关系图

📝 简要述评

　　海上货物多式联运充分利用各种运输资源，有利于降低社会物流成本，但多种运输方式的联合亦引发出不同运输区段的法律适用如何解决以及多式联运经营人的赔偿责任和责任限额、诉讼时效如何确定等问题。对此，本案经一审、二审、再审法院的逐级审理，明确阐明了多式联运合同法律关系的定性、法律适用与定域性损失索赔与追偿的诉讼时效的法律适用，多式联运经营人定域性损失的赔偿责任及其赔偿限额等问题。具体而言，首先应依据法院地法律确定涉案纠纷是否具有涉外因素，如果具有涉外因素，再依据法院地法确定涉外民事关系的法律性质(即定性)；然后，再依照中国《海商法》《涉外民事关系法律适用法》规定的冲突规范或当事人的意思自治原则确定准据法；最后，依据准据法《海商法》确定当事人的权利义务、责任，且如果涉及中国《海商法》第一百零五条规定时，应根据具体案件的特定事实进一步确定调整某一区段运输方式的具体法律。就本案而言，涉案纠纷是海上货物多式联运定域性损失纠纷案件，且当事人依法提供了应当适用的墨西哥相关法律(包括《墨西哥合众国政治宪法》《墨西哥合众国商法典》《联邦道路桥梁和车辆运输法》《联邦车辆运输及附属服务条例》等)，故最高人民法院最终判定本案应适用的墨西哥法律在二审中可以查明，并应适用墨西哥法律对涉案纠纷进行审理。因此，本案判决明确了海上货物多式联运定域性损失的法律适用问题，并对域外法查明的可采性标准作出了重要的示范作用。

🔲 法条依据

《中华人民共和国合同法》第三百一十一条(已废止，参见《中华人民共和国民法典》第八百三十二条)；《中华人民共和国民法通则》第一百三十五条(已废止，参见《中华人民共和国民法典》第一百八十八条)；《中华人民共和国海商法》第五十五条、第一百零二条、第一百零五条、第二百六十九条；《中华人民共和国民事诉讼法》第六十四条第一款、第一百七十条第一款第二项、第一百七十五条、第二百零七条第一款；《中华人民共和国涉外民事关系法律适用法》第八条、第十条；《最高人民法院关于适用〈中华人民共和国涉外民事关系法律适用法〉若干问题的解释(一)》第十八条。

🔲 理论要点

多式联运包括两种以上运输方式，涉及海上运输、陆路运输和航空运输，其中贸易量最大的是海陆联运。此外，海事审判为多式联运提供充分的司法保障，既是对高质量共建"一带一路"要求的贯彻，也是对"坚持陆海统筹，加快建设海洋强国"的落实。因此，随着多式联运作用的日益凸显，相应的的多式联运合同纠纷数量亦呈现出上升趋势。但是，实践中，国际货物多式联运途经多个国家或地区，货物灭失、损坏可能发生在某一国家或地区，但是，因各国或各种运输方式法律制度的差异，国际货物多式联运赔偿责任的认定应适用哪个国家或地区的法律，对多式联运各方当事人的利益影响较大，尤其是海上货物运输因其特殊风险性而涉及诸多特殊法律制度的背景下。因此，海事法院审理此类案件，不仅要判断发生货物灭失、损坏的运输区段，更要明确其法律适用问题。

基于此，下文将重点阐述我国法院在处理海上货物运输多式联运合同赔偿责任纠纷的法律适用及外国法查明制度在实践运行中存在的困境并提出应对建议，以期为"一带一路"建设高质量、高标准的司法服务体系提供有益建议，并为促进国际经贸发展提供优良的法治营商环境。

1. 海上货物多式联运合同纠纷案件的法律适用依据与原则

(1)海上货物多式联运合同纠纷案件的法律适用原则。中国《海商法》《涉外民事关系法律适用法》以及《民法典》等立法对国际海上货物多式联运纠纷案件的法律适用作出了明确规定。概括而言，主要包括以下四个原则：以当事人意思自治原则为基础(《海商法》第二百六十九条、《涉外民事关系法律适用法》第四十一条)；以最密切联系原则为辅助(《海商法》第二百六十九条、《涉外民事关系法律适用法》第四十一条)；以强制适用为例外(中国《海商法》第二百七十六条与第四十三条、《涉外民事关系法律适用法》第四条；但是，需注意的是，依据中国《海商法》第一百零五条或《民法典》第八百四十二条，如果当事人就多式联运合同协议选择适用或者根据最密切联系原则适用中国法，对于发生在国外的定域损失，应适用该国调整该区段运输方式的法律规定，而不能直接根据中国法中有关调整该区段运输方式的法律)；以适用中国法为补充(《涉外民事关系法律适用法》第十条第二款)。

具体而言，以海上货物多式联运纠纷案件的法律适用为例，当国际海上货物多式联运纠纷产生之前或之后，当事人对多式联运中某一区段的责任认定和责任承担方式的法律适用均可做出约定或选择。而且，只要当事人的相关约定或选择不违反中国法律的强制性规定或公共秩序，法院对当事人的约定或选择应予以尊重。但是，如果争议双方未约定或选择的，应依据最密切联系原则确定涉案争议应适用的法律。其次，如果双方约定或选择的准据法，抑或依据最密切联系原则确定的准据法，不得违反相关强制适用规则、公共秩序等，否则，应适用法院地法作为准据法。最后，如果当事人约定或选择的准据法，或依最密切联系原则确定的准据法无法查明的，应适用法院地法作为准据法。

就本案而言，案涉货物运输系从中国上海经海路和公路运输至墨西哥内陆城市墨西哥城的国际海上货物多式联运。其确定准据法的思路应如下：首先，各方当事人遵循意思自治原则，对于海上货物运输多式联运合同整体上适用中华人民共和国法律审理本案达成一致(但双方对于认定新加坡长荣公司的赔偿责任和责任限额以及有关诉讼时效是否应当适用墨西哥法律有争议)；其次，依据《中华人民共和国涉外民事关系法律适用法》第八条的规定，适用法院地法律对涉外民事关系做出定性，进而依据相关冲突规范明确涉案争议的法律适用；再次，依据中国《海商法》第一百零五条规定及《涉外民事关系法律适用法》第四十一条，本案中墨西哥城是涉案货物运输的目的地，属合同履行地之一，且涉案事故发生于墨西哥公路运输区段，故墨西哥法律是与本案纠纷具有最密切联系的国家法律，即应以墨西哥调整当地公路运输的民商事法律作为审理本案公路运输区段货损纠纷的准据法。

(2)实践中海上货物多式联运合同法律适用的主要依据。如上所述，中国有关多式联运法律适用的立法主要包括：①中国《海商法》第一百零五条，如三井住友海上火灾保险株式会社诉中远海运集装箱运输有限公司多式联运合同纠纷案①以及马士基航运有限公司与青岛航美国际物流有限公司等国际货物多式联运合同纠纷案②等。②中国《海商法》第二百六十九条，如上海浦东幸运船务有限公司与北京泰宇博洋国际贸易有限责任公司合同纠纷上诉案③、义乌市堆正进出口有限公司诉韩国现代商船株式会社多式联运合同纠纷案④以及新鑫海航运有限公司与深圳市鑫联升国际物流有限公司、大连凯斯克有限公司海上、通海水域货物运输合同纠纷案⑤等。③《中华人民共和国涉外民事关系法律适用法》第十条，如本案。其中，法院适用最密切联系原则时认定最密切联系地的标准亦有所不同，有的依据特征性履行行为，有的则依据合同要素分析法。

此外，对中国《海商法》第一百零五条的性质亦有争议：该条规定是实体规范还是冲突规范？对此，有学者认为从《海商法》第一百零五条的立法本意来看，该条款设立的初衷即指向调整该运输区段的国家(或地区)的法律，该条款具有冲突规范的指引作用，是冲突规范，且作为一般法的中国《民法典》有关涉外多式联运定域性损失准据法的确定亦

---

　　①　上海海事法院(2016)沪 72 民初 2017 号民事判决书。

　　②　上海海事法院(2018)沪 72 民初 929 号民事判决书，上海市高级人民(2018)沪民终 405 号民事判决书。

　　③　天津海事法院(2015)津海法商初字第 685 号民事判决书，天津高级人民法院(2016)津民终 200 号民事判决书。

　　④　宁波海事法院(2014)甬海法商初字第 639 号民事判决书。

　　⑤　大连海事法院(2018)辽 72 民初 758 号民事判决书。

说明《海商法》第一百零五条并非实体法规范。① 笔者也赞同上述观点，其理由在于：《海商法》第一百零五条符合冲突规范的定义②及其范围、系属和连结点等构成要素。具体而言，该条之规定构成冲突规范适用"范围"是"货物的灭失或者损坏发生于多式联运的某一运输区段的，多式联运经营人的赔偿责任和责任限额"，其系属为"调整该区段运输方式的有关法律规定"，而连结点则为"适用"。

2. 外国法查明制度在实践运行中存在的困境及其建议

外国法内容的查明，亦称外国法的证明或外国法内容的确定，是指一国法院在审理国际民商事案件时，如果依据本国的冲突规范应适用某一外国实体法，如何查明该外国法关于这一特定问题的规定的问题。其中，"外国法"是指被法院地国赋予法律效力的外国法律规则，它是相对于"本国法"而言的。③

目前，中国《涉外民事关系法律适用法》及其司法解释仅规定了外国法的查明主体和查明途径，即在非当事人选择适用外国法的情况下，法律查明主体为法院，即法院要主动查明外国法；人民法院通过由当事人提供、已对中华人民共和国生效的国际条约规定的途径、中外法律专家提供等合理途径仍不能获得外国法律的，可以认定为不能查明外国法律。此外，2022年《全国法院涉外商事海事审判工作座谈会会议纪要》第二十一条规定：人民法院审理案件应当适用域外法时，可以通过下列途径查明：当事人提供；由中外法律专家提供、由法律查明服务机构提供、由最高人民法院国际商事专家委员提供、由与我国订立司法协助协定的缔约相对方的中央机关提供；由我国驻该国使领馆提供；由该国驻我国使领馆提供；其他合理途径。因此，法院原则上应穷尽上述法律查明方式才能认定为外国法不能查明。

但是，相关立法和司法解释并没有明确规定外国法查明方法的运用程序，④ 导致实际查明效果较差、实务中查明途径单一、法院对查明的审查标准不明确⑤以及法院在运用专业机构查明外国法的过程中出现了对查明意见可采性标准认识不清⑥等诸多问题。例如，在上文案例中，一审法院通过相关途径无法查明墨西哥法律，便认定该案适用中华人民共和国法律。由此可见，一审法院未经说理就直接认定域外法无法查明，并适用中国法。然而，该案二审法院又以"墨西哥律师意见并无明确的法律适用解释，所提交的墨西哥法律

---

① 董世华：《比较法视野下：国际货物多试联运定域性损失法律适用问题研究》，2022年9月19日大连海事法院官网：https://www.dlhsfy.gov.cn/court/html/2022/bydt_0919/3354.html，2023年12月12日最后访问。

② 韩德培主编：《国际私法》，高等教育出版社2014年版，第91页。

③ 韩德培主编：《国际私法》，高等教育出版社2014年版，第151页。

④ 李建忠：《论我国外国法查明方法规定的重构》，载《法律科学（西北政法大学学报）》2019年第1期，第138页。

⑤ 徐文进、姚竞燕：《"一带一路"倡议下专家查明外国法制度的完善——基于〈涉外民事关系法律适用法〉施行以来全国134件案件的实证分析》，载国家法官学院科研部：《司法体制综合配套改革与刑事审判问题研究——全国法院第30届学术讨论会获奖论文集（下）》，第1115~1118页。

⑥ 肖永平、仇念轩：《完善我国法院运用专业机构查明外国法的建议》，载《国际法学刊》2022年第4期，第52页。

也不具有完整性"，认定新加坡长荣公司提交的证据材料并不能作为案涉纠纷准据法适用。再如，在智利南美轮船有限公司诉一帆生物科技集团有限公司海上货物运输合同纠纷案①中，法院认为，"原告提供的法律意见书虽系原件，但未依法办理公证认证手续，原告亦未证明出具人及其作证资格，故不能认为原告已就南非法律履行了证明义务，因此认定了南非法律无法查明。且最后确定以中国法律作为审理案件纠纷的准据法"；FOB 卖方中国抽纱福建省进出口公司诉言丰（中国）有限公司代理签发记名提单承运人凭收货人授权函无单放货致货款损失要求赔偿案②中，厦门海事法院直接以"该国法律无法查明为由，根据国际私法冲突规范的一般规则，在准据法无法查明的情况下，应当适用法院地法（中国法律）"。由此可知，法院在查明外国法时，几乎均以当事人没有提供外国法为由，而认定外国法无法查明。这表明大多数法院并未能积极有效查明外国法，另外也表明法院在认定外国法无法查明时的随意性。③

综上所述，建议我国法院进一步规范、细化外国法查明的认定标准，并明确域外法查明的相关配套规则，以统一法院在司法实践中对"无法查明外国法情况"的认定标准，提高我国域外法查明的质量和效率。其次，法院应对认定域外法无法查明情况进行充分说理，不能一笔带过，以避免削弱判决的说服力和公信力。最后，对于法院在运用专业机构查明外国法的过程中出现的对查明意见可采性标准认识不清的问题，法院应明确专业机构查明意见的可采性标准，厘清外国法查明费用分担规则，并强化外国法查明意见在裁判文书中的释法说理，以充分发挥专业机构查明外国法的制度优势。④

📝 导入案例 6-6

超过诉讼时效时托运人将丧失胜诉权

2014 年 4 月，槟榔国际公司（系注册在塞舌尔共和国的公司，以下简称槟榔公司）通过关联公司宁波澳新进出口有限公司（以下简称澳新公司）与华裕电器集团有限公司（以下简称华裕公司）签订买卖合同，向华裕公司购买 357 箱夹式烤箱，同时委托华裕公司办理出口报关并交付普及公司。报关单载明：出口经营单位为华裕公司。

4 月 3 日，槟榔公司委托普及国际货运代理（中国）有限公司宁波分公司（系普及公司在宁波登记设立的分公司，以下简称普及宁波分公司）采用 FOB 交易方式，将涉案货物从宁波港出运至以色列阿什杜德港。普及宁波分公司向槟榔公司签发了编号为 NGB61ASH401340 的全套正本记名提单，且该提单载明：托运人为槟榔公司、承运人为普及公司、提单持有人为澳新公司、涉案货物卸货港为阿什杜德港。此外，涉案货物的实际承运人为韩进海运公司，其向普及公司签发了编号为 NJEX46067400 的海运

① 上海海事法院 2010）沪海法商初字第 832 号民事判决书。
② 厦门海事法院（2022）吉 0702 执恢 77 号民事判决书。
③ 李凤琴、张涛：《涉外商事审判中的外国法查明》，载《人民司法》2021 年第 16 期，第 102 页。
④ 肖永平、仇念轩：《完善我国法院运用专业机构查明外国法的建议》，载《国际法学刊》2022 年第 4 期，第 52 页。

单,且该海运单载明:托运人为普及公司。

4 月 29 日,在阿什杜德港,涉案货物卸离承运船。5 月 4 日,涉案货物被清关放行。

此后,槟榔公司多次联络普及宁波分公司,要求告知涉案货物处所、交付或者返运涉案货物。但是,普及宁波分公司以涉案货物下落无法查明为由,回复槟榔公司称无法告知货物情况且无法返运货物。经槟榔公司查询集装箱使用的相关信息,装载上述货物的集装箱已于 2014 年 5 月 4 日从入境港口出闸以运送给收货人,且于 2014 年 5 月 18 日已被清空并还箱。

因此,槟榔公司于 2015 年 4 月 7 日通过澳新公司向宁波海事法院就上述货物灭失提起诉讼,经一、二审判决,认为槟榔公司不能通过关联公司澳新公司提起诉讼,而应由提单载明的托运人槟榔公司提起诉讼。于是,槟榔公司于 2016 年 6 月 7 日将普及宁波分公司、普及公司起诉至一审法院宁波海事法院,请求法院判令普及宁波分公司、普及公司赔偿其涉案货损。

一审法院认为:普及公司作为承运人,接受原告槟榔公司的委托,承运货物并向其签发提单,因此槟榔公司与普及公司之间成立海上货物运输合同关系;普及宁波分公司是普及公司的分支机构,槟榔公司没有证据证明普及宁波分公司是运输合同当事人,也没有证据证明普及宁波分公司实施了无单放货行为,所以普及宁波分公司在本案中与槟榔公司无任何法律关系;槟榔公司因普及公司无单放货以致不能收回货款,有权要求被告承担货款损失(应以海关核准的报关价格为准);涉案海上货物运输合同的起运港为宁波港,宁波海事法院依法享有管辖权,依法应适用中华人民共和国法律;涉案货物在目的港已于 2014 年 5 月 4 日被清关放行,并于 5 月 18 日空箱返还港口,距原告起诉之日(2016 年 6 月 7 日)已超过中国《海商法》第二百五十七条规定的一年诉讼时效期间;槟榔公司作为权利人,并未通过法院向普及公司主张债权,其关联公司澳新公司的起诉适用时效中断亦无法律依据,且不存在其他时效中断事由,因此,槟榔公司的诉讼请求因超过诉讼时效,依法不予保护。综上所述,一审法院判决:驳回原告槟榔公司的诉讼请求。

槟榔公司不服一审判决,提起上诉,请求撤销一审判决,改判支持槟榔公司诉讼请求。二审法院浙江省高级人民法院对一审查明的事实予以确认,并另查明:槟榔公司于 2015 年 1 月 15 日通过邮件向普及公司发送正式函件,要求告知本案所涉货物的目的港存杂费,并着手安排退运事宜;普及公司于同日确认收信后再无回复。

因此,二审法院认为:本案普及公司、普及宁波分公司在已经同意为槟榔公司安排货物退运的情况下,却以各种理由迟迟不提供目的港堆存费的数目,也不着手安排退运事宜,并在本案审理过程中对于货物的现实状态也语焉不详,造成双方的权利义务一直处于不确定状态。此外,本案中并无证据证明普及公司、普及宁波分公司在 2016 年 6 月 7 日槟榔公司向一审法院提起诉讼前变更了以退运货物的方式履行义务的承诺。因此,普及公司、普及宁波分公司同意履行义务状态一直处于延续状态,并未超过诉讼时效。基于上述,一审法院关于诉讼时效已过的认定不当,槟榔公司的该上诉理由有理,二审法院应予以纠正。因此,二审法院判决:撤销一审法院(2016)

浙 72 民初 1320 号民事判决；普及公司向槟榔公司支付涉案货款。

普及公司不服二审判决，向最高人民法院申请再审。

再审法院对二审判决认定的事实予以确认，并认为：涉案货物在目的港已于 2014 年 5 月 4 日被清关放行，并于 5 月 18 日空箱返还港口，故槟榔公司向普及公司要求赔偿的请求权应自此时开始计算；根据二审判决查明的事实，2015 年 1 月 15 日，槟榔公司职员通过邮件向普及公司的职员发送正式函件，要求告知本案所涉货物的目的港相关费用，并着手安排退运事宜。但是，普及公司职员于同日确认收信后再无回复。由于此次联系过程中，普及公司并未同意履行义务，因此 2015 年 1 月 15 日槟榔公司职员向普及公司职员发送邮件，普及公司确认收信之事亦不构成本案诉讼时效中断之事由。因此，本案诉讼时效自 2014 年 5 月起算，而槟榔公司于 2016 年 6 月 7 日提起本案诉讼，已经超过了 1 年诉讼时效期间。综上，再审法院判决：撤销二审法院民事判决，维持一审法院民事判决(涉案主体法律关系如图 6-3 所示)。

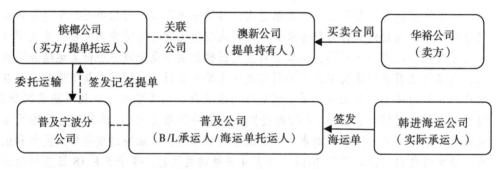

图 6-3 涉案主体法律关系图

📑 案例索引

一审：宁波海事法院(2016)浙 72 民初 1320 号民事判决书。

二审：浙江省高级人民法院(2016)浙民终 689 号民事判决书。

再审：最高人民法院(2019)最高法民再 117 号民事判决书。

📝 简要述评

本案系关于海上货物运输合同诉讼时效期间及时效中断法律问题的典型案例。本案中，再审法院进一步明确了被请求人同意履行义务的认定标准，即海事诉讼时效不同于一般的民事诉讼时效，仅仅是当事一方向被请求人提出要求并不构成海事诉讼时效中断的法定事由，还须有义务人明确表示或者承诺履行义务。① 本案判决有利于明确并统一"被请

---

① 李啸飞：《无单放货案件中"被请求人同意履行义务"的判断标准》，2019 年 12 月 11 日，载上海海事法院官网：https://www.shhsfy.gov.cn/hsfyytwx/hsfyytwx/spdy1358/jpal1435/2019/12/11/09b080ba6f26aac3016f45077b3f00b7.html? tm=1591839335805，2023 年 12 月 8 日最后访问。

求人同意履行义务"而导致诉讼时效中断的价值判断标准，具有一定的典型示范意义。

实践中，大多数当事人未以法定方式行使权利，进而导致未发生时效中断的结果。但是，有时候也会因当事人以法定方式行使权利而出现诉讼时效中断的情形。例如，在绍兴兆丰纺织品有限公司与宁波美航物流有限公司、百斯特欧神环球物流公司、东方海外货柜航运(中国)有限公司海上货物运输合同纠纷案①中，法院认为，"百斯特公司收到索赔通知后于 2014 年 6 月 12 日与兆丰公司签订协议及权利转让书。一审判决参照上述司法解释认为该行为应视为'同意履行义务'的行为，亦无不妥"。易言之，请求人做出同意履行义务这一事实的意思表示，并有相应的实际行动，符合中国《海商法》第二百六十七条规定的时效中断情形。

综上所述，对于海上货物运输托运人或收货人来说，涉及海上货物运输纠纷，当事人应在法定的诉讼时效期间内提起诉讼，否则将可能因此丧失胜诉权。因此，当事人应以法定方式及时行使自己的权利，以避免超过诉讼时效而陷入不利境地。

▣ 法条依据

《中华人民共和国海商法》第二百五十七条、第二百六十七条；《中华人民共和国民事诉讼法》第六十四条第一款、第一百七十条第一款第二项、第二百条、第二百零七条第一款；《中华人民共和国涉外民事关系法律适用法》第四十一条；《最高人民法院关于适用〈中华人民共和国民事诉讼法〉的解释》第四百零七条第二款。

▣ 理论要点

中国立法对诉讼时效制度做了明确规定。所谓诉讼时效，是指权利人经过法定期间，不向义务人行使请求权，而使胜诉权归于消灭的法律制度。② 就海上货物运输诉讼时效而言，无论是货主向承运人请求货物损害赔偿案件的时效，还是承运人向货主请求运费案件的时效，抑或承运人对第三方责任人提起追诉的时效，在性质上同属消灭时效。③

与《民法典》所规定的诉讼时效相比较，海上货物运输诉讼时效属于特别诉讼时效，其特殊性主要表现在：时效期间更短、诉讼时效起算点的设置更有利于义务人以及构成时效中断的条件更为严格。④ 实践中，海上货物运输诉讼时效制度只适用海上运输中发生的特定社会关系，并优先适用于普通诉讼时效规定。具体而言，中国《海商法》第二百五十七条规定，"就海上货物运输向承运人要求赔偿的请求权，时效期间为一年"，且该诉讼时效期间的起算点为"承运人交付或者应当交付货物之日"。该条规定与中国《民法典》第一百八十八条规定的三年普通诉讼时效、诉讼时效期间的起算点为"权利人知道或者应当

---

① 浙江省高级人民法院(2017)浙民终 331 号民事判决书。
② 司玉琢著：《海商法专论》，中国人民大学出版社 2014 年版，第 412 页。
③ 司玉琢、李志文主编：《中国海商法基本理论专题研究》，北京大学出版社 2009 年版，第 33 页。
④ 司玉琢、李志文主编：《中国海商法基本理论专题研究》，北京大学出版社 2009 年版，第 37 页。

知道权利受到损害以及义务人之日"相比，显然其时效期间更短、诉讼时效起算点的设置更有利于义务人。另外，对比《海商法》第二百六十七条与《民法典》第一百九十五条有关诉讼时效中断之规定可知，海上货物运输诉讼时效中断条件更严，其原因在于：诉讼时效的中断不依当事人任何一方的请求；当事人提起诉讼或申请仲裁并不必然导致时效中断。

此外，学理上或实践中关于海上货物运输诉讼时效在我国是否允许当事人协议延长，仍存在诸多不同认识。例如，有学者认为："国际海上运输当事人协议延长诉讼时效的做法实际上已经成为国际航运界的习惯做法，《海牙维斯比规则》和《汉堡规则》也对此作出了规定。我国完全可以将当事人协议延长时效的习惯做法作为国际惯例来处理国际海上运输请求权的时效问题。"[1]此外，也有学者认为："就时效协议规则而言，较为合理的选择是：涉及该制度基本目的以及法的安定性的相关规则(如禁止排除适用)设置强制性规范，不允许当事人协议变更；对于涉及保护特定类型权利人的相关规则(如人身损害赔偿)设置半强制性规范，以防止优势地位者利用此类协议获取不当利益。"[2]笔者认为，我国海上货物运输诉讼时效应当允许当事人协议延长，其理由在于：目前我国《海商法》对海上货物运输诉讼时效设置更倾向于保护船东利益，但随着航海企业抗风险能力的提升以及基于"效率优先、兼顾公正"的时效价值取向，应该取消诉讼时效对船东利益保护倾斜的设置。因此，建议可以类比有关海上货物运输的国际公约，如《海牙维斯比规则》第一条第二款、第三款以及《汉堡规则》第二十条，当事人双方可以协议同意延长时效期限。这与《民法典》第一百九十五条中所规定的权利人向义务人提出履行请求、义务人同意履行义务时效中断的情形亦有异曲同工之处。综上，海上货物运输托运人或收货人向承运人要求赔偿的请求权的诉讼时效期间，应参考相关海上货物运输的国际公约，统一允许当事人约定时效期间，并在此基础上对约定次数、期间限度做出具体规定。但是，对排除诉讼时效适用以及中止、中断事由的约定，应认定为无效。[3]

✑ 导入案例 6-7

承运人超期返箱损失索赔诉讼时效起算点认定

2010 年 1 月，上海蝉联携运物流有限公司深圳分公司(系蝉联公司的分支机构，以下简称蝉联深圳分公司)委托 A.P. 穆勒-马士基有限公司(以下简称马士基公司)采用 CY-CY 的运输方式，将涉案货物从广东黄埔运至印度新德里。马士基公司接受订舱后制作了订舱确认单(编号为 859498700)。

2 月 10 日，蝉联深圳分公司向马士基公司发出出货指示，确认涉案货物已装入 5

---

① 吴星奎著：《海上货物运输合同纠纷案司法审判观点集成》，中国商务出版社 2019 年版，第 428 页。

② 杨巍：《禁止诉讼时效协议之检讨及规则构建——兼论诉讼时效领域中意思自治的边界》，载《暨南学报(哲学社会科学版)》2023 年第 2 期，第 76 页。

③ 杨巍：《禁止诉讼时效协议之检讨及规则构建——兼论诉讼时效领域中意思自治的边界》，载《暨南学报(哲学社会科学版)》2023 年第 2 期，第 72 页。

个集装箱，从盐田港运至印度新德里，由蝉联深圳分公司支付运费并接受提单。另，订舱号为 859498700 的出货指示记载：发货人为蝉联深圳分公司，收货人为"SINOLINKSASIALTD"；付款方及发票方均为蝉联深圳分公司；装运港中国盐田港，目的港印度新德里港；起运港费用、起运港码头操作费、海运费为发票方预付，目的港码头操作费、目的港费用为收货人到付；文件指示将运输单据放给发票方；船名为"马士基·斯托克霍"轮。

2 月 13 日，涉案 5 个集装箱在盐田港装上"马士基·斯托克霍"轮，运至孟买新港。编号为 859498700 未经签发的提单记载：订舱确认单号码 859498700；托运人为深圳贸易出口有限公司，收货人为"LIMRATRADERSA-3"；船舶为"马士基·斯托克霍"轮，装运港盐田港，卸货港贾瓦哈拉尔·尼赫鲁；涉案的集装箱内装有 9063 卷电焊丝；运费预付，堆场至堆场；货物已装船时间 2 月 13 日。

2 月 23 日，涉案货物运抵孟买新港。货物运抵中转港孟买新港前后，蝉联深圳分公司多次要求更改目的港后多次取消更改。最后，蝉联深圳分公司确认托运人将承担货物在孟买新港滞留而产生的费用，且收货人会到孟买新港清关提货。4 月 29 日，蝉联深圳分公司要求将托运人更改为"SHENZHEN TRADE AND EXPORT CO LTD"、收货人更改为"SATYAOVERSEAS"，后又于 6 月 2 日要求将收货人更改为"LIMRATRADERSA-3"。亦即，2 月 26 日至 6 月 2 日期间，蝉联深圳分公司因客户清关问题多次通过电子邮件与马士基公司的起运港代理联系更改目的港及托运人、收货人等事宜，并于 4 月 16 日确认收货人会去孟买清关并提货，不需要转运至新德里。最终，因始终无人提取涉案货物，导致货物被孟买新港海关罚没。2011 年 2 月 21 日，因涉案货物始终无人提取，孟买新港海关拍卖了涉案货物(即位于马士基(旧)集装箱货运站的涉案货物)。2 月 28 日，孟买新港海关通知原告货物已被拍卖，并要求原告向买主交付货物。同日，孟买新港海关处理部向孟买马士基(旧)集装箱货运站经理签发编号 67 的"关于被拍卖货物的交付"的提货单，该提货单记载：本海关办事处指示贵司将电子拍卖编号 56 的货物交付给竞拍成功的投标人 M/SBhaviImpex。

另外，3 月 30 日，蝉联深圳分公司通过电子邮件承诺托运人将承担集装箱超期使用费(注：涉案集装箱免费使用期限于 2 月 28 日届满)。涉案货物在孟买新港滞留期间产生集装箱超期使用费共计 8026425 卢比，折合人民币 1029554.51 元(按起诉当日汇率计算)。基于此，马士基公司诉称：蝉联深圳分公司作为托运人多次更改收、发货人，应对无人提货给承运人造成的损失承担赔偿责任，蝉联深圳分公司系蝉联公司的分支机构，蝉联公司应就蝉联深圳分公司的行为对承运人造成的损失承担连带赔偿责任。因此，2012 年 2 月 27 日，马士基公司将蝉联深圳分公司、蝉联公司起诉至一审法院广州海事法院，请求判令：蝉联深圳分公司、蝉联公司共同承担集装箱超期使用费及其利息。

一审法院认为：依照《最高人民法院关于承运人就海上货物运输向托运人、收货人或提单持有人要求赔偿的请求权时效期间的批复》，承运人就海上货物运输向托运人要求赔偿的请求权比照适用《中华人民共和国海商法》第二百五十七条第一款的规定，其时效期间为一年，自权利人知道或者应当知道权利被侵害之日起计算；本案涉案货物运抵目的港后,蝉联深圳分公司和蝉联公司始终未明确表示弃货,而是向马士基公司称收货人会到目的港清关并提货,因此马士基公司有理由等待收货人提货;双方均未举证证明目的港当局规定的最后清关时限,并且蝉联深圳分公司曾于2010年3月30日通过电子邮件承诺托运人将承担集装箱超期使用费;造成马士基公司权利被侵害的原因是马士基公司为履行海上货物运输合同而提供的集装箱被超期占用,该超期占用的损害事实是持续不间断发生的,直至货物被当作逃税物品被孟买新港海关拍卖后,马士基公司才知道收货人不可能再提货。至此,被占用的集装箱才因中标人提货而结束被占用的状态,集装箱超期使用所造成的损害才停止,故该损失构成一个完整的合同之债。综上,马士基公司行使请求权的时效期间应从孟买新港海关向其发出"关于被拍卖货物的交付"文书之日起算,即2011年2月28日起算,至2012年2月27日马士基公司向一审法院提起本次诉讼,未超过一年的诉讼时效期间。

综上所述,一审法院判决:蝉联深圳分公司、蝉联公司共同赔偿马士基公司集装箱超期使用费损失。

蝉联深圳分公司、蝉联公司不服一审判决,提起上诉。二审法院广东省高级人民法院除对一审法院涉案货物到港时间的事实查明不予认定外,对其余事实允以确认,并另查明:涉案提单抬头承运人为马士基公司,而订舱确认单的承运部门系马士基深圳分公司,订舱方系蝉联深圳分公司,其单号为859498700,与提单上的单号一致。但是,提单上记载的目的港(卸货港)从订舱确认单上的"印度新德里"更改为"孟买新港"。

因此,二审法院认为:本案马士基公司诉请蝉联深圳分公司和蝉联公司承担集装箱超期使用费,应从马士基公司知道或者应当知道其权利受到侵害之日起算诉讼时效;本案事实表明,涉案货物运抵目的港后,因无人提货导致马士基公司的集装箱一直处于不能归还的状态,并且上述损害事实一直持续至货物被作为逃税物品被孟买新港海关拍卖,即马士基公司根据海关的指示将货物交付新的买主之后,涉案集装箱才得以归还。至此,集装箱被超期使用的损害才得以终止且集装箱超期使用费的数额才得以固定。因此,马士基公司行使请求权的时效期间应从印度孟买新港海关向其发出"关于被拍卖货物的交付"文书之日起算,即2011年2月28日起算,至2012年2月27日马士基公司向一审法院提起本案诉讼止,未超过一年诉讼时效期间。综上,一审法院对此认定正确,予以维持。因此,二审法院判决:驳回上诉,维持原判。

蝉联深圳分公司、蝉联公司不服二审判决,申请再审。最高人民法院在再审过程中重点审查了二审判决认定的并未超过诉讼时效是否正确的问题。再审法院认为:涉案集装箱货物到达孟买新港的时间为2010年2月23日,涉案集装箱的免费使用期为集装箱到港次日开始起算5天,即2010年2月24日至28日,从该免费使用期届满次日,即2010年3月1日开始收取集装箱超期使用费。换言之,涉案货物于2010年2月23日抵达孟买新港,装载货物的集装箱免费使用期限于2月28日届满,因此,涉案集装箱应在免费使用期限届满后(即从2010年3月1日)开始向马士基公司支付集装箱超期使用费。换言之,马士基公司请求给付集装箱超期使用费的权利自2010年3月1日起已经产生,亦即,马士基公司知道或者应当知道权利被侵害之日为

2010 年 3 月 1 日。此外，蝉联深圳分公司于 2010 年 3 月 30 日通过电子邮件承诺托运人将承担集装箱超期使用费；蝉联深圳分公司的该项意思表示构成《中华人民共和国海商法》第二百六十七条规定的时效因被请求人同意履行义务而中断的情形。综上所述，本案时效应当从 2010 年 3 月 30 日起算，而马士基公司于 2012 年 2 月 27 日提起诉讼时已超过一年的诉讼时效。因此，再审法院判决：撤销一、二审判决，驳回 A.P. 穆勒-马士基有限公司的诉讼请求。

📇 案例索引

一审：广州海事法院(2012)广海法初字第 329 号民事判决书。
二审：广东省高级人民法院(2013)粤高法民四终字第 162 号民事判决书。
再审：最高人民法院(2015)民提字第 119 号民事判决书。

📝 简要述评

随着海运业和多式联运的快速发展，集装箱的使用亦愈发普遍与便利。但是，因集装箱引发的纠纷也日益增多，尤其是因托运人或收货人未能及时返箱对承运人造成损失的争议。对于因集装箱超期使用而产生的损失，承运人若未在法律规定的时效期间内提起诉讼，将导致其丧失对该项请求的胜诉权，进而使得承运人遭受经济损失。实践中，在集装箱超期使用费的纠纷中，索赔人通常为实际承运人或集装箱经营管理人等。[1] 因此，上述相关索赔人在确有集装箱超期使用费的情形下应及时提起诉讼或仲裁，避免超过诉讼时效，以维护自身合法权益。对此问题，司法实践中的主要争议焦点通常在于诉讼时效期间的起算点——"知道或应当知道权利被侵害之日"的认定问题。目前，各法院对此问题的法律适用、解释和判决结果并不完全统一。

本案例的典型意义在于明确了承运人超期返箱损失索赔诉讼时效期间起算点的认定标准，亦即最高人民法院在本案中明确了"从集装箱免租期届满之日的次日起开始计算"的裁判规则。因此，本案为国内司法实践解决超期返箱损失索赔诉讼时效起算点提供了较强的参考借鉴意义，有利于统一司法实践中各个法院对承运人超期返箱损失索赔诉讼时效起算点的法律适用与解释——超期返箱损失索赔诉讼时效应从集装箱免费使用期届满开始计算，进而促进"一带一路"建设，并为国际经贸交易的顺利发展提供公平公正的法治营商环境。

🗂 法条依据

《中华人民共和国海商法》第二百五十七条第一款、第二百六十七条、第二百六十九条；《中华人民共和国合同法》第六十五条、第一百零七条、第一百一十三条及第一百一十九条第一款(已废止，参见《中华人民共和国民法典》第五百二十三条、第五百七十七条、第五百八十四条、第五百九十一条)；《中华人民共和国民事诉讼法》第二十七条、第

---

① 姚新超、肖岚：《国际贸易中集装箱超期使用费责任纠纷研究》，载《国际经贸》2021 年第 10 期，第 61 页。

一百七十条第一款第(一)项、第二百零七条第一款;《最高人民法院关于适用〈中华人民共和国民事诉讼法〉的解释》第四百零七条第二款;《最高人民法院关于海事法院受理案件范围的若干规定》第十一项;《最高人民法院关于适用〈中华人民共和国合同法〉若干问题的解释(二)》第二十九条(已废止,参见《最高人民法院关于适用〈中华人民共和国民法典〉合同编通则若干问题的解释》第六十四条);《最高人民法院关于承运人就海上货物运输向托运人、收货人或提单持有人要求赔偿的请求权时效期间的批复》。

📑 理论要点

海上货物运输集装箱超期返箱损失索赔诉讼时效起算点的认定对维护相关主体的合法权益有着举足轻重的意义。

依据《最高人民法院关于承运人就海上货物运输向托运人、收货人或提单持有人要求赔偿的请求权时效期间的批复》,海上货物运输承运人就海上货物运输所涉集装箱超期返还之损失向托运人要求赔偿的请求权应比照适用《中华人民共和国海商法》第二百五十七条第一款的规定,其时效期间为1年,自权利人知道或应当知道权利被侵害之日起计算。上述规定虽然确定了超期返箱损失的诉讼时效期间,但司法实践中不同法院对于1年诉讼时效期间的起算点——即"自权利人知道或应当知道权利被侵害之日"具体是指哪一日却有着不同解释,从而导致承运人超期返箱损失索赔诉讼时效起算点认定不统一。例如,本案之一审法院、二审法院与再审法院的判决结果确立的涉案集装箱超期使用费诉讼时效的起算点相差将近一年的时间。具体而言,一审法院、二审法院将涉案诉讼时效起算点——"知道或应当知道权利被侵害之日"解释为"印度孟买新港海关向马士基公司发出关于被拍卖货物的交付文书之日",即马士基公司行使请求权的时效期间起算点为知道或应当知道涉案集装箱被占用状态结束之日以及涉案集装箱被超期使用所造成的损失金额固定之日。但是,再审法院却认为:"涉案集装箱被占用状态结束之日"和"涉案集装箱被超期使用所造成的损失金额固定之日"并不等同于"知道或应当知道权利被侵害之日"。对此,亦有类似案例持有相同观点。例如,在中国外运山东公司诉颐中(青岛)冲压件有限公司集装箱超期使用费纠纷案①中,法院认为"知道或者应当知道权利被侵害之日并不等同于知道损失的确切金额,在知道权利被侵害时,即使损失数额不确定,诉讼时效也应该起算"。故而,本案之再审法院认为一审法院、二审法院的观点均属于对法律的错误理解。具体来讲,依据本案双方当事人的确认,原告马士基公司应自2010年3月1日开始知道集装箱超期使用费的存在。因此,应将"知道或应当知道权利被侵害之日"认定为"从集装箱免租期届满之日的次日",即2010年3月1日。此外,依据中国《民法典》第一百九十五条第二项,被告深圳蝉联公司于2010年3月30日通过电子邮件承诺托运人将承担集装箱超期使用费,该意思表示构成《中华人民共和国海商法》第二百六十七条规定的时效因被请求人同意履行义务而中断的情形。因此,本案集装箱超期使用费诉讼时效从2010年3月30日开始重新起算。

此外,理论界与实务界关于集装箱超期使用费诉讼时效起算点主要有以下两种观点。

---

① 青岛海事法院(2010)青海法海商初字第166号民事判决书。

其一，从集装箱免租期届满之日的次日起开始计算；① 其二，从货到目的港次日起开始计算。例如，本案之再审法院持第一种观点。但是，亦有法院采用第二种观点，如中远集装箱运输有限公司与宁波简达国际货运代理有限公司、浙江银达食品有限公司海上、通海水域货物运输合同纠纷案②，马士基航运有限公司与浙江真爱时尚家居有限公司、宁波宁电进出口有限公司海上、通海水域货物运输合同纠纷案③等。持有第二种观点的法院均认为"应以涉案货物的到港时间作为诉讼时效期间的起算点"，但是这两份判决书的弊端在于裁判法院并未对"货物到港日"作为时效起算点的认定标准作出详细的说理或论证，因而缺乏说服力。笔者认为，上述两种观点中的第一种更为合理，因为"集装箱免租期届满之日"相较于"货到目的港之日"对实际承运人或集装箱经营管理人和用箱而言更为公平。对此，又可分两种具体情形进行讨论。首先，当货到目的港集装箱免租期已届满，则"货到目的港次日起开始计算"相较于"从集装箱免租期届满之日的次日起开始计算"诉讼时效期间的起算点延迟了，对用箱人较为不利。其次，当货到目的港集装箱免租期未届满，则"货到目的港次日起开始计算"相较于"从集装箱免租期届满之日的次日起开始计算"诉讼时效期间的起算点提前了，这对实际承运人或集装箱经营管理人较为不利。由此可见，第一种观点所持之集装箱超期使用费诉讼时效起算点更为固定，亦对双方当事人更为公平。

导入案例 6-8

和解协议签订日与支付日不同时应以支付日作为解决原赔偿之日

2007 年 8 月 3 日，攀港有限公司(以下简称攀港公司)与南京海桥实业有限公司(以下简称海桥公司)签订买卖合同，向海桥公司购买锻圆(钢材)，贸易条件为 FOB，装运港为中国某主要港口，目的港为土耳其伊斯坦布尔安巴里港。

9 月 19 日，海桥公司签发了出口货物明细单及装箱单，均载明涉案货物为 87 件锻圆，收货单位为攀港公司。

10 月 24 日，为运输涉案合同项下货物，攀港公司与江苏远洋新世纪货运代理有限公司(以下简称远洋公司)签订委托订舱协议，约定攀港公司委托远洋公司向船东美国总统轮船有限公司(以下简称总统轮船公司)订 29 个 20 英尺集装箱仓位，从南京运至土耳其伊斯坦布尔康普特港，海运费在货物装船并向托运人海桥公司签发提单后 10 个银行工作日内支付给远洋公司指定的账户。随后，远洋公司向株式会社商船三井(以下简称三井会社)发送订舱单，载明：托运人为海桥公司，收货人为攀港公司，货物为热锻圆，需要 29 个超重 20 英尺集装箱，运输船名"WUJIAZUIJI8"。同日，海桥公司委托远洋公司办理涉案货物的装箱、绑扎、装船及报关等事宜，并将随货单据交给远洋公司，以便于其办理货运代理事宜。海桥公司出具的代理报关委托书

① 黄素芳：《集装箱超期使用费诉讼时效起算点探析——一个案例引发的思考》，载《中国海商法研究》2015 年第 1 期，第 108~109 页。
② 宁波海事法院(2015)甬海法商初字第 428 号民事判决书。
③ 宁波海事法院(2018)浙 72 民初 659 号民事判决书。

载明：海桥公司为委托方，远洋公司系被委托方，货物为锻圆（钢材），提单号为 MOL11100049485。同时，远洋公司联系案外人中国外轮理货总公司南京分公司、江苏外运集装箱站有限公司南京龙潭港分公司实际办理涉案货物在南京港的理货、装箱事务，并向海桥公司发出送货通知单。中国外轮理货总公司南京分公司于 10 月 30 日完成涉案货物的理货、装箱，并向远洋公司出具了理货装箱报告。

货到上海港后转船至"GRANDVIEW"轮（系利比里亚籍货轮，其登记所有人为比尤德航海国际公司；该轮由美国总统轮船（百慕大）公司租自比尤德公司，而后转租给总统轮船公司，由此总统轮船公司成为该轮经营人）。三井会社作为承运人于 10 月 31 日向海桥公司签发联运提单，并载明：托运人海桥公司，收货人为凭 Fortis Bank A.S. 的指示方，上一程运输船为"WUJIAZUIJI8"轮，本航次运输船为"GRANDVIEW"轮，装货港中国上海，卸货港土耳其伊斯坦布尔康普特港；对货物数量、重量、金额、承载集装箱号的记载均与上述理货装箱报告一致；运费预付由托运人承担；所有的装卸费、滞期费以及船舶到达卸货港所需费用皆由收货人支付并承担风险责任。此外，该联运提单背面条款对相关事宜进一步约定，承运人系商船三井公司，"货方"包括托运人、提单持有人、收货人、受货人以及拥有或者有权占有货物或本提单的任何人及代表此种人行事的任何人；如集装箱不是由承运人装箱或装载，则承运人对箱内货物灭失、损毁概不负责，而货方应就承运人所受任何损失、承担的赔偿责任及支付的费用给予赔偿。如果此种损失系因集装箱的装箱以及装载方式造成，或者货方在集装箱装箱、装载之时经合理检查本可发现的集装箱不适宜或条件欠缺，所有符合"货方"定义的任何人应就此提单项下货方应履行的义务向承运人承担连带责任。同时，商船三井公司还就涉案航次签发了支线提单，记载主要内容与上述联运提单一致。

11 月 4 日，三井会社与总统轮船公司签订《东地中海／黑海快线船舶共享协议》，并约定：由三井会社承租总统轮船公司部分航线船舶（包括涉案船舶）或舱位；承租人应当妥善安排货物的装载，如因货物原因造成总统轮船公司经营的船舶损坏，三井会社应当承担一切赔偿责任。

11 月 23 日至 24 日，"GRANDVIEW"轮航行途中受到热带风暴"海贝思"影响，船舶颠簸严重，导致涉案集装箱中装载的锻圆散落、穿透集装箱，并损伤了"GRANDVIEW"轮船体。

11 月 26 日，"GRANDVIEW"轮船长代表船东作出海事声明，称：由于集装箱内货物没有固定，在船舶遭遇恶劣天气时货物爆出，落入货舱后又跌至油舱顶盖，导致 3 号货舱及其附近的压载舱和重油舱严重受损；船长代表船舶所有人对总统轮船公司的租船人提出申明，要求其承担由上述情况导致的一切损失和相关赔偿、费用。此后，"GRANDVIEW"轮就近到达新加坡港后，三井会社将该轮停靠在新加坡修理，同时将 29 个集装箱从船上卸下，在进行检验后重新装箱，最终运往土耳其。

另外，法院还查明，2008 年 4 月 17 日，涉案货物的收货人 N 公司以其在合理期间内未收到购自攀港公司的锻圆为由向土耳其伊斯坦布尔海事法院起诉"GRANDVIEW"轮的代理达波维奇海运代理与货代贸易有限公司、承运人三井会社、船舶所有人比尤德公司，要求赔偿其货损，并向该法院申请扣押"GRANDVIEW"轮（后，法院准予该申请）。同年9月3日，三井会社以N公司作为涉案货物的收货人和提单持有人而应符合提单中"货方"的定义，从而需以涉案船舶因货物坠落损伤承担赔偿责任为由在上述诉讼中提起反诉，要求N公司赔偿其各项损失。该案在诉讼过程中，三井会社与N公司于2016年1月6日达成和解协议。随后，审理该案的土耳其伊斯坦布尔海事法院依据上述和解协议于2016年2月8日作出编号为2016/31号的判决，准予双方当事人分别撤诉。该案当事人均向法院提交了放弃上诉的声明，该法院发布最终声明确认双方当事人放弃上诉，编号为2016/31号的判决生效为最终判决。

同时，三井会社还以涉案货物跌落损坏其船舶为由向武汉海事法院第一次提起诉讼，要求海桥公司、远洋公司、攀港公司连带赔偿其各项损失。武汉海事法院于2008年1月受理。在该案审理过程中，三井会社于2010年6月提出中止审理申请，并承诺如果其在土耳其伊斯坦布尔海事法院的上述诉讼中胜诉，将撤回该案对三名被告的起诉，同时申请法院中止该案审理程序。2012年11月6日，三井会社向武汉海事法院申请撤回起诉，故武汉海事法院作出(2009)武海法事字第20号民事裁定准予其申请。

此外，涉案事故发生后，三井会社与总统轮船公司之间就相关索赔问题于2015年8月17日达成和解协议。双方约定：三井会社应于该协议签订起一个月之内向总统轮船公司支付949614.02美元作为索赔的全部和最终解决方案。同年9月30日，总统轮船公司出具一份收到三井会社给付上述和解款949614.02美元的收条。

基于上述，原告三井会社将四名被告海桥公司、远洋公司、攀港公司、海浦公司（系由海桥公司分立而来）起诉至一审法院武汉海事法院，请求判令四被告连带赔偿其经济损失、相关费用及利息。

本案各方当事人均确认审理本案纠纷应适用的准据法为中国法律。

一审法院认为：(1)在当事人均未提交海上货物运输合同的情况下，涉案两份提单(含背面条款)系作为确定货物运输合同中承运人和托运人之间权利义务的依据；根据两份提单记载，托运人均系海桥公司；根据合同的相对性，远洋公司及攀港公司均不是涉案两份提单中记载的托运人，亦非提单背面条款中的"货方"，故本院对三井会社以船舶因涉案货物跌落受损要求远洋公司、攀港公司承担赔偿责任的主张不予保护；尽管海浦公司非涉案货物运输合同的当事人，但其系由海桥公司分立而来，根据中国《公司法》第一百七十六条的规定，其应对海桥公司分立前的债务承担连带责任。(2)各方当事人争议的核心是对《海商法》第二百五十七条关于海上货物运输合同当事人索赔权诉讼时效规定的理解问题；《海商法》第二百五十七条第一款分别规定了就海上货物运输向承运人要求赔偿的时效、被认定为负有责任的人向第三人提出追偿请求的时效，同时，1997年《最高人民法院关于承运人就海上货物运输向托运人、收货人或提单持有人要求赔偿的请求权时效期间的批复》补充规定了承运人就海上货物运输向托运人、收货人或提单持有人要求赔偿的请求权时效期间为一年，自权利人知道或应当知道权利被侵害之日起计算；从法律条文的含义来看，上述条文同时规定了承运人向托运人、收货人或提单持有人要求赔偿以及被认定为负有责任的人（包括承运人）向第三人提出追偿请求的情形，说明此处"第三人"应当不包括托运人、收货人或提单持有人，而是与被认定为负有责任的人（包括承运人）存在其他法律关系（如代理关系、货物保管、集装箱供应等）的与海上货物运输合同无直接关系的第三人；本案中三井会社选择以合同之诉行使自身诉权，只能对涉案海上货物运输合同的相对人行使索赔权，不应适用《海商法》第二百五十七条有关90天追偿时效的规定，而应按照《最高人民法院关于承运人就海上货物运输向托运人、收货人或提单持有人要求赔偿的请求权时效期间的批复》的规定适用一年诉讼时效的规定；三井会社于2008年第一次就涉案事故向一审法院提起侵权之诉时（因办理公证手续耗时长，一审法院实际于2009年1月8日立案），并未超过诉讼时效，但其在2012年11月6日申请撤回起诉，一审法院以（2009）武海法事字第20号民事裁定准予其撤诉。因此，根据《海商法》第二百六十七条第一款的规定时效不中断；尔后，三井会社再次于2015年11月5日向一审法院起诉，距离其知晓权利被侵害之日已经超过八年，而其又未举证证明存在其他时效中断或者终止的事由，故其起诉显然已经超过诉讼时效。据此，三井会社在本案中已丧失了胜诉权。因此，一审法院判决：驳回原告三井会社的全部诉讼请求。

三井会社不服一审判决，向二审法院湖北省高级人民法院提起上诉，请求判令：撤销一审判决并改判支持三井会社的全部诉讼请求。

二审法院经审理查明，一审查明的事实属实，二审予以确认。另外，二审法院认为：三井会社作为承运人，选择依据案涉海上货物运输合同向托运人主张违约责任，而非向合同以外的第三人提起追偿请求，因此，本案诉讼时效不适用《海商法》第二百五十七条第一款关于"被认定为负有责任的人向第三人提起追偿请求的，时效期间为九十日"的规定，而应适用《最高人民法院关于承运人就海上货物运输向托运人、收货人或提单持有人要求赔偿的请求权时效期间的批复》关于承运人就海上货物运输向托运人要求赔偿的请求权的时效期间为一年的规定，该一年期间自权利人知道或应当知道权利被侵害之日起计算。此外，一审法院查明，"GRANDVIEW"轮船长在海事声明中称，2007年11月24日15时得知船舶受损，且三井会社委托的英佩公司最早于2007年11月26日便出具了涉案损失之检验报告，故诉讼时效因此开始起算。另外，尽管三井会社2008年1月曾向一审法院就案涉事故提起诉讼，要求海桥公司、远洋公司、攀港公司赔偿损失，但其2012年11月6日申请撤回起诉，根据《海商法》第二百六十七条第一款的规定时效不发生中断。因此，三井会社于2015年11月提起本案诉讼，已超过一年时效期间，一审对此认定正确。综上，二审法院判决：驳回上诉，维持原判。

三井会社不服二审法院判决，向最高人民法院申请再审。再审法院认为：三井会社作为负有责任的人向总统轮船公司承担赔偿责任后，向其认为在海上货物运输中负有责任的托运人提起赔偿请求，符合海商法规定的适用追偿时效的情形，因此，应适用海商法第二百五十七条第一款的规定，追偿时效自追偿请求人解决原赔偿请求之日起或者收到受理对其本人提起诉讼的法院的起诉状副本之日起计算，时效期间为九十日。然而，前述规定并未排除当事人通过协议解决纠纷的情形，即本案涉案事故发生后，三井会社与总统轮船公司于 2015 年 8 月 17 日以和解的方式解决原赔偿请求且总统轮船公司于 2015 年 9 月 30 日已收到赔偿款收条。因此，本案追偿时效应自三井会社实际支付赔偿款项之日即 2015 年 9 月 30 日起算。进而，三井会社于 2015 年 11 月 5 日提起本案诉讼，并未超过九十日追偿时效期间。

综上所述，二审判决认定本案不应适用海商法第二百五十七条规定的追偿时效，三井会社提起本案诉讼已超过诉讼时效期间，适用法律错误，应予纠正。三井会社通过与总统轮船公司达成和解协议的形式解决原赔偿请求，应对赔偿金额的合理性做进一步审查。因原审判决未对三井会社的损失等基本事实进行认定，本案应发回一审法院重审。因此，再审法院裁定：撤销一审民事判决与二审法院民事判决；发回一审法院重审（涉案主体法律关系见图 6-4）。

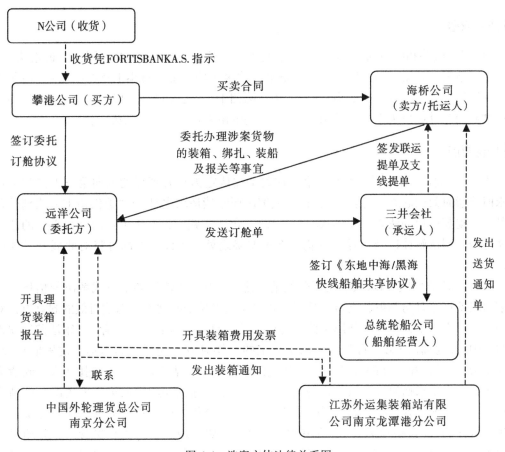

图 6-4 涉案主体法律关系图

📖 案例索引

一审：武汉海事法院(2015)武海法商字第 01919 号民事判决书。

二审：湖北省高级人民法院(2018)鄂民终 1378 号民事判决书。

再审：最高人民法院(2020)最高法民再 173 号民事裁定书。

📝 **简要述评**

本案通过最高人民法院的判决明确了当和解协议签订之日与和解款支付之日不一致时，应以和解款支付之日作为解决原赔偿之日，进而以和解款支付之日(解决原赔偿之日)作为追诉时效起算点。本案为此后"类似案件、类似处理"提供指导意义和法律适用参照标准，在一定程度上统一了法院的司法尺度，并最大限度的弥补了法律条文和司法解释的不足。例如，在中国外运河南公司与阳明海运股份有限公司海上、通海水域货物运输合同纠纷案①以及中远海运集装箱运输有限公司与联迎(上海)国际货运代理有限公司海上货物运输合同纠纷案②中，法院均将"支付调解款项之日"认定为《海商法》第二百五十七条中规定的"解决原赔偿请求之日"。

📖 **法条依据**

《中华人民共和国海商法》第二百五十七条第一款；《中华人民共和国民事诉讼法》第一百七十条第一款第一项、第一百七十条第一款第三项、第二百零七条第一款；《中华人民共和国涉外民事关系法律适用法》第七条、第四十一条；《最高人民法院关于适用〈中华人民共和国涉外民事关系法律适用法〉若干问题的解释(一)》第八条第二款。

📋 **理论要点**

中国《海商法》第二百五十七条第一款关于被认定为负有责任的人向第三人提起追偿请求时追偿时效的起算点为："追偿请求人解决原赔偿请求之日"或"追偿请求人收到受理对其本人提起诉讼的法院的起诉状副本之日"。司法实践中，对于上述两个起算点的法律条文适用、司法解读以及可操作性仍存在不明确之处，因此，本部分将对此展开具体分析。

首先，对于"追偿请求人解决原赔偿请求之日"中原赔偿以和解方式解决的情形，当和解协议签订之日与和解款支付之日不一致时应当以哪个时间作为追偿时效的起算点，对此司法解释未做解读。本案便属于该种情形。具体而言，本案一审法院、二审法院错误地理解了中国《海商法》第二百五十七条中规定的追偿时效和托运人与承运人的索赔时效，故而认为，"从法律条文的含义来看，既然上述条文同时规定了承运人向托运人、收货人或提单持有人要求赔偿以及被认定为负有责任的人(包括承运人)向第三人提出追偿请求的情形，则说明此处'第三人'应当不包括托运人、收货人或提单持有人，而是与被认定为负有责任的人(包括承运人)存在其他法律关系(如代理关系、货物保管、集装箱供应等)的与海上运输合同无直接关系的第三人"。实际上，中国《海商法》第二百五十七条第一款规定的追偿时效，旨在公平保护追偿请求人的权利，避免发生追偿请求人在承担了对

---

① 青岛海事法院(2016)鲁 72 民初 1747 号民事判决书。

② 上海市高级人民法院(2017)沪民终 267 号民事判决书。

原赔偿请求权人的赔偿责任后，因时效届满而无法向负有责任的第三人追偿的情况。综合而言，该条文对"第三人"的主体并无特别限制。因此，在本案的再审中，最高人民法院纠正了一审法院、二审法院错误适用法律的问题并通过再审判决明确了当原赔偿以和解方式解决且和解协议签订之日与和解款支付之日不一致时，应当以和解款支付之日作为追偿时效的起算点。

其次，对于"追偿请求人收到受理对其本人提起诉讼的法院的起诉状副本之日"作为追偿时效起算点面临的主要问题是其在司法实践中的可操作性太差。例如，若承运人在接到原案起诉状副本的九十日内原案未审结，承运人将面对的情形是：由于承运人向托运人或其他第三人的追偿之诉属于损害赔偿之诉，在原纠纷未判决结案之前，承运人是否承担赔付责任并不确定，承运人并未享有向有责任的第三人请求赔偿的实体权利。基于此，承运人在收到法院起诉状副本之日即行使请求权，又不符合能够行使请求权的要求。此时，法院依理是不应受理承运人提起的追偿之诉。① 由此，将导致承运人无法在追偿时效内提起诉讼，而追偿时效届满后又将丧失胜诉权的不合理、不公平之境况。对此，最高人民法院在 2003 年公布的《最高人民法院在关于大连港务局与大连中远国际货运有限公司海上货物运输货损赔偿追偿纠纷一案的请示复函》中明确给出答复："根据《海商法》和我国《民事诉讼法》的有关规定，原赔偿请求若是通过法院诉讼解决的，则追偿请求人向第三人追偿时效的起算点应当自追偿请求人收到法院认定其承担赔偿责任的生效判决之日起计算。"可见，该复函避免了承运人在追诉时效已开始起算而因原案未审结直至追诉时效期间届满其仍无法向第三人提起追偿之诉，致使其追偿权无法得到救济的情形。

📝 **导入案例 6-9**

提起海事强制令申请并被法院裁定执行的构成诉讼时效中断

2005 年 10 月，卖方温州刘旭电器有限公司(以下简称刘旭公司)与买方宝耀欢健钢铁集团(又名阿里屯建筑材料有限公司，以下简称宝耀公司)签订三份买卖合同，合同总金额为 1516747.50 美元，并约定出口代理方为广州交易会进出口有限公司(以下简称广交会公司)。

2006 年 1 月，温州港口货运船舶代理有限公司(以下简称港口公司)接受广交会公司委托，为其代理刘旭公司出口尼日利亚的集装箱货物办理运输事宜(订舱)。之后，港口公司将该订舱事宜转委托上海中通物流股份有限公司宁波分公司(以下简称中通公司)办理，中通公司又转委托案外人宁波中远物流有限公司向宁波马士基办理。同年 2 月 3 日，提单号 550435858 项下的涉案 6 个货柜装船出运。2 月 22 日，提单号 550437350、510505541、550429141 项下的涉案集装箱货物共 6 个货柜装船出运。2006 年 3 月 27 日、4 月 25 日，上述两批货物分别抵达尼日利亚 calabar(卡拉巴)港。

嗣后，因正本提单在签发及交付环节中出现争议，两批货物滞留目的港。2006

---

① 司玉琢、李志文著：《中国海商法基本理论专题研究》，北京大学出版社 2009 年版，第 47 页。

年5月12日，刘旭公司、广交会公司通过申请海事强制令，从中通公司处取得马士基(中国)航运有限公司宁波分公司(以下简称宁波马士基)于2006年4月24日签发的提单号550437350、510505541、550429141的全套正本提单，从宁波马士基处取得当日签发的提单号550435858的全套正本提单。之后，上述四套正本提单项下的货柜，由宝耀公司在目的港办理提货。

此外，根据涉案提单记载，宁波马士基是作为承运人代理签发涉案正本提单，其并非海上货物运输合同的承运人。编号为550435858的提单显示：托运人为广交会公司；收货人为 governor's office, calabac. r. snigeria, west-africa；通知方为 c/o mr. ayiitaayi, special assistant。后，应托运方要求并提供保函，宁波马士基于4月5日重新签发该批货物的正本提单，该提单显示：收货人一栏更改为"toorder"，通知方为 zhengkehao(中文谐音"郑某某"，下同)。该正本提单经广交会公司背书后，又遭退回。4月20日，广交会公司另出具一份《重签保函》，要求更改收货人为宝耀公司，通知方同收货人。5月12日，宁波马士基重新签发提单号550435858的全套正本提单，并通过宁波海事法院移交了该套正本提单。

另外，编号分别为550437350、510505541、550429141的提单均记载：托运人为广交会公司；收货人为宝耀公司。5月12日，中通公司亦通过宁波海事法院移交了上述编号550437350、510505541、550429141的全套正本提单。

涉案四套提单项下货物(海关申报价值合计253052.50美元)于2006年3、4月份运抵卡拉巴港后，因无正本提单提货，宝耀公司与刘旭公司多次协商后，解除了双方的贸易合同，并于2006年12月19日达成《赔偿协议》，约定刘旭公司赔偿宝耀公司288182美元违约金，且由刘旭公司承担集装箱滞港费和海运费，已到港货物归刘旭公司自行处理，但由宝耀公司协助刘旭公司清关，未出运的在国内仓库货物亦由刘旭公司处理。12月20日，双方就违约金支付方式达成《分期付款协议书》，并由宝耀公司出具《声明》。次日，刘旭公司法定代表人刘甲通过银行三次转账，付给宝耀公司7869713.75奈拉。2007年1月21日，刘旭公司将前述已到港的12个集装箱货物以76215.75美元转卖于玛格万某司，货物差价损失共计176836.75美元。

由于刘旭公司、广交会公司与宁波马士基等在本案所涉提单签发、交付环节发生争议，前述四票已到港的涉案货物，未办理正常提货，直至2006年5月12日之后，宝耀公司以正本提单提取货物。2006年11月22日至12月19日期间，马士基尼日利亚公司(卡拉巴)陆续收取宝耀公司滞期费5607959奈拉，其中涉及提单号550435858项下6个货柜，自2006年4月4日起计算至10月28日的208天滞期费共计2687253.67奈拉。经计算，提单号550435858项下货柜的平均日滞期费为12919.49奈拉，至2006年5月12日，滞期39天，滞期费应为503860.11奈拉，折合人民币31491.26元(按1元人民币比16奈拉计算，保留小数点后两位数)。涉及其他三份提单项下6个货柜自2006年5月12日至同年10月28日的180天滞期费为2426418奈拉，平均日滞期费13480奈拉，至2006年5月12日，滞期11天，计148280奈拉，折合人民币9267.50元。同年10月起，尼日利亚港务局分四次共收取宝耀公司滞港费1123884奈拉，其中涉及提单号550435858项下6个货柜，2006年3月26日卸货，港方按滞港 209 天计算，收取 505617 奈拉，平均日滞港费 2419.22 奈拉，自 2006 年 3 月 27 日起计算至 2006 年 5 月 12 日，滞港 47 天，计 113703.34 奈拉。涉及其他三份提单的 6 个货柜，2006 年 4 月 23 日卸货，港方按滞港 185 天计算，收取 451617 奈拉，平均日滞港费 2441.17 奈拉，截至 2006 年 5 月 12 日，滞港 19 天，计 288182 美元。根据前述四票提单项下货物的海关申报价值，经计算，提单号 550435858 项下货物价值占前述贸易合同总货款的 10.81%，对应的违约金为 31152.47 美元；提单号 550437350、510505541、550429141 项下货物价值占贸易合同总货款的 5.88%，对应违约金为 16945.10 美元。以上合计违约金损失 48097.57 美元。此外，提单号 550435858 项下货物的运费 18600 美元、包干费人民币 18945 元，折合人民币 168210 元（已按 2006 年 3 月 20 日支付之日 100 美元比 802.50 元人民币的汇率中间价折算），已由广交会公司于 2006 年 3 月向港口公司支付。其他三票货物海运费 18600 美元、包干费人民币 19770 元，折合人民币 166872 元及利息，经宁波海事法院（2006）甬海法温商初字第 22 号判决生效后，刘旭公司已履行。刘旭公司因海事强制令申请一案，承担申请费 5000 元、其他费用 5000 元。根据刘旭公司提供的各项差旅费票据，以及刘旭公司出国人员的出入境签证记录，酌定刘旭公司与本案有关的国外差旅费用人民币 188876.30 元。同时，根据刘旭公司提供的己方出国人员行程表，尤其是刘甲出境时间、地点，确认刘甲个人产生的差旅费用人民币 872 元，其他一名随行人员的境内差旅费用酌情认定人民币 860 元。综上，刘甲等二人因处理货物的境内外差旅费用酌定为人民币 190608.30 元。

基于上述，宁波海事法院认为：本案系海上货物运输合同承运人或承运人的代理人迟延签发提单致使收货人不能及时提货引起的损失赔偿纠纷；根据涉案提单记载，托运人为广交会公司，宁波马士基是作为承运人代理签发提单，不应承担承运人责任，故，即使宁波马士基具有迟延签发并交付提单的行为，也应由承运人承担后果；刘旭公司既非涉案提单托运人，也非收货人，且涉案提单项下的出口货物已由承运人凭正本提单向提单甲的收货人交付，因此，刘旭公司并非本案所涉海上货物运输合同的当事人，且对案涉提单项下的货物已不具有所有权，其原告诉讼主体资格不适格；涉案两批货物运抵目的港之日起一年内，均未及时向承运人要求赔偿；宁波马士基迟延签发提单与货方多次要求改单有因果关系，因该改单行为导致的迟延签发提单后果，不应由宁波马士基承担；刘旭公司、广交会公司申请海事强制令的行为，不构成《海商法》就海上货物运输规定的诉讼时效中断事由。

综上所述，宁波海事法院于 2008 年 11 月 7 日作出（2007）甬海法温商初字第 13 号民事判决：驳回刘旭公司的诉讼请求。

刘旭公司不服上述判决，向浙江省高级人民法院提起上诉。

浙江省高级人民法院经审理查明：2005 年 1 月 7 日，刘旭公司与广交会公司签订《出口货物代理协议书》，约定刘旭公司以广交会公司名义出口货物，并对双方的权利义务进行了约定；2005 年 10 月 17 日，卖方刘旭公司与买方宝耀公司分别签订三份买卖合同，且均在合同条款中约定："第一部分 1. 本合同货物的提单应某明如下项目：为符合尼日利亚政府免税出口加工区 1992 年颁布的 63 号文件及关于运往尼日利亚免税加工区规定之文件 12(10)，本合同下列的货物可以免除提供银行 crino 文件进口验货和清关文件，不需要进行海关估价；2. 卖方应在货物出运之日起 10 日内将提单传真给买方，买方应在收到传真件后付 30% 货款。卖方收到货款总额 30% 后，将提单原件快递给买方，余款 70%，货到后付清。第二部分……2. 交货日期：运后 2 个月内到达目的地港口；3. 付款方式：买方收到货物后以电汇方式付清全部货款……5. 违约条款：a. 如果卖方在交货日期后延期交货。卖方应支付违约金及误工费给买方，违约金误工费按本合同总金额的 25% 计算……"另外，上述三份买卖合同还在合同条款第二部分第 1 款分别约定货物的出运时间分别为 2006 年 2 月 10 日前、2 月 28 日前、3 月 6 日前；上述三份买卖合同签订后，刘旭公司于 2005 年 12 月 23 日与港口公司联系，要求港口公司分三批(对应三份合同)代为办理出口货物至尼日利亚的订舱，并要求"第一批货在 2006 年 1 月 5—10 日装运；先交提单后付运费；广交会公司付运费后，核销单、退税联寄广交会公司；装船后即出提单"；港口公司于当月 25 日回复同意接受该业务。港口公司接受委托后，又转委托中通公司，中通公司通过中远物流向宁波马士基订舱。

2005 年 12 月 28 日，港口公司传真广交会公司要求确认运费报价，并在传真上加注"1 月 12 日"字样。广交会公司于同月 30 日回传上述传真件，对运费等费用予以确认，并特别注明船期为 1 月 12 日。港口公司于当日将该传真件又传真给中通公司。2005 年 12 月 28 日，港口公司还将集装箱托运单传真给刘旭公司确认。该托运单载明：发货人为广交会公司，收货人为宝耀公司，目的港 calabar，船期 1 月 12 日，还包括货物箱数、品名、重量等参数。同日，刘旭公司、广交会公司传真港口公司，明确要求提单需显示贸易合同第一部分第 1 条约定的内容，即"合同项下货物可以免除提供银行 crino 文件进口验货和清关文件，不需要进行海关估价"的英文内容。2006 年 1 月 9 日，刘旭公司传真给港口公司，告知 12 个集装箱的货物于 8 日晚之前装箱运走(装箱单显示装箱日期为 2006 年 1 月 7 日、8 日，可相互印证)，并要求尽快取得提单。

2006 年 2 月 3 日，提单号 550435858 项下的 6 个货柜装船出运，并于 3 月 27 日(实际卸船时间为 26 日)到达 calabar 港。2006 年 2 月 22 日，提单号 550437350、510505541、550429141 项下 6 个货柜装船出运，并于 4 月 25 日(实际卸船时间为 23 日)抵达 calabar 港。货物到达目的港后，刘旭公司仍未取得所需提单，其与广交会公司于 2006 年 5 月 12 日通过一审法院以海事强制令从宁波马士基获得于当日签发的编号为 550435858 的正本提单；从中通公司获得由宁波马士基于 2006 年 4 月 24 日签发的编号分别为 550437350、510505541、550429141 正本提单。该批提单均载明：发货人为广交会公司，收货人为宝耀公司，由宁波马士基作为丹麦 A.P. 穆勒-马士基集团(以下简称穆勒马士基)的代理人签发，同时加注了"合同项下货物可以免除提供银行 crino 文件进口验货和清关文件，不需要进行海关估价"的英文内容。

其间，宝耀公司于 2006 年 4 月 13 日通知刘旭公司："第一份买卖合同项下货物交货期已到(因合同约定 2 月 10 日出运，出运后 2 个月交货，即应在 4 月 10 日前交货)，再限 5 天内必须把提单交到我司，否则我们另找货源，造成我司的一切损失后果由贵司负责"。嗣后,因宝耀公司不再需要本案货物,刘旭公司与宝耀公司经长时间谈判,直至 2006 年 12 月 19 日达成赔偿协议,约定:刘旭公司赔偿宝耀公司违约金 288182 美元(按合同总金额 19% 计算(刘甲称其护照被扣,不能不谈,也不能不付));集装箱滞箱费和海运费由刘旭公司承担;已到港货物由宝耀公司代办清关提货,货物由刘旭公司自行处理;在刘旭公司仓库未出运的第二份、第三份买卖合同项下货物由刘旭公司自行处理,并解除三份合同的买卖关系。宝耀公司实际为刘旭公司提取货物的时间为港口管理部门收取滞港费的终止时间即 2006 年 10 月 23 日和 27 日。

2006 年 5 月 22 日,中通公司以广交会公司、刘旭公司、港口公司为被告,就涉案货物的海运费结算事宜向宁波海事法院提起货运代理合同运费纠纷的诉讼。一审法院于 2006 年 10 月 8 日作出的(2006)甬海法温商初字第 22 号民事判决(该判决已生效)认定宁波马士基为承运人。刘旭公司认为,港口公司、中通公司、宁波马士基未及时提供出口货物的提单,致其蒙受巨大损失,遂于 2007 年 5 月 11 日提起本案诉讼,并由宁波海事法院作出(2007)甬海法温商初字第 13 号民事判决后上诉至浙江省高级人民法院。

此外,二审经审理查明的其余事实与原一审判决认定一致。

基于上述,二审法院认为:刘旭公司委托广交会公司代理出口货物,刘旭公司、广交会公司与港口公司联系确定海运业务,由港口公司委托中通公司代理货运业务,又由中通公司通过中远物流向宁波马士基订舱,由宁波马士基签发提单;港口公司与中通公司系货运代理人,其非海上货物运输合同的当事人,其在本案运输合同纠纷中非适格的被告;刘旭公司虽非提单载明的托运人,但其与港口公司联系货运事务并将货物交付接卡司机拖运,港口公司也明知货物所有人为刘旭公司,故根据《海商法》第四十二条关于"托运人"定义的规定,刘旭公司系"委托他人为本人将货物交给与海上货物运输有关的承运人的人",系本案交易中的托运人,属海上货物运输合同的当事人,且其因不能及时获得提单按时提取货物蒙受损失提起诉讼,是适格的原告;一审法院认为提单项下货物业经提取,刘旭公司已无所有权而不具备原告资格不当;(2006)甬海法温商初字第 22 号民事判决业已确认宁波马士基为本案交易中的承运人,故宁波马士基在本案海上货物运输合同纠纷中是适格的被告,而一审判决认为其非适格的被告主体错误,应予纠正。

此外,二审法院还认为:两批提单的签发时间均迟于收货人宝耀公司宽限的收货时间 4 月 18 日,故作为承运人的宁波马士基对此有过错;因宁波马士基未及时提交提单,导致刘旭公司不能及时向宝耀公司交付货物,进而导致合同解除,并由刘旭公司自行处理货物并赔偿违约金,故宁波马士基的行为过错与刘旭公司的损失有因果关系;宁波马士基需承担的责任应以其所能预见的损失数额为限,即宁波马士基承担的赔偿数额应不超过货款加海运费加保险费的数额;中国《海商法》第二百五十七条规定,"就海上货物运输向承运人要求索赔的请求权,时效期间为一年,自承运人交付或者应当交付货物之日起计算",故涉案第一批货物分别于 2006 年 3 月 17 日、4 月 25 日到港,承运人"应当交付货物之日"应从 2006 年 3 月 17 日起算,诉讼时效则于

2007 年 3 月 16 日届满(注：第二批货物依此类推)，但刘旭公司于 2006 年 5 月 11 日向一审法院申请海事强制令，并于翌日获取正本提单四套，故宁波马士基和中通公司交付提单行为，表明其同意继续履行相应的合同义务，符合《海商法》第二百六十七条第一款关于时效中断事由的规定；此外，提起海事强制令申请并被法院裁定执行应构成诉讼时效中断。综上，浙江省高级人民法院于 2009 年 12 月 18 日作出(2009)浙海终字第 17 号民事判决：撤销宁波海事法院(2007)甬海法温商初字第 13 号民事判决；宁波马士基赔偿刘旭公司损失；驳回刘旭公司的其他诉讼请求。

宁波马士基向最高人民法院申请再审。最高人民法院于 2011 年 2 月 14 日作出(2010)民申字第 1838 号民事裁定，指令浙江省高级人民法院再审本案。

再审法院浙江省高级人民法院认为：托运人存在反复要求改单的事实，但结合刘旭公司提供的从港口公司以及广交会公司等处取得的函件或传真等证据可以看出，虽然提单的收货人确实发生变更，但是该变更并非出自广交会公司或刘旭公司的本意，而是迫于宁波马士基的压力和基于宁波马士基的授意，故涉案提单迟延签发完全是由于宁波马士基方面的原因，而非因托运人反复要求改单所致；宁波马士基迟延签发提单，才导致刘旭公司不能按约向外国买方交付货物，故而，宁波马士基迟延签发提单的行为与刘旭公司所受损失之间存在因果关系；提起海事强制令申请并被法院裁定执行也应认定构成时效中断，因此确认刘旭公司起诉未过诉讼生效。综上，再审法院浙江省高级人民法院判决：维持本院(2009)浙海终字第 17 号民事判决。

📑 案例索引

一审：宁波海事法院(2007)甬海法温商初字第 13 号民事判决书。

二审：浙江省高级人民法院(2009)浙海终字第 17 号民事判决书。

再审：浙江省高级人民法院(2011)浙民再字第 61 号民事判决书(注：宁波马士基、刘旭公司不服二审判决，向最高人民法院申请再审后，最高人民法院作出(2010)民申字第 1838 号民事裁定，指令浙江省高级人民法院再审本案)。

📝 简要述评

诉讼时效中断在立法规定上比较原则、抽象，可操作性较低。但是，司法实践中具体案件需具体分析，以确定涉案情形是否构成诉讼时效中断。就本案而言，在中国《海商法》未明文规定的情况下，当事人刘旭公司提起海事强制令申请并被法院裁定执行之情形是否构成诉讼时效中断，针对此种情形应具体分析。具体而言，法院应该从诉讼时效中断制度的立法目的和精神出发，判断当事人提起海事强制令申请的真实意思表示，若符合诉讼时效中断制度的立法目的和精神则法院应当认定上述情形构成诉讼时效中断。

本案通过最高人民法院法院的判决明确了提起海事强制令申请并被法院裁定执行应当认定构成时效中断，为此后当事人提起海事强制令申请是否构成时效中断类案件提供指导意义和法律适用参照标准，在一定程度上提高了诉讼时效中断制度在司法实践中的可操作性。

⊞ 法条依据

《中华人民共和国海商法》第四十二条、第七十一条、第七十二条、第一百零八条、第一百五十三条第一款第(一)项、第一百五十三条第一款第(三)项、第一百八十六条、第二百五十七条第一款、第二百六十七条第一款、第二百二十九条、第二百五十七条第一款;《中华人民共和国民事诉讼法》第六十四条第一款、第一百零八条。

⊞ 理论要点

诉讼时效中断是指在时效进行期间,因发生法律规定的事由而使以前所经过的时效归于无效,法律规定的事由终了之时,时效重新开始计算。① 诉讼时效中断法律制度具有导致诉讼时效中断的法律效果,其对积极促使权利人和义务人行使权利、打破权利睡眠具有十分重大的意义。就海事诉讼时效而言,其相关规定主要包括中国《海商法》第二百六十七条(诉讼时效中断情形包括提起诉讼、提交仲裁或者被请求人同意履行义务、申请扣船)、中国《民法典》第一百九十五条(诉讼时效中断情形包括权利人提出履行请求、义务人同意履行义务、权利人提起诉讼或者申请仲裁、与提起诉讼或者申请仲裁具有同等效力的其他情形,较中国《民法通则》第一百四十条诉讼时效因提起诉讼、当事人一方提出要求或同意履行义务而中断之规定更为合理)、最高人民法院相关司法解释及其作出的关于诉讼时效中断的个案批复等。然而,上述相关诉讼时效制度及其中断事由在司法实践中仍存在不明晰之处。例如,海事司法实践中对"被请求人同意履行"的解释和适用存在分歧,导致法官对"被请求人同意履行"存在两种大相径庭的认识并做出完全相反的判决,有损法律的稳定性。② 再如,中国《民法典》第一百九十五条中"与提起诉讼或者申请仲裁具有同等效力的其他情形"的认定标准在司法实践中也亟待细化。因此,上述有关海事诉讼时效中断的相关规定尚需进一步细化,以提高其可操作性。

以本案为例,再审法院关于涉案时效中断的推理过程是:(1)适用中国《海商法》第二百六十七条有关"时效因请求人提起诉讼、提交仲裁或者被请求人同意履行义务而中断"之规定。本案中,当事人刘旭公司于2006年5月11日向一审法院申请海事强制令并被裁定执行,并且本案当事人宁波马士基于2006年5月12日向刘旭公司交付了提单。(2)二审法院认为宁波马士基交付提单的行为表明其同意继续履行相应的合同义务,依法构成时效中断。(3)虽然法律没有明文规定申请海事强制令具有诉讼时效的中断效力,但依据相关法律文件精神,提起海事强制令申请并被法院裁定执行也应认定构成时效中断。综上,再审法院确认刘旭公司起诉未过诉讼时效。但是,本案中再审法院对申请海事强制令是否构成时效中断并未展开法理分析,亦即,刘旭公司于2006年5月11日向一审法院申请海事强制令并被裁定执行,但案涉《海商法》《民法通则》均未明确规定其是否构成诉讼时效中断,且再审法院亦未对此进行具体分析。

---

① 司玉琢主编:《海商法(第四版)》,法律出版社2018年版,第372页。

② 柳贺:《论海事诉讼时效中断规则中的"被请求人同意履行"中断事由》,载《珠江水运》2022年第17期,第46~48页。

　　实践中，基于特别法优先适用原则，就海事诉讼纠纷之诉讼时效而言，中国《海商法》有规定的，应适用《海商法》，《海商法》没有规定的，应适用中国《民法通则》（已废止，转而适用《民法典》）。因此，涉案当事人为获取正本提单而申请海事强制令并被法院裁定执行，不符合中国《海商法》第二百六十七条有关提起诉讼、提交仲裁、被请求人同意履行义务、申请扣船可构成诉讼时效中断之情形，亦不符合中国《民法通则》第一百四十条有关提起诉讼、当事人一方提出要求或同意履行义务构成诉讼时效中断之情形。但是，中国《民法典》第一百九十五条规定诉讼时效中断包括权利人向义务人提出履行请求、义务人同意履行义务、权利人提起诉讼或者申请仲裁、与提起诉讼或者申请仲裁具有同等效力的其他情形。因此，本案中，申请海事强制令也不属于《中华人民共和国民法典》第一百九十五条第一款至第三款规定的情形，而是构成该条第四款"与提起诉讼或者申请仲裁具有同等效力的其他情形"。其理由如下：依据《最高人民法院关于审理民事案件适用诉讼时效制度若干问题的规定（2020年修正）》第十一条，与提起诉讼或者申请仲裁具有同等效力的其他情形还包括：申请支付令；申请破产、申报破产债权；为主张权利而申请宣告义务人失踪或死亡；申请诉前财产保全、诉前临时禁令等诉前措施；申请强制执行；申请追加当事人或者被通知参加诉讼；在诉讼中主张抵销；其他与提起诉讼具有同等诉讼时效中断效力的事项。具体而言，本案中，申请海事强制令，其性质应属于上述第十一条所规定的"申请强制执行"之情形。此外，尽管诉讼时效中断的情形由法律明文规定，但是，理论上与实践中，诉讼时效中断情形之判断标准愈显灵活，越来越多的与提起诉讼或者申请仲裁具有同等效力的其他情形被法律和司法实践所认可。例如，《最高人民法院关于审理民事案件适用诉讼时效制度若干问题的规定（2020年修正）》第十二条至第十七条规定的各种具体情形。再如，郑振国、包头市南郊农村信用联社股份有限公司等金融借款合同纠纷案①中，再审法院依据《最高人民法院关于审理民事案件适用诉讼时效制度若干问题的规定》第十一条第五项，认为"申请强制执行对诉讼时效的中断效力在申请行为发生法律效力是即已发生，一经发生即为不可逆转，不应强制执行申请被裁定驳回而否定申请行为本身的法律效力，进而否定其对诉讼时效的中断效力"；三业海韵集团有限公司、中铁高新工业股份有限公司合同纠纷案②中明确了合同一方向对方发函通知解除协议并保留通过法律途径追究其违约责任的行为能够引起诉讼时效中断；厦门福康经济发展有限公司诉龙海市国土资源局建设用地使用权出让合同纠纷案③中明确了在双务合同中，一方以对方未履行相应义务为由不履行合同，该抗辩构成对其合同相应权利诉讼时效的中断；山东博斯腾醇业有限公司、盈德投资（上海）有限公司供用气合同纠纷案④中明确了诉讼虽未经法

　　①　内蒙古自治区包头市中级人民法院（2019）内02民初354号民事判决书，内蒙古高级人民法院（2020）内民终153号民事判决书，最高人民法院（2021）最高法民申289号民事裁定书。

　　②　四川省高级人民法院（2017）川民初78号民事判决书，最高人民法院（2019）最高法民终313号民事判决书。

　　③　福建省高级人民法院（2016）闽民初110号民事判决书，最高人民法院（2017）最高法民终888号民事判决书。

　　④　上海市高级人民法院（2018）沪民初83号民事判决书，最高人民法院（2020）最高法民终237号民事判决书。

院实体处理，但足以表明一方当事人曾向对方主张过合同权利，构成诉讼时效中断，等等。

但是，司法实践中，亦有不同法院对同一问题做出不同裁判的情形，如当事人起诉后未依法缴纳诉讼费，且经催告仍不缴纳，法院裁定按撤诉处理，不能引起诉讼时效中断，因为撤诉是当事人依其意思表示放弃因起诉而发生相应法律后果的行为，是当事人对其诉讼权利的处分，故按照诉讼法"撤回的诉，视同未起诉"的诉讼规则，不发生起诉的效果，自然也就不产生诉讼时效的中断。① 但是，在宁乡中宇塑业有限公司、张某连民间借贷纠纷案中②，法院明确只要当事人提起诉讼，诉讼时效即中断，而无论其是否撤诉。

基于上述司法实践，可以明确判断某情形是否属于"与提起诉讼或者申请仲裁具有同等效力的其他情形"，其标准在于该情形是否契合诉讼时效中断制度的立法精神，亦即，其一，诉讼时效中断制度设定的目的在于明确并维持权利，只要有证据证明能够明确并维持权利的事由，就应认定构成诉讼时效中断。例如，如果权利人有主张权利的意思表示，且该意思表示到达或应到达义务人，就应当认定权利人主张了权利，故诉讼时效中断。其二，诉讼时效中断制度在一定程度上可以督促权利人行使权利，着重强调权利人在诉讼时效期间内曾积极主张权利的事实，至于诉讼过程或诉讼结果，与诉讼时效中断的认定没有必然的关系。

最后，海事强制令是海事请求的当事人在被请求人存在违法或者违约的行为时，为避免损失或避免使损失扩大，向海事纠纷所在地的海事法院提出申请，请求法院责令被请求人作为或者不作为一定行为。③ 因此当事人申请海事强制令的行为足以表明其积极主张自己权利的意思表示，符合诉讼时效中断的立法精神和目的。因此，依据2001年《全国海事法院院长座谈会纪要》有关诉讼时效的意见——"……在适用海商法审理海事纠纷时，如果债务人仅同意与债权人协商赔偿事宜但未就具体赔偿达成协议的，或者海事请求人撤回诉前海事请求保全申请、海事强制令、海事证据保全申请或者上述申请被海事法院裁定驳回的，不构成时效中断。海商法中对承运人的时效规定同样适用于实际承运人"，本案中再审法院推断提起海事强制令申请并被法院裁定执行应构成诉讼时效中断。

📝 导入案例 6-10

中国承认与执行外国法院判决中互惠关系的认定标准

2010年3月5日，SPAR航运有限公司（以下简称SPAR公司）与大新A公司签订三份定期租船合同，将"SPARCAPELLA""SPARVEGA""SPARDRACO"三轮出租给大新A公司。三份租船合同除租金率、租期、船舶详情等条款外，其余条款相同。

---

① 黄松有主编：《民事审判指导与参考》（总第34集），法律出版社2008年版，第108~113页。
② 湖南省长沙市中级人民法院（2017）湘01民初778号民事判决书，湖南省高级人民法院（2018）湘民终824号民事判决书，最高人民法院（2019）最高法民申1151号民事裁定书。
③ 韦杨、白静茹：《新形势下海事强制令制度应用评析及完善》，载《中国海商法研究》2020年第3期，第56页。

3月25日，大新华物流控股(集团)有限公司(以下简称大新华公司)向SPAR公司出具3份保函，为大新A公司履行上述租船合同提供担保。3份保函除船名外，其他条款一致，均约定适用英国法并按英国法进行解释，并且保函下任何针对大新华公司或其财产所提起的诉讼，均应提交位于伦敦的英高等法院审理。后来，因大新A公司迟延支付租金，SPAR公司撤回了船舶，并依据保函约定向英高等法院对大新华公司提起诉讼，且大新华公司到庭参加了应诉。

2015年3月18日，英高等法院作出[2015]EWHC 718(Comm)号判决(卷号：2013卷1084号)，并判定：支持SPAR公司的诉求，大新华公司应当支付的款项数额将另行确定。

4月27日，英高等法院作出2015/4/27判令：大新华公司应当向SPAR公司支付的租船合同下的费用数额、SPAR公司与大新A公司仲裁程序产生的仲裁费用。此后，大新华公司不服，向英上诉法院提出上诉。

2016年10月7日，针对大新华公司的上诉，英上诉法院作出[2016]EWCA Civ 982号判决，对大新华公司的上诉理由予以了驳回，并于同日作出2016/10/7判令：驳回上诉，不得再次上诉。

然而，大新华公司并未履行生效裁判确定的义务。对此，SPAR公司认为：英高等法院曾在[2015]EWHC 999(Comm)号原告西特福船运公司(以下简称西特福公司)诉被告中国银行股份有限公司(以下简称中国银行)案中承认我国法院作出的判决和裁定，因此，基于互惠原则，请求上海海事法院裁定承认英高等法院[2015]EWHC 718(Comm)号判决、英上诉法院[2016]EWCA Civ 982号判决和相关一系列法院命令。因此，上海海事法院另查明，关于英高等法院[2015]EWHC 999(Comm)号原告西特福公司诉被告中国银行一案的相关事实如下：(1)荣成市西霞口船业有限公司(以下简称西霞口公司)与中国电子进出口山东公司(以下简称中电公司)作为卖方曾于2006年6月3日与西特福船运公司(以下简称西特福公司)签订船舶建造合同，并按西特福公司要求与瓦锡兰芬兰有限公司(以下简称瓦锡兰公司)签订主发动机购买协议。之后，西霞口公司因西特福公司、瓦锡兰公司、颖勤发动机(上海)有限公司(以下简称颖勤公司)以旧机冒充新机出售而与西特福公司、瓦锡兰公司、颖勤公司产生船舶设备买卖侵权纠纷，并于2011年6月17日向青岛海事法院提起(2011)青海法海商初字第271号诉讼(以下简称青法271号)。青岛海事法院一审判令西特福公司、瓦锡兰公司、颖勤公司按约提供主发动机并赔偿相关损失。后，西特福公司、瓦锡兰公司、颖勤公司不服，向山东省高级人民法院提出上诉。山东省高级人民法院于2014年4月2日作出(2013)鲁民四终字第87号民事判决(以下简称鲁法87号)，驳回西霞口公司对颖勤公司的诉讼请求，并对西特福公司、瓦锡兰公司应当承担的赔偿数额作出了部分变更。(2)在西霞口公司起诉前，西特福公司于2010年11月11日在英国对西霞口公司、中电公司就船舶建造合同提起仲裁。西霞口公司起诉后，西特福公司又于2011年9月5日在英国对西霞口公司、中电公司就主机供货合同提起仲裁。为此，西特福公司、瓦锡兰公司、颖勤公司以船舶建造合同和主机供货合同均载有仲裁条款为由，对青法271号案提出管辖权异议，并于2011年11月11日取得英国法院签发的禁诉令，限制西霞口公司继续进行青法271号诉讼。同年11月21日，青岛海事法院裁定驳回管辖权异议。2012年3月13日，山东省高级人民法院二审维持原裁定。在此期间，仲裁庭就船舶建造合同案作出裁决，解除船舶建造合同并由西霞口公司、中电公司返还西特福公司已付船舶价款。(3)因船舶建造合同下，中国银行向西特福公司出具保函，对船舶建造合同被解除时返还已付船舶价款提供担保。因此，西特福公司在仲裁庭作出裁决后，依据保函向英高等法院对中国银行提起［2015］EWHC 999(Comm)号诉讼。中国银行抗辩称，在青法271号案诉讼过程中，青岛海事法院曾作出保全裁定，责令西特福公司提供16392000美元的现金或其他等值担保；限制中国银行及其任何国内外分支机构在任何地点向西特福公司进行任何支付。英高等法院于2015年4月17日作出判决：虽然西特福公司在青法271号案件中提出过管辖权异议，英国法院也曾做出过禁诉令，但西特福公司在管辖权异议被驳回后，在中国法院进行了实体抗辩，应视为接受中国法院管辖，并且在西特福公司接受中国法院管辖的情况下，违反禁诉令不能作为违背公共政策的事由被援引，故对西霞口公司在中国诉讼中获得的判决(即青法271号一审判决、鲁法87号二审判决)及其保全裁定予以承认。然而，西特福公司与西霞口公司之间的争议，即使存在有利于西霞口公司的判决，也不影响中国银行在保函下对西特福公司的支付义务；中国银行根据英国法院判决被强制执行保函下的付款义务也不应构成对青法271号保全裁定的违反。遂在保函项下作出有利于西特福公司的判决，并驳回中国银行关于中止执行的申请。(4)2016年10月9日，经西特福公司、瓦锡兰公司申请再审，最高人民法院作出(2016)最高法民再15号民事判决，撤销鲁法87号判决、青法271号判决，驳回西霞口公司的诉讼请求。

上海海事法院认为：本案系申请承认外国法院民商事判决案；依据中国《民事诉讼法》第二百八十九条，人民法院对申请或请求承认和执行外国法院作出的发生法律效力的判决、裁定，依照中国缔结或参加的国际条约，或按照互惠原则进行审查后，认为不违反中华人民共和国法律的基本原则或者国家主权、安全、社会公共利益的，裁定承认其效力……依照本法的有关规定执行；中国与英国之间尚未缔结或者参加相互承认和执行法院民商事判决、裁定的国际条约，故应以互惠原则作为承认英国法院判决的审查依据；依据中国《民事诉讼法》在规定互惠原则时并没有将之限定为必须是相关外国法院对我国法院民商事判决先行承认和执行，故而，如果根据作出判决的外国法院所在国的法律，我国法院作出的民商事判决可以得到该国法院的承认和执行，即可认定我国与该国存在承认和执行民商事判决的互惠关系；若已有该外国法院对我国法院民商事判决予以承认和执行的先例，自是我国法院作出的民商事判决可以得到该国法院承认和执行的有力证明；英国高等法院［2015］EWHC 999(Comm)号案是西特福公司与中国银行之间的保函纠纷，尽管该判决中出现了对西霞口公司在中国诉讼中获得的判决及其保全裁定予以"承认"(recognise)的表述，但并不能被认定为属于"承认和执行外国法院判决"意义上的"承认"；SPAR公司并未举证证明，在英国法下，针对某一抗辩事由而对外国法院判决、裁定所表达的承认或引用同样具有"承认和执行外国法院判决"意义上的"承认"效果，其原因在于：我国法院的判决、裁定在英国寻求承认和执行时，应当按英国的普通法规则，以我国法院的判决、裁定为依据，在英国法院重新提起诉讼，并在符合承认和执行之条件的情况下由英国法院将作出一个与中国判决基本一致的判决，再按英国法规定的执行程序予以执行；［2015］EWHC 999（Comm）号案系西特福公司为解决与中国银行的保函纠纷而起，诉请指向的标的是西特福公司要求中国银行承担保函下的支付义务，并非西霞口公司提出对青法271号、鲁法87号判决、裁定的承认和执行，且［2015］EWHC 999（Comm）案的原、被告分别是西特福公司和中国银行，不仅无债权人西霞口公司参与，更无青法271号、鲁法87号案另一债务人瓦锡兰公司参与，因此，［2015］EWHC 999（Comm）案不是针对青法271号、鲁法87号判决、裁定而提起的承认和执行之诉，不构成英国法院承认和执行我国法院判决的先例。

综上所述，SPAR公司与大新华公司讼争的涉案保函明确约定有关争议应提交英国法院管辖，大新华公司也参加了英国高等法院与英国上诉法院的诉讼程序并进行了充分答辩，且英高等法院、英上诉法院已作出了终局性的裁决。尽管中国与英国没有缔结或者参加相互承认和执行法院民事判决、裁定的国际条约，但经审查，根据英国法律其并不以存在相关条约作为承认和执行外国法院民商事判决的必要条件，中国法院作出的民商事判决可以得到英国法院的承认和执行，且大新华公司也没有证明英国法院曾以不存在互惠关系为由拒绝承认和执行中国法院民商事判决。此外，本院在审查中没有发现SPAR公司提交的英国法院相关判决存在违反中国法律基本原则或者损害我国国家主权、安全、社会公共利益的情形。因此，在本案中可以根据互惠原则对案涉英国法院判决给予承认。

因此，上海海事法院裁定：承认大不列颠及北爱尔兰联合王国高等法院于2015年3月18日作出的［2015］EWHC 718（Comm）号判决及其在该案下于2015年4月27日、2016年10月3日作出的命令、2016年11月1日作出的最终费用证书和2018年5月17日作出的修正命令；承认大不列颠及北爱尔兰联合王国上诉法院于2016年10月7日作出的［2016］EWCA Civ 982号判决及其在该案下于2016年10月7日、2017年5月8日作出的命令。

🗒 案例索引

一审：上海海事法院（2018）沪72协外认1号民事裁定书。

📝 简要述评

本案例入选上海海事法院2022年十大精品案例、上海市高级人民法院2023年第一批参考性案例、2022年全国海事审判典型案例。此外，本案判决首次承认了互惠原则的认定并不以相关外国法院对人民法院民商事判决先行给予承认和执行为必要条件。具体而言，若根据作出判决的外国法院所在国的法律，人民法院作出的民商事判决可以得到该国法院的承认和执行，可以认定我国与该国存在承认和执行民商事判决的互惠关系；外国法院在其裁判中将我国法院的民商事判决、裁定作为证据或事实加以认定，不属于承认和执行我国法院民商事判决、裁定。

互惠原则的适用，不仅影响到本国判决在国外法院的承认和执行，同时也会涉及一国法院对外国判决的承认和执行。合理确定互惠关系的判断标准对于促进国家间相互承认和执行判决具有重要意义。就本案而言，基于互惠原则承认与执行英国法院的判决，有利于推进两国间判决的互相承认与执行，积极维护中英之间的互惠关系，进而促进两国之间经贸合作交流，增强"一带一路"参与国际贸易市场主体的信心。此外，以司法实践为视角，本案判决践行了最高人民法院发布的《全国法院涉外商事海事审判工作座谈会会议纪要》中"互惠原则"的认定标准，为今后我国法院针对其他国家司法判决的承认与执行提供了示范作用。

随着"一带一路"建设和高水平对外开放政策的深入实施，如何通过推动民商事判决的跨境承认与执行、公正高效化解跨境经贸纠纷、营造法治化营商环境是中国法院面对的时代命题。拓宽互惠原则的适用范围，正是中国法院在新时期对此作出的积极回应。本案例系我国对英国法院判决予以承认的首例案件，也是中国法院适用法律互惠原则的有益探索，营造了健康向好的判决跨境执行环境，进一步增进我国同世界各国间的司法协作互信基础，充分展现了我国在国际商事纠纷解决领域开放包容的大国司法形象。未来，为促进"一带一路"倡议的深入发展并为其建设提供司法保障，中国应在涉外司法协助中坚持人类命运共同体理念的指引，坚持对话协商、合作共赢、交流互鉴，采用合理可能性标准认定互惠关系，打破国家之间判决之承认与执行上无互惠的僵局，以促进国际司法合作、国际民商事纠纷的有效解决，进而为构建人类命运共同体贡献中国力量。①

法条依据

《中华人民共和国民事诉讼法》第二百八十九条；《最高人民法院关于适用〈中华人民共和国民事诉讼法〉的解释》第五百四十四条第一款、第五百四十六条第二款、第五百四十八条第三款。

理论要点

在"一带一路"背景下，各国的经济贸易往来越来越紧密，国际相互承认和执行法院民商事判决则是进一步消除资金、货物、人员等跨国流动障碍的法律法宝，且有利于为"一带一路"国际商事主体的往来合作提供开放包容的法治营商环境。目前，我国已与86个国家签署双边司法协助条约，年均办理国际民商事请求3000多件。② 其中，法院主要依据"我国与其他国家缔结或者参加的国际条约"以及"互惠原则"承认与执行外国判决。但是，由于我国缔结或者参加的国际条约的成员国大多是与我国民商事交流较少的国家，仅凭司法协助双边或多边条约难以满足我国承认和执行外国判决的现实需要。故而，在司法实践中，法院大多数情况下仍是利用互惠原则进行个案审查。就本案而言，本案是人民

① 杜涛、王洪根：《外国判决承认执行中互惠关系认定标准的重构》，载《国际民商事争议解决机制》2019年第1期，第159页。
② 《司法部：我国已与86个国家签署双边司法协助条约》，2023-11-23，人民网：http：//society.people.com.cn/n1/2023/1123/c1008-40124496.html，2023年12月14日。

法院依法适用互惠原则，承认"一带一路"合作共建国家法院民商事判决的典型案例。在我国与英国尚未缔结关于相互承认和执行生效民商事裁判文书的双边司法协助协定，亦未共同参加相关国际条约的情况下，适用互惠原则促进了我国和英国之间相互承认和执行民商事判决。

中国承认外国民商事判决的法律依据主要是《民事诉讼法》及其司法解释，其具体法律条文及司法解释为：《民事诉讼法》第二百八十八条、二百八十九条；《最高人民法院关于适用〈中华人民共和国民事诉讼法〉的解释》第五百四十一条、五百四十二条、五百四十六条。此外，2021 年 12 月 31 日，最高人民法院发布《全国法院涉外商事海事审判工作座谈会会议纪要》，给外国法院判决在我国的承认与执行提供更为具体的实践指南，同时弥补了我国法律及相关司法解释未具体规定和明确解释何为"互惠原则"、如何判断是否存在互惠关系以及互惠关系的认定标准不明晰等弊端。尤其是，对于承认与执行外国法院民商事判决中关于互惠关系的认定标准给出了更加明确的实践指导，厘清了互惠原则的适用标准。具体而言，关于互惠关系，理论上主要有条约互惠、法律互惠、事实互惠和推定互惠四种分类。其中，条约互惠一般是指根据两个国家或地区之间是否签订承认与执行外国法院判决的条约来判断双方是否存在互惠关系；[1] 法律互惠则要求两国法律关于承认和执行外国判决的条件基本对等，对外国法的查明提出了较高的要求；事实互惠要求对方国家存在承认和执行本国判决的事实；推定互惠认为只要对方国家没有拒绝承认和执行先例的，就推定两国之间存在互惠关系。[2] 因法院在本案例中由之前的事实互惠转向采用法律互惠，下文将仅重点讨论事实互惠与法律互惠的司法认定与实践。

我国法院对于承认与执行外国判决中的互惠原则采取严格的审查标准，即除了外国法院作出的离婚判决不需要互惠关系为条件外，外国法院作出的其他判决均需存在条约互惠或者事实互惠。其中，在事实互惠的认定标准上，须以判决作出国有承认与执行我国法院作出的判决的先例存在，否则将不予承认与执行。[3] 然而，就本案而言，法院关于互惠关系的认定标准是：互惠关系的认定并不以相关英国法院对人民法院民商事判决先行给予承认和执行为必要条件。若根据英国法律，人民法院作出的民商事判决可以得到英国法院的承认和执行，则可以认定我国与英国存在承认和执行民商事判决的互惠关系。由此，在缺乏互惠和条约关系的前提下，一个国家在决定是否承认与执行外国法院判决的时候，需要以更理性的目光来审视利益即站在共同利益这一更高的层次上解决问题，不能片面地考虑本国利益或者仅仅出于国家主权的考量而采取过分保守的态度。[4] 具体而言，法律互惠是指国与国之间通过国内立法的形式规定承认与

① 张先寰：《"一带一路"背景下外国民商事判决承认和执行中推定互惠原则的适用》，载《人民司法》2021 年第 1 期，第 64 页。
② 张勇健、杨蕾：《司法机关互相承认执行民商事判决的新探索》，载《人民司法》2019 年第 13 期，第 21 页。
③ 任明艳：《论互惠原则在承认与执行外国法院判决中的适用》，载《公民与法》2011 年第 1 期，第 54 页。
④ 何其生、张霞光：《承认与执行外国法院判决的博弈分析》，载《武大国际法评论》2017 年第 1 期，第 42 页。

执行外国法院判决的条件，且两国规定的条件相对等；① 事实互惠是指判决作出国已经承认和执行承认执行国法院判决的实例即可证明两国之间存在互惠关系。② 例如，德国和日本是典型的实行法律互惠的国家，而我国司法实践在本案之前一直采取事实互惠作为互惠关系的认定标准，如双林建筑有限公司（Shuang Lin Construction Pte. Ltd.）申请承认与执行新加坡国家法院民事判决案③中，法院认为，"我国与新加坡之间虽未缔结或者共同参加关于互相承认和执行生效裁判文书的国际条约，但由于新加坡高等法院曾对我国法院的民事判决予以执行，根据互惠原则，我国法院可以依据《中华人民共和国民事诉讼法》第二百八十八条的规定，对符合条件的新加坡法院的民事判决予以承认和执行"。由此可知，中国法院在本案之前采用的是事实互惠标准，即只有已经查明外国有承认和执行中国法院判决的先例，才承认和执行该外国法院判决。但是，从本案中的裁判要点中可发现，我国法院对于互惠关系的认定开始由事实互惠认定标准转向为法律互惠认定标准，并逐渐走向成熟。例如，在韩国彼克托美术式有限公司与上海创艺宝贝教育管理咨询有限公司申请承认和执行外国法院民事判决、裁定一案④中，法院认为，"由于我国和韩国没有缔结或者参加有关承认和执行法院判决、裁定的国际条约，故对涉案韩国判决应否予以承认和执行，应依据互惠原则进行审查"，并且该案法院关于互惠关系的认定标准是"以韩国法院曾经适用互惠原则对我国的民事判决予以了承认，这表明根据韩国法律的规定，在同等情形下，我国人民法院作出的民商事判决可以得到韩国法院的承认和执行，据此可以认定中国与韩国存在互惠关系"。

最后，由于互惠关系的认定标准严格且单一，有学者主张我国立法对互惠原则的含义应作出扩大解释，同时法院应当抛弃以往实践中的事实互惠的审查标准并采取灵活多样的标准认定互惠关系的存在。⑤还有学者认为在我国现阶段的司法实践中，除采用事实互惠的认定标准外，也可以兼采法律互惠和推定互惠的认定标准。⑥ 笔者认为，在有法律互惠的情况之下，事实互惠就显得过于严苛单一。换言之，在司法实践中，法律互惠可以包含事实互惠，即对于采用法律互惠的国家而言，如果外国法院曾经承认和执行过内国法院的判决，是可以作为存在互惠关系的依据的。但是，如果外国法院与内国法院之间没有这样的先例，也不会影响内国法院基于法律互惠的认定标准判断两国之间的互惠关系。⑦ 因此，

---

① 任明艳：《论互惠原则在承认与执行外国法院判决中的适用》，载《公民与法》2011 年第 1 期，第 53 页。

② 杜涛、王洪根：《外国判决承认执行中互惠关系认定标准的重构》，载《中国国际私法与比较法年刊》2019 年第 1 期，第 162 页。

③ 浙江省温州市中级人民法院（2022）浙 03 协外认 4 号民事裁定书。

④ 上海市第一中级人民法院（2019）沪 01 协外认 17 号民事裁定书。

⑤ 任明艳：《论互惠原则在承认与执行外国法院判决中的适用》，载《公民与法》2011 年第 1 期，第 52 页。

⑥ 王雅菡：《外国法院判决承认与执行中互惠的认定标准》，载《武大国际法评论》2019 年第 4 期，第 35 页。

⑦ 王雅菡：《外国法院判决承认与执行中互惠的认定标准》，载《武大国际法评论》2019 年第 4 期，第 24 页。

法律互惠可以涵盖事实互惠，故而在司法实践中可以取消事实互惠而以法律互惠代之。

📝 **导入案例 6-11**

《纽约公约》下外国仲裁裁决在我国的承认与执行

2013 年 8 月 28 日，满升航运有限公司（以下简称满升公司）作为涉案船舶"欧洲天空"（EUROSKY）轮的光船承租人与卓联海运有限公司（以下简称卓联公司）订立《定期租船合同》。该《定期租船合同》第 17 条约定：所有争议都应根据 BIMCO 格式仲裁条款提交至伦敦，由三名仲裁员组成仲裁庭进行仲裁，当事人各指定一位仲裁员，适用英国法，且仲裁员应为航运领域的商事人员，仲裁地是英国伦敦。同日，双方通过船舶经纪人交换了租约确认书。

10 月 22 日，卓联公司向满升公司发出无单放货的指示，并向满升公司出具保函。满升公司遵守该指示，在向光租出租人 Florence I Maritime Co.（以下简称 Florence 公司）出具了措辞相同的保函后，实施了无单放货。

2016 年 1 月，提单托运人在伊朗扣押了船舶，索赔因无单放货给其造成的损失。

3 月 21 日，满升公司根据其与 Florence 公司及其船舶管理公司签订的《释放协议》的约定向 Florence 公司赔付了总计 24 万美元的赔偿款。在船舶被扣押当时及之后，满升公司要求卓联公司根据《定期租船合同》第 8 条"受雇与赔偿条款"和/或第 73 条（该条约定：假如在船舶到达目的港时尚不能提供正本提单，则出具一份承租人盖章的/签署的保函，同时提供正本提单的传真复印件，措辞要与船东的保赔协会的措辞相一致，那么船东/船长同意卸下或释放全部的货物；在没有提供正本提单，在船舶抵港两天前提供了根据船东保赔协会的格式和措辞的保函，则船东允许卸货；该保函仅应由承租人签署）和/或保函的约定承担赔偿责任，但卓联公司拒绝赔偿。满升公司依约提起仲裁并通过公证送达的方式将《仲裁申请书》有效送达到卓联公司在北京的经营地址。因卓联公司未指定仲裁员，故本案由满升公司指定的仲裁员 David Farrington 独任审理，卓联公司对此未提出异议。仲裁过程中卓联公司委托上海四维乐马律师事务所代理，并参与了仲裁的书面审理。

2017 年 10 月 26 日，独任仲裁员 David Farrington 作出仲裁裁决，主要内容如下：卓联公司应当向满升公司支付 24 万美元的赔偿款及其利息；卓联公司应当赔偿满升公司追偿费用、仲裁员费及其利息。

2018 年 8 月 23 日，独任仲裁员就满升公司追偿费用作出费用裁决，勒令卓联公司应当向满升公司赔偿其为申请终局仲裁裁决所支出的律师费、仲裁费等费用及其利息。

上述仲裁裁决已发生法律效力，而卓联公司未按照已发生法律效力的上述仲裁裁决和费用裁决向满升航运有限公司履行义务。因此，满升公司向天津海事法院申请承认和执行上述仲裁裁决和费用裁决。

天津海事法院认为：本案为申请承认与执行外国仲裁裁决纠纷，双方的争议焦点为仲裁员 David Farrington 于 2017 年 10 月 26 日作出的满升公司与卓联公司之间关于

"欧洲天空"(EUROSKY)轮 2013 年 8 月 28 日订立的《定期租船合同》的仲裁裁决以及于 2018 年 8 月 23 日作出的费用裁决是否存在不应承认和执行的情形;本案所涉仲裁裁决系在英国伦敦作出,均已生效,且我国和英国均为 1958 年订立的纽约公约的缔约国,根据《中华人民共和国民事诉讼法》第二百八十三条的规定,涉案仲裁裁决是否应当予以承认和执行,应当依照纽约公约和《中华人民共和国民事诉讼法》的相关规定予以审查;本案满升公司于 2016 年 5 月 10 日以公证的方式向卓联公司送达《仲裁申请书》《仲裁通知书》,通知卓联公司可以选定一名仲裁员,因此,根据双方之《定期租船合同》第 17 条约定,卓联公司有权选定一名仲裁员,并由选定的仲裁员与满升公司选定的仲裁员共同选定另外一名仲裁员组成仲裁庭,但是,卓联公司在接到指定仲裁员通知后,并没有选择仲裁员;进而,在卓联公司未选择仲裁员的情况下,由满升公司选定独任仲裁员进行仲裁符合双方之《定期租船合同》第 17 条约定适用的"BIMCO 格式仲裁条款"之规定,且卓联公司在仲裁过程中并未对独任仲裁提出异议;在接到仲裁通知后,卓联公司委托了上海四维乐马律师事务所律师参与仲裁,且在仲裁过程中卓联公司并未申请更换委托代理人,而仲裁员则给了卓联公司充分的陈述和申辩的权利;卓联公司未提交证据证明案涉责任和金额的终局裁决和费用裁决存在《纽约公约》规定的不应承认和执行的情形,且案涉责任和金额的终局裁决和费用裁决所涉裁决事项不属于我国法律所禁止采用仲裁方式解决的事项,对其承认与执行也不违反公共政策。综上所述,天津海事法院对案涉责任和金额的终局裁决和费用裁决予以承认和执行。

因此,天津海事法院裁定:承认和执行仲裁员 David Farrington 于 2017 年 10 月 26 日作出的满升公司与卓联公司之间关于"欧洲天空"(EUROSKY)轮 2013 年 8 月 28 日订立的《定期租船合同》的仲裁裁决以及于 2018 年 8 月 23 日作出的费用裁决。

📋 案例索引

一审:天津海事法院(2019)津 72 协外认 1 号之一民事裁定书。

📝 简要述评

本案为"一带一路"共建国家企业与欧洲国家企业之间发生的涉外定期租船合同纠纷,亦是外国企业在涉案仲裁裁决经由英国伦敦作出后向我国法院申请承认与执行该仲裁裁决的案件。本案中,人民法院依据《纽约公约》和《中华人民共和国民事诉讼法》的相关规定认定仲裁程序的合法性,有效维护了仲裁当事人的正当程序权利及其权益。天津海事法院关于涉案仲裁裁决的承认与执行,为中国涉外仲裁裁决的承认与执行提供了新的思路与借鉴价值,进一步打破了因各国法院裁判判决的相对封闭性导致的通过司法裁判途径解决跨境争议难的问题。同时,天津海事法院关于涉案仲裁裁决的承认与执行也为营造良好的国际法治营商环境做出了正面反馈。具体而言,治化营商环境的构建需要从国内、国际两个层面推动,不仅依赖内国司法的公平、公正、高效、便捷,还需要加强国际司法合作,并以此推动形成相互承认和执行外国判决的国际法治环境、促进判决在国际的自由流动以及为跨国商事交往提供全方位、全流程、多覆盖的司法保障。① 总而言之，本案通过正确解释与适用《纽约公约》、及时承认与执行外国仲裁裁决，在高效化解国际商事纠纷的同时为国际营商环境提供了法律保障。

🈁 法条依据

《纽约公约》第五条；《中华人民共和国民事诉讼法》第二百八十三条。

🈁 理论要点

外国仲裁裁决的承认与执行是我国"一带一路"建设相关纠纷以及国际民商事争议解决的重要保障措施之一。所谓外国仲裁裁决的承认和执行，一般是指在一国领域作出的仲裁裁决，若一方当事人不自动履行，另一方当事人向另一国主管机构，通常是指被申请承认和执行裁决地国的法院，提出申请承认和执行该裁决以及该国主管机构对该申请依法进行审查并作出决定的活动。通常，法院在受理当事人之承认与执行外国仲裁裁决的申请后，经审查若不存在法定的应拒绝承认和执行的情形，将承认与强制执行外国仲裁裁决；否则，将不予承认和执行。②

1. 承认和执行外国仲裁裁决的法律依据

我国法院审查承认与执行外国仲裁裁决的法律依据主要包括国内法和国际法两部分。其中，国内法依据主要包括《仲裁法》《民事诉讼法》及其相关司法解释以及我国适用《纽约公约》的相关法律、规定或通知等。例如，《民事诉讼法》第二百八十一、二百八十二、二百八十三条；《民事诉讼法解释》第五百四十六条；《最高人民法院关于执行我国加入的〈承认及执行外国仲裁裁决公约〉的通知》（最高人民法院法（经）发〔1987〕5 号）中，于 1987 年 4 月 22 日对我国生效的《承认及执行外国仲裁裁决公约》（以下简称《纽约公约》）；1995 年《最高人民法院关于人民法院处理与涉外仲裁及外国仲裁事项有关问题的通知》（以下简称《通知》），该《通知》首次建立了法院拒绝承认与执行外国仲裁裁决的内部报告制度；2017 年《最高人民法院关于仲裁司法审查案件报核问题的有关规定》。此外，国际法依据则包括《纽约公约》以及我国缔结或参加的国际条约，或者互惠原则。例如，在 SPS 欧化公司与盘锦和运实业集团有限公司申请承认和执行仲裁裁决案③中，法院认为，"斯德哥尔摩商会仲裁院所在国瑞典是该公约的缔约国之一，案涉仲裁裁决所仲裁的争议属于商事法律关系所引起的争议，因此是否承认和执行斯德哥尔摩商会仲裁院作出的仲裁 V（2014/143）终局性仲裁裁决应适用 1958 年《纽约公约》的相关规定进行审查"。

就本案而言，依据《中华人民共和国海事诉讼特别程序法》第十一条规定，本案因卓联公司主要办事机构所在地为北京，属于天津海事法院管辖范围，故本案审理法院为天津海事法院。同时，我国和英国均为《纽约公约》的缔约国，因此，根据《中华人民共和国民

---

① 张勇健、杨蕾：《司法机关互相承认执行民商事判决的新探索》，载《人民司法》2019 年第 13 期，第 20 页。

② 韩德培：《国际私法》，高等教育出版社 2014 年版，第 663 页。

③ 辽宁省大连市中级人民法院（2016）辽 02 协外认 12 号民事裁定书。

事诉讼法》第二百八十三条的规定，涉案仲裁裁决是否应当予以承认和执行，应当依照《纽约公约》和《中华人民共和国民事诉讼法》的相关规定予以审查。此外，我国尚无专门针对外国判决承认和执行的系统性法律规范。① 因此，正确解释与适用《纽约公约》就显得尤为重要。具体而言，若我国与涉案仲裁裁决作出地国均为《纽约公约》缔约国的，应根据该公约的规定对涉案仲裁裁决能否在我国得到承认和执行进行审查，并且适用该公约不违反我国加入该公约时所作的互惠保留声明。

2. 涉案合同约定的"三人仲裁庭"与最终的"独任审理"是否违背《纽约公约》

《纽约公约》第五条规定："一、裁决唯有于受裁决援用之一造向声请承认及执行地之主管机关提具证据证明有下列情形之一时，始得依该造之请求，拒予承认及执行：……(乙)受裁决援用之一造未接获关于指派仲裁员或仲裁程序之适当通知，或因他故，致未能申辩者……(丁)仲裁机关之组成或仲裁程序与各造间之协议不符，或无协议而与仲裁地所在国法律不符者。"本案中，满升公司以公证方式向卓联公司送达《仲裁申请书》《仲裁通知书》，通知卓联公司可以选定一名仲裁员，并且根据双方《定期租船合同》第 17 条约定，卓联公司有权选定一名仲裁员，并由选定的仲裁员与满升公司选定的仲裁员共同选定另外一名仲裁员组成仲裁庭。但是，卓联公司在接到指定仲裁员通知后，并没有选择仲裁员。在此种情况下，由满升公司选定独任仲裁员进行仲裁符合双方《定期租船合同》第 17 条约定适用的"BIMCO 格式仲裁条款"规定，且在仲裁过程中卓联公司并未对独任仲裁提出异议。因此，本案既不存在违背《纽约公约》的情形，亦不存在拒绝承认和执行外国仲裁裁决的通常情形(即仲裁协议无效；未给予作为裁决执行对象的当事人适当通知或者作为裁决执行对象的当事人未曾给予有关指定仲裁员或者进行仲裁程序的适当通知；仲裁员超越权限；仲裁庭的组成或仲裁程序不当；裁决对当事人尚未发生约束力或已被撤销或停止执行)。② 同时，承认与执行该外国仲裁裁决也不违反公共政策。因此，最终天津海事法院裁决承认和执行仲裁员 David Farrington 作出的满升公司与卓联公司之间关于"欧洲天空"(EUROSKY)轮订立的《定期租船合同》的仲裁裁决以及费用裁决。

实践中，与该案件相类似的案件时有发生。例如，在 BBC 租船及物流公司(BBC Chartering & Logistic GmbH & CO. KG)与上海福瑞国际货物运输代理有限公司(Shanghai Moreover International Freight Co. , Ltd.)"BBCKELAN"轮海上货物运输合同纠纷案③中，法院认为，"英国伦敦海事仲裁员协会独任仲裁员布鲁斯·布辰作出的关于'BBCKELAN'轮海上货物运输合同纠纷仲裁裁决和补充仲裁裁决，属于对契约性商事法律关系引起争议作出的仲裁裁决，不违反我国加入《承认及执行外国仲裁裁决公约》(以下简称《1958 年纽约公约》)时所作的商事保留声明"。因此，该法院判决对英国伦敦海事仲裁员协会(LMAA)独任仲裁员布鲁斯·布辰(Bruce Buchan)作出的关于"BBCKELAN"轮海上货物运输合同纠纷的补充仲裁裁决的法律效力予以承认和执行。

---

① 张勇健、杨蕾：《司法机关互相承认执行民商事判决的新探索》，载《人民司法》2019 年第 13 期，第 21 页。

② 韩德培：《国际私法》，高等教育出版社 2014 年版，第 664~666 页。

③ 上海海事法院(2015)沪海法民认字第 2 号民事裁定书。

后　记

感谢新疆大学法学院、新疆大学新时代依法治疆研究基地对本书的资助！学院长期致力于学术著作的出版，已形成较好的品牌效应。祝愿学院有更好的发展！

当然，本书能够在武汉大学出版社出版，离不开武汉大学出版社胡荣老师的悉心工作！编辑对本书字斟句酌的修改体现了武汉大学出版社精益求精的敬业精神！对此，深表感谢！

本书写作小组成员主要包括新疆大学法学院、新疆大学新时代依法治疆研究基地的老师和同学们！一并表示感谢！各作者写作内容如下：

第一章：刘伟军、赛雅琪；

第二章、第三章、第四章：刘伟军；

第五章：刘伟军、梁天阳；

第六章：李成红。

此外，刘伟军撰写前言和后记，并负责统稿。

刘伟军

2024 年 1 月

参 考 文 献

一、著作

[1] 陈宪民、魏友宏、张梅生编著：《海商法论》，中国法制出版社 2002 年版。

[2] 傅廷中著：《海商法》，法律出版社 2017 年版。

[3] 郭瑜著：《海商法的精神——中国的实践和理论》，北京大学出版社 2005 年版。

[4] 韩德培主编：《国际私法》，高等教育出版社 2014 年版。

[5] 黄松有主编：《民事审判指导与参考》(总第 34 集)，法律出版社 2008 年版。

[6] 胡正良、韩立新、孙思琪等著：《〈海商法〉修改基本理论与主要制度研究》，法律出版社 2021 年版。

[7] 贾林青著：《海商法》，中国人民大学出版社 2017 年版。

[8] 林群弼著：《海商法论》，三民书局 2004 年版。

[9] 司玉琢著：《海商法专论》，中国人民大学出版社 2007 年版。

[10] 司玉琢著：《海商法专论》，中国人民大学出版社 2018 年版。

[11] 司玉琢主编：《国际海事立法趋势及对策研究》，法律出版社 2002 年版。

[12] 司玉琢、李志文主编：《中国海商法基本理论专题研究》，北京大学出版社 2009 年版。

[13] 司玉琢、张永坚、蒋跃川编著：《中国海商法注释》，北京大学出版社 2019 年版。

[14] 司玉琢主编：《海商法专题研究》，大连海事大学出版社 2002 年版。

[15] 司玉琢等编著：《新编海商法学》，大连海事大学出版社 1999 年版。

[16] 司玉琢主编：《海商法》，法律出版社 2007 年版。

[17] 司玉琢主编：《海商法》，法律出版社 2015 年版。

[18] 司玉琢主编：《海商法》，法律出版社 2018 年版。

[19] 司玉琢主编：《海商法》，法律出版社 2023 年版。

[20] 孙思琪著：《海上货物运输法教程》，法律出版社 2022 年版。

[21] 王伟著：《无正本提单交付货物的法律与实践——国际海上货物运输法若干问题的比较研究》，法律出版社 2010 年版。

[22] 吴星奎著：《海上货物运输合同纠纷案司法审判观点集成》，中国商务出版社 2019 年版。

[23] 杨良宜著：《船舶买卖法律与实务》，大连海事大学出版社 2004 年版。

[24] 杨仁寿著：《海商法论》，三民书局 1985 年版。

[25] 余劲松主编：《国际经济法学》，高等教育出版社 2019 年版。

［26］张辉主编：《海商法》，武汉大学出版社 2023 年版。

［27］张丽英著：《海商法学》，高等教育出版社 2010 年版。

［28］张湘兰主编：《海商法》，武汉大学出版社 2008 年版。

［29］张新平著：《海商法》，五南图书出版社 2002 年版。

［30］赵红主编：《上海海事法院三十年案例精选（1984—2014）》，法律出版社 2015 年版。

［31］［加］威廉·台特雷著：《国际海商法》，张永坚等译，法律出版社 2005 年版。

［32］［美］G·吉尔摩、C. L. 布莱克著：《海商法》（上），杨召南等译，中国大百科全书出版社 2000 年版。

［33］［英］John F Wilson：*Carriage of goods by sea*，Langman 2010.

［34］［英］Aleka Mandaraka-Sheppard：*Modern Maritime Law and Risk Management. 2nd ed.* London and New York：Informa Publishing 2009.

［35］［英］Aleka Mandaraka-Sheppard：*Modern Admiralty Law With Risk Management Aspect.* London：Cavendish Publishing Limited 2001.

［36］［英］Aleka Mandaraka-Sheppard：*Modern Maritime Law*，3rd ed. Informa Law 2013.

二、期刊中析出的文献

［1］陈泽坤：《论提单管辖权条款之契约效力审查》，载《上海法学研究》2023 年第 20 卷。

［2］郭洪庆：《浅析海运贸易中换取清洁提单保函的应用》，载《中国水运》2010 年第 8 期。

［3］傅廷中：《提单所具有的运输合同证明的作用》，载《世界海运》1997 年第 4 期。

［4］李天生、张园地：《论指示提单下承运人的审单义务》，载《大连海事大学学报（社会科学版）》2021 年第 6 期。

［5］侯伟：《试析海上货物索赔中收货人的权利基础》，载《中国远洋海运》2023 年第 5 期。

［6］黄建设：《承运人在非合同赔偿中的抗辩权》，载《水运管理》2001 年第 9 期。

［7］张国军：《提单并入仲裁条款的有效识别》，载《人民司法》2014 年第 8 期。

［8］王肖卿：《班轮货物运输中无船承运人的法律地位》，载《中国海商法研究》2021 年第 3 期。

［9］杨巍：《禁止诉讼时效协议之检讨及规则构建——兼论诉讼时效领域中意思自治的边界》，载《暨南学报（哲学社会科学版）》2023 年第 2 期。

［10］杨巍：《禁止诉讼时效协议之检讨及规则构建——兼论诉讼时效领域中意思自治的边界》，载暨南学报（哲学社会科学版）2023 年第 2 期。

［11］姚新超、肖岚：《国际贸易中集装箱超期使用费责任纠纷研究》，载《国际经贸》2021 年第 10 期。

［12］黄素芳：《集装箱超期使用费诉讼时效起算点探析——一个案例引发的思考》，载《中国海商法研究》2015 年第 1 期。

［13］柳贺：《论海事诉讼时效中断规则中的"被请求人同意履行"中断事由》，载《珠江水运》2022 年第 17 期。

［14］韦杨、白静茹：《新形势下海事强制令制度应用评析及完善》，载《中国海商法研究》2020 年第 3 期。

［15］杜涛、王洪根：《外国判决承认执行中互惠关系认定标准的重构》，载《国际民商事争议解决机制》2019 年第 1 期。

［16］傅廷中：《非合同之诉》，载《世界海运》1999 年第 3 期。

［17］何其生、张霞光：《承认与执行外国法院判决的博弈分析》，载《武大国际法评论》2017 年第 1 期。

［18］胡正良：《〈海商法〉海上货物运输合同起草中焦点问题的回顾》，载《中国远洋航务公告》2003 年第 7 期。

［19］侯伟：《关于将内河货物运输纳入〈海商法〉调整范围的立法建议》，载《中国海商法研究》2017 年第 3 期。

［20］黄晶：《我国〈海商法〉对国内水路货物运输的适用》，载《上海海事大学学报》2018 年第 1 期。

［21］李凤琴、张涛：《涉外商事审判中的外国法查明》，载《人民司法》2021 年第 16 期。

［22］李建忠：《论我国外国法查明方法规定的重构》，载《法律科学（西北政法大学学报）》2019 年第 1 期。

［23］李澜：《我国海上货物运输实际承运人认定之司法实证研究》，载《海大法律评论》2015 年辑刊。

［24］刘博林：《舱位互换经营模式下实际承运人的认定》，载《水运管理》2022 年第 8 期。

［25］刘栋：《现代集装箱海运业务中实际承运人的识别——大连 SC 有限公司诉香港 YT 有限公司、HH 海运有限公司无单放货赔偿纠纷案》，载《世界海运》2011 年第 9 期。

［26］刘寿杰：《解读〈最高人民法院关于审理无正本提单交付货物案件适用法律若干问题的规定〉》，载《中国海商法年刊》2009 年第 3 期。

［27］任明艳：《论互惠原则在承认与执行外国法院判决中的适用》，载《公民与法》2011 年第 1 期。

［28］王雅菡：《外国法院判决承认与执行中互惠的认定标准》，载《武大国际法评论》2019 年第 4 期。

［29］肖永平、仇念轩：《完善我国法院运用专业机构查明外国法的建议》，载《国际法学刊》2022 年第 4 期。

［30］徐文进、姚竞燕：《"一带一路"倡议下专家查明外国法制度的完善——基于〈涉外民事关系法律适用法〉施行以来全国 134 件案件的实证分析》，载《司法体制综合配套改革与刑事审判问题研究——全国法院第 30 届学术讨论会获奖论文集（下）国家法官学院科研部》。

［31］徐冬根：《规范与公正价值追求相结合的典范——评长荣公司无单放货赔偿纠纷上诉案判决》，载《法律适用》2004 年第 5 期。

［32］杨婵：《台风免责抗辩的司法审查》，载《航海》2016 年第 4 期。

［33］杨巍：《禁止诉讼时效协议之检讨及规则构建——兼论诉讼时效领域中意思自治的边界》，载《暨南学报（哲学社会科学版）》2023 年第 2 期。

［34］杨轶：《托运危险货物的义务与责任》，载《中国海洋法学评论》2007 年第 2 期。

［35］姚洪秀、邓松：《托运人托运危险货物的义务和责任》，载《中国海商法年刊

（2005）》，大连海事大学出版社 2005 年版。

［36］张先君：《"一带一路"背景下外国民商事判决承认和执行中推定互惠原则的适用》，载《人民司法》2021 年第 1 期。

［37］张一桢、蒋正雄：《关于废除〈海商法〉中过失免责制度之思考》，载《华东政法大学学报》2019 年第 5 期。

［38］张勇健、杨蕾：《司法机关互相承认执行民商事判决的新探索》，载《人民司法》2019 年第 13 期。

［39］朱小菁：《论海上货物运输合同中收货人的界定》，载《中国海商法研究》2021 年第 2 期。

［40］朱作贤、王晓凌：《关于实际承运人识别中的几个法律问题》，载《世界海运》2011 年第 1 期。

三、中英文案例

［1］北海海事法院（2011）海商初字第 76 号民事判决书，广西壮族自治区高级人民法院（2014）桂民四终字第 44 号民事判决书。

［2］北海海事法院（2013）海商初字第 129 号民事判决书。

［3］大连海事法院（1996）大海法商初字第 72 号民事判决书，辽宁省高级人民法院（1997）辽经终字第 39 号民事判决书，最高人民法院（2000）交提字第 6 号民事判决书。

［4］大连海事法院（2014）大海商初字第 34 号民事判决书。

［5］大连海事法院（2017）辽 72 民初 885 号民事判决书，辽宁省高级人民法院（2020）辽民终 269 号民事判决书，最高人民法院（2021）最高法民申 3133 号民事裁定书。

［6］大连海事法院（2018）辽 72 民初 758 号民事判决书。

［7］大连海事法院（2020）辽 72 民初 119 号民事判决书。

［8］大连海事法院（2022）辽 72 民初 399 号民事裁定书，辽宁省高级人民法院（2022）辽民辖终 39 号民事裁定书。

［9］福建省高级人民法院（2016）闽民初 110 号民事判决书，最高人民法院（2017）最高法民终 888 号民事判决书。

［10］福建省宁德地区经济技术协作公司诉日本国日欧集装箱运输公司预借提单侵权损害赔偿纠纷上诉案，载《最高人民法院公报》1989 年第 3 期。

［11］福建省高级人民法院（2016）闽民终 516 号民事判决书，最高人民法院（2021）最高法民申 6016 号民事裁定书。

［12］福建省高级人民法院（2022）新 2901 民初 7703 号民事裁定书。

［13］广东省佛山市中级人民法院（2013）佛中法民二初字第 24-1 号民事裁定书，广东省高级人民法院（2014）粤高法立民终字第 1663 号民事裁定书，最高人民法院（2015）民提字第 165 号民事裁定书。

［14］广东省高级人民法院（2012）粤高法民四终字第 152 号民事判决书，最高人民法院（2014）民申字第 2016 号民事裁定书。

［15］广东省高级人民法院（2014）粤高法民四终字第 174 号民事判决书。

[16] 广东省高级人民法院(2015)粤高法民四终字第 68 号民事判决书,最高人民法院(2016)最高法民申 1606 号民事裁定书。

[17] 广东省高级人民法院(2015)粤高法民四终字第 69 号民事判决书,最高人民法院(2016)最高法民申 1604 号民事裁定书。

[18] 广东省高级人民法院(2015)粤高法民四终字第 71 号民事判决书,最高人民法院(2016)最高法民申 1413 号民事裁定书。

[19] 广东省高级人民法院(2018)粤民终 2456 号民事判决书,最高人民法院(2021)最高法民申 7603 号民事裁定书。

[20] 广东省高级人民法院(2020)粤民终 1143 号民事判决书,最高人民法院(2021)最高法民申 7682 号民事裁定书。

[21] 广州海事法院(1999)广海法深字第 92 号民事判决书。

[22] 广州海事法院(2004)广海法初字第 83 号民事判决书,广东省高级人民法院(2004)粤高法民四终字第 230 号民事判决书。

[23] 广州海事法院(2004)广海法初字第 137 号民事判决书。

[24] 广州海事法院(2008)广海法初字第 392 号民事判决书,广东省高级人民法院(2009)粤高法民四终字第 44 号民事判决书。

[25] 广州海事法院(2012)广海法初字第 1033 号民事判决书,广东省高级人民法院(2015)粤高法民四终字第 70 号民事判决书,最高人民法院(2016)最高法民申 1605 号民事裁定书。

[26] 广州海事法院(2014)广海法初字第 374 号民事判决书,广东省高级人民法院(2015)粤高法民四终字第 77 号民事判决书,最高人民法院(2017)最高法民再 71 号民事判决书。

[27] 广州海事法院(2015)广海法初字第 810 号民事判决书。

[28] 广州海事法院(2016)粤 72 民初 531 号民事判决书。

[29] 广州海事法院(2017)粤 72 民初 412 号民事判决书,广东省高级人民法院(2017)粤民终 3125 号民事判决书,最高人民法院(2020)最高法民申 6937 号民事裁定书。

[30] 广州海事法院(2020)粤 72 民初 399 号民事判决书。

[31] 广州海事法院(2017)粤 72 民初 221 号民事判决书。

[32] 广州海事法院(2019)粤 72 民初 2217 号民事裁定书,广东省高级人民法院(2019)粤民辖终 494 号民事裁定书。

[33] 广州海事法院(2009)广海法初字第 493 号民事裁定书,广东省高级人民法院(2010)粤高法立民终字第 151 号民事裁定书。

[34] 广州市中级人民法院(2013)穗中法金民初字第 158 号民事判决书,广东省高级人民法院(2014)粤高法民二终字第 45 号民事判决书,最高人民法院(2015)民提字第 126 号民事判决书。

[35] 海口海事法院(1996)海商初字第 037 号民事判决书,海南省高级人民法院(1996)琼经终字第 137 号民事判决书,最高人民法院(2003)民四提字第 5 号民事判决书。

[36] 海南省高级人民法院(2010)琼民三终字第 2 号民事判决书,最高人民法院(2011)民

提字第 12 号民事判决书。

[37] 湖南省长沙市中级人民法院(2017)湘 01 民初 778 号民事判决书,湖南省高级人民法院(2018)湘民终 824 号民事判决书,最高人民法院(2019)最高法民申 1151 号民事裁定书。

[38] 内蒙古自治区包头市中级人民法院(2019)内 02 民初 354 号民事判决书,内蒙古高级人民法院(2020)内民终 153 号民事判决书,最高人民法院(2021)最高法民申 289 号民事裁定书。

[39] 宁波海事法院(2005)甬海法商初字第 580 号民事判决书,浙江省高级人民法院(2007)浙民三终字第 87 号民事判决书。

[40] 宁波海事法院(2009)甬海法商初字第 129 号民事判决书,浙江省高级人民法院(2010)浙海终字第 71 号民事判决书。

[41] 宁波海事法院(2011)甬海法商初字第 46 号民事判决书,浙江省高级人民法院(2011)浙海终字第 101 号民事判决书。

[42] 宁波海事法院(2012)甬海法台商重字第 1 号民事判决书,浙江省高级人民法院(2012)浙海终字第 90 号民事判决书。

[43] 宁波海事法院(2013)甬海法权字第 176 号民事判决书。

[44] 宁波海事法院(2013)甬海法商初字第 404 号民事判决书。

[45] 宁波海事法院(2013)甬海法商初字第 414 号民事裁定书,浙江省高级人民法院(2013)浙辖终字第 97 号民事裁定书。

[46] 宁波海事法院(2014)甬海法商初字第 316 号民事判决书,浙江省高级人民法院(2015)浙海终字第 160 号民事判决书。

[47] 宁波海事法院(2014)甬海法商初字第 639 号民事判决书。

[48] 宁波海事法院(2015)甬海法商初字第 428 号民事判决书。

[49] 宁波海事法院(2015)甬海法商初字第 534 号民事判决书,浙江省高级人民法院(2016)浙民终 222 号民事判决书,最高人民法院(2017)最高法民再 412 号民事判决书。

[50] 宁波海事法院(2015)甬海法商初字第 1158 号民事判决书,浙江省高级人民法院(2016)浙民终 54 号民事判决书。

[51] 宁波海事法院(2016)浙 72 民初 380 号民事判决书,浙江省高级人民法院(2017)浙民终 5 号民事判决书,最高人民法院(2018)最高法民申 3403 号民事裁定书。

[52] 宁波海事法院(2016)浙 72 民初 1138 号民事判决书,浙江省高级人民法院(2017)浙民终 49 号民事判决书,最高人民法院(2018)最高法民申 3873 号民事裁定书

[53] 宁波海事法院(2016)浙 72 民初 1139 号民事判决书,浙江省高级人民法院(2017)浙民终 52 号民事判决书,最高人民法院(2018)最高法民申 3919 号民事裁定书

[54] 宁波海事法院(2016)浙 72 民初 1140 号民事判决书,浙江省高级人民法院(2017)浙民终 51 号民事判决书,最高人民法院(2018)最高法民申 633 号民事裁定书。

[55] 宁波海事法院(2016)浙 72 民初 2211 号民事判决书,浙江省高级人民法院(2018)浙民终 14 号民事判决书。

［56］宁波海事法院(2016)浙72民初2758号民事判决书，浙江省高级人民法院(2017)浙
    民终864号民事判决书，最高人民法院(2020)最高法民再172号民事判决书。

［57］宁波海事法院(2018)浙72民初659号民事判决书。

［58］宁波海事法院(2018)浙72民初1519号民事判决书，浙江省高级人民法院(2018)浙
    民终1115号民事判决书。

［59］宁波海事法院(2018)浙72民初1520号民事判决书，浙江省高级人民法院(2018)浙
    民终1113号民事判决书。

［60］宁波海事法院(2018)浙72民初1521号民事判决书，浙江省高级人民法院(2018)浙
    民终1114号民事判决书。

［61］宁波海事法院(2018)浙72民初1522号民事判决书，浙江省高级人民法院(2020)浙
    民终1210号民事判决书。

［62］宁波海事法院(2018)浙72民初1899号民事判决书，浙江省高级人民法院(2019)浙
    民终422号民事判决书。

［63］宁波海事法院(2020)浙72民初1101号民事判决书，浙江省高级人民法院(2020)浙
    民终1210号民事判决书。

［64］宁波海事法院(2022)浙72民初1114号民事判决书，浙江省高级人民法院(2023)浙
    民终200号民事判决书。

［65］青岛海事法院(2001)青海法海商初字第140号民事判决书。

［66］青岛海事法院(2004)青海法海商初字第245号民事判决书。

［67］青岛海事法院(2009)青海法海商初字第126号民事判决书，山东省高级人民法院
    (2010)鲁民四终字第120号民事判决书。

［68］青岛海事法院(2009)青海法海商初字第276号民事判决书，山东省高级人民法院
    (2011)鲁民四终字第138号民事判决书，最高人民法院(2013)民提字第7号民事判
    决书。

［69］青岛海事法院(2009)青海法烟海商初字第70号民事判决书。

［70］青岛海事法院(2009)青海法海商初字第277号民事判决书，山东省高级人民法院
    (2011)鲁民四终字第131号民事判决书，最高人民法院(2013)民提字第6号民事判
    决书。

［71］青岛海事法院(2010)青海法海商初字第166号民事判决书。

［72］青岛海事法院(2012)青海法海商初字第958号民事判决书，山东省高级人民法院
    (2014)鲁民四终字第106号民事判决，最高人民法院(2016)最高法民再17号民事
    判决书。

［73］青岛海事法院(2013)青海法海商初字第486号民事判决书，山东省高级人民法院
    (2014)鲁民四终字第74号民事判决书。

［74］青岛海事法院(2014)青海法海商初字第751号民事判决书，(2015)鲁民四终字第
    152号民事判决书，最高人民法院(2016)最高法民申2157号民事裁定书。

［75］青岛海事法院(2014)青海法海商初字第1024号民事判决书，山东省高级人民法院
    (2017)鲁民终415号民事判决书。

[76] 青岛海事法院(2016)鲁72民初1613号民事判决书,山东省高级人民法院(2018)鲁民终240号民事判决书,最高人民法院(2018)最高法民申6242号民事裁定书。

[77] 青岛海事法院(2016)鲁72民初1747号民事判决书。

[78] 青岛海事法院(2017)鲁72民初1337号民事判决书。

[79] 青岛海事法院(2018)鲁72民初375号民事判决书。

[80] 青岛海事法院(2018)鲁72民初1110号民事判决书,山东省高级人民法院(2020)鲁民终993号民事判决书。

[81] 青岛海事法院(2018)鲁72民初2046号民事判决书,山东省高级人民法院(2019)鲁民终2275号民事判决书,最高人民法院(2020)最高法民申3713号民事裁定书。

[82] 青岛海事法院(2020)鲁72民初189号民事判决书,山东省高级人民法院(2020)鲁民终2538号民事判决书,最高人民法院(2021)最高法民申1061号民事裁定书。

[83] 青岛海事法院(2020)鲁72民初1236号民事判决书。

[84] 青岛海事法院(2021)鲁72民初126号民事判决书,山东省高级人民法院(2021)鲁民终1856号民事判决书。

[85] 青岛海事法院(2021)鲁72民初430号民事判决书,山东省高级人民法院(2021)鲁民终1408号民事判决书

[86] 青岛海事法院(2021)鲁72民初432号民事判决书,山东省高级人民法院(2021)鲁民终1410号民事判决书。

[87] 山东省高级人民法院(2015)鲁民再字第2号民事判决书。

[88] 山东省高级人民法院(2020)鲁民终2770号民事判决书。

[89] 上海海事法院(86)沪海法商字第13号民事判决书

[90] 上海海事法院(2003)沪海法商初字第207号民事判决书。

[91] 上海海事法院(2003)沪海法商初字第299号民事判决书,上海市高级人民法院(2004)沪高民四(海)终字第87号民事判决书。

[92] 上海海事法院(2005)沪海法商初字第277号民事判决书。

[93] 上海海事法院(2006)沪海法商初字第738号民事判决书。

[94] 上海海事法院(2007)沪海法商初字第107号民事判决书,上海市高级人民法院(2008)沪高民四(海)终字第140号民事判决书。

[95] 上海海事法院(2008)沪海法商初字第1042号民事判决书,上海市高级人民法院(2009)沪高民四(海)终字第190号民事判决书。

[96] 上海海事法院(2009)沪海法商初字第243号民事判决书,上海市高级人民法院(2010)沪高民四(海)终字第71号民事判决书,最高人民法院(2011)民提字第16号民事判决书。

[97] 上海海事法院(2009)沪海法商初字第817号民事判决,上海市高级人民法院(2010)沪高民四(海)终字第28号。

[98] 上海海事法院(2009)沪海法商初字第1124号民事判决书,上海市高级人民法院(2010)沪高民四(海)终字第136号民事判决书,最高人民法院(2013)民申字第35号民事裁定书。

[99] 上海海事法院(2010)沪海法商初字第 10 号民事判决书；上海市高级人民法院(2010)沪高民四(海)终字第 143 号民事判决书。

[100] 上海海事法院(2010)沪海法商初字第 832 号民事判决书。

[101] 上海海事法院(2011)沪海法商初字第 753 号民事判决书，上海市高级人民法院(2013)沪高民四(海)终字第 24 号民事判决书，最高人民法院(2015)民申字第 1896 号民事裁定书。

[102] 上海海事法院(2011)沪海法商初字第 1201 号民事判决书，上海市高级人民法院(2012)沪高民四(海)终字第 94 号民事判决书，最高人民法院(2014)民申字第 1188 号民事裁定书。

[103] 上海海事法院(2012)沪海法商初字第 492 号民事判决书，上海市高级人民法院(2012)沪高民四(海)终字第 159 号民事判决书。

[104] 上海海事法院(2012)沪海法商初字第 1011 号民事判决书，上海市高级人民法院(2013)沪高民四(海)终字第 132 号民事判决书，最高人民法院(2015)民申字第 573 号民事裁定书。

[105] 上海海事法院(2012)沪海法商初字第 1208 号民事判决书。

[106] 上海海事法院(2012)沪海法商初字第 1302 号民事判决书。

[107] 上海海事法院(2013)沪海法商初字第 1010 号民事判决书。

[108] 上海海事法院(2013)沪海法商初字第 1069 号民事判决书。

[109] 上海海事法院(2013)沪海法商初字第 1633 号民事判决书，上海市高级人民法院(2015)沪高民四(海)终字第 55 号民事判决书，最高人民法院(2018)最高法民再 196 号民事判决书。

[110] 上海海事法院(2013)沪海法商初字第 1747 号民事判决书，上海市高级人民法院(2014)沪高民四(海)终字第 35 号民事裁定书。

[111] 上海海事法院(2014)沪海法商初字第 620 号民事判决书。

[112] 上海海事法院(2014)沪海法商初字第 838 号民事判决书，上海市高级人民法院(2016)沪民终 119 号民事判决书，最高人民法院(2018)最高法民再 240 号民事判决书。

[113] 上海海事法院(2015)沪海法商初字第 2598 号一审民事判决书，上海市高级人民法院(2016)沪民终 256 号民事判决书，最高人民法院(2018)最高法民申 3348 号民事裁定书。

[114] 上海海事法院(2016)沪 72 民初 288 号民事判决书，上海市高级人民法院(2018)沪民终 140 号民事判决书。

[115] 上海海事法院(2016)沪 72 民初 2017 号民事判决书。

[116] 上海海事法院(2016)沪 72 民初 3196 号民事判决书，上海市高级人民法院(2017)沪民终 371 号民事判决书，最高人民法院(2020)最高法民再 214 号民事判决书。

[117] 上海海事法院(2017)沪 72 民初 554 号民事判决书，上海市高级人民法院(2018)沪民终 451 号民事判决书，最高人民法院(2019)最高法民申 4943 号民事裁定书。

[118] 上海海事法院(2017)沪 72 民初 3024 号民事判决书。

[119] 上海海事法院(2018)沪 72 民初 929 号民事判决书,上海市高级人民法院(2018)沪民终 405 号民事判决书,最高人民法院(2020)最高法民申 6908 号民事裁定书。

[120] 上海海事法院(2019)沪 72 民初 463 号民事判决书,上海市高级人民法院(2021)沪民终 359 号民事判决书。

[121] 上海海事法院(2019)沪 72 民初 2585 号民事判决书。

[122] 上海海事法院(2019)沪 72 民初 2590 号民事判决书。

[123] 上海海事法院(2019)沪 72 民初 2591 号民事判决书。

[124] 上海海事法院(2019)沪 72 民初 2592 号民事判决书。

[125] 上海海事法院(2020)沪 72 民初 158 号民事判决书,上海市高级人民法院(2021)沪民终 157 号民事判决书。

[126] 上海海事法院(2020)沪 72 民初 437 号民事判决书,上海市高级人民法院(2021)沪民终 329 号民事判决书。

[127] 上海海事法院(2021)沪 72 民初 895 号民事判决书,上海市高级人民法院(2022)沪民终 282 号民事判决书。

[128] 上海海事法院(2021)沪 72 民初 997 号民事判决书。

[129] 上海海事法院(2022)沪 72 民初 422 号民事判决书。

[130] 上海海事法院(2022)沪 72 民初 686 号民事判决书,上海市高级人民法院(2023)沪民终 87 号民事判决书。

[131] 上海海事法院(2023)沪 72 行保 7 号非诉保全审查裁定书。

[132] 上海市第一中级人民法院(2019)沪 01 协外认 17 号民事裁定书。

[133] 上海市高级人民法院(2015)沪高民四(海)终字第 55 号民事判决书,最高人民法院(2018)最高法民再 196 号民事判决书。

[134] 上海市高级人民法院(2015)沪高民四(海)终字第 140 号民事判决书。

[135] 上海市高级人民法院(2016)沪民终 256 号民事判决书,最高人民法院(2018)最高法民申 3348 号民事裁定书

[136] 上海市高级人民法院(2017)沪民终 267 号民事判决书。

[137] 上海市高级人民法院(2013)沪高民四(海)终字第 48 号民事判决书。

[138] 上海市高级人民法院(2018)沪民初 83 号民事判决书,最高人民法院(2020)最高法民终 237 号民事判决书。

[139] 上海市高级人民法院(2018)沪民终 451 号民事判决书。

[140] 四川省高级人民法院(2017)川民初 78 号民事判决书,最高人民法院(2019)最高法民终 313 号民事判决书。

[141] 天津海事法院(2001)海商初字第 46 号民事判决书,天津市高级人民法院(2001)高经终字第 229 号民事判决书。

[142] 天津海事法院(2008)津海法商初字第 507 号民事判决书,天津市高级人民法院(2009)津高民四终字第 574 号民事判决书,最高人民法院(2011)民申字第 417 号民事裁定书。

[143] 天津海事法院(2009)津海法商初字第 329 号民事判决书,天津市高级人民法院

(2010)津高民四终字第 29 号民事判决书。

[144] 天津海事法院(2013)津海法商初字第 191-2 号民事裁定书，天津市高级人民法院
(2013)津商民终字第 0098 号民事裁定书。

[145] 天津海事法院(2013)津海法商初字第 671 号民事裁定书。

[146] 天津海事法院(2015)津海法商初字第 685 号民事判决书，天津高级人民法院
(2016)津民终 200 号民事判决书。

[147] 天津海事法院(2015)津海法商初字第 730 号，天津市高级人民法院(2017)津民终
320 号民事判决书。

[148] 天津海事法院(2015)津海法商初字第 763 号民事裁定书，天津市高级人民法院
(2016)津民辖终 108 号民事裁定书。

[149] 天津海事法院(2015)津海法商初字第 862 号民事判决书，天津市高级人民法院
(2018)津民终字 67 号民事判决书。

[150] 天津海事法院(2016)津 72 民初 655 号民事判决书，天津市高级人民法院(2017)津
民终 123 号民事判决书。

[151] 天津海事法院(2021)津 72 民初 155 号民事判决书，天津市高级人民法院(2021)津
民终 925 号民事判决书。

[152] 天津市高级人民法院(2012)津高立民终字第 0335 号民事裁定书，最高人民法院
(2013)民申字第 69 号民事裁定书。

[153] 天津市高级人民法院(2013)津高立民终字第 0098 号民事判决书。

[154] 天津市高级人民法院(2018)津民终 392 号民事判决书。

[155] 武汉海事法院(1999)武海法宁商字第 80 号民事判决书。

[156] 武汉海事法院(2006)武海法商字第 563 号民事判决书，湖北省高级人民法院
(2012)鄂民四终字第 00130 号民事判决书。

[157] 武汉海事法院(2015)武海法商字第 01403 号民事裁定书，湖北省高级人民法院
(2017)鄂民辖终 31 号民事判决书。

[158] 武汉海事法院(2017)鄂 72 民初 1856 号民事判决书，湖北省高级人民法院(2018)
鄂民终 263 号民事判决书，最高人民法院(2018)最高法民再 457 号民事判决书。

[159] 武汉海事法院(2018)鄂 72 民初 1360 号民事判决书。

[160] 厦门海事法院(2004)厦海法商初字第 20 号民事判决书。

[161] 厦门海事法院(2005)厦海法商初字第 353 号民事裁定书，福建省高级人民法院
(2008)闽民终字第 359 号民事裁定书。

[162] 厦门海事法院(2005)厦海法商初字第 353 号民事判决书，福建省高级人民法院
(2010)闽民终字第 169 号民事判决书。

[163] 厦门海事法院(2010)厦海法商初字第 240 号民事判决书，福建省高级人民法院
(2011)闽民终字第 412 号民事判决书，最高人民法院(2011)民提字第 313 号民事
裁定书。

[164] 最高人民法院(2012)民监字第 17 号民事裁定书。

[165] 厦门海事法院(2013)厦海法商初字第 349 号民事判决书。

［166］厦门海事法院（2014）厦海法商初字第 27 号民事判决书，福建省高级人民法院
　　　（2014）闽民终字第 621 号民事判决书。

［167］厦门海事法院（2020）闽 72 民初 617 号民事判决书。

［168］厦门海事法院（2020）闽 72 民初 618 号民事判决书。

［169］厦门海事法院（2022）吉 0702 执恢 77 号民事判决书。

［170］浙江省高级人民法院（2015）浙海终字第 5 号民事判决书。

［171］浙江省高级人民法院（2017）浙民终 331 号民事判决书。

［172］浙江省温州市中级人民法院（2022）浙 03 协外认 4 号民事裁定书。

［173］Adler v. Dickson and Another（1954）2 Lloyd's Rep. 122.

［174］Adler v. Dickson and Another（1954）2 Lloyd's Rep. 267.

［175］Alize 1954 v. Allianz Elementar Versicherungs AG（The CMA CGM LIBRA）［2021］
　　　UKSC 51.

［176］Aprile SPA v. Elin Maritime Ltd. ［2019］EWHC 1001（Comm）.

［177］Caltex Refining Co. PTY Ltd. v. BHP Transport Ltd. （1994）1 LI. L Rep. 335.

［178］Ciampa v. British India Steam Navigation Co. ［1915］2 K. B. 774.

［179］ Great China Metal Industries Co. Ltd. v. Malaysian International Shipping Corp Bhd,
　　　（1994）1 Lloyd's Rep 455.

［180］Norfolk Southern Railway Co. v. James N. Kirby Pty. Ltd. 2004 AMC 2705.

［181］Paterson Steamships, Ltd. v. Robin Hood Mills, Ltd. （1937）58 LI. L. Rep. 33.

［182］ Quantum Corporation Ltd. and others v. Plane Trucking Ltd. and Another, （2001）2
　　　Lloyd's Rep. 133.

［183］ Quantum Corporation Ltd. and others v. Plane Trucking Ltd. and Another, （2002）2
　　　Lloyd's Rep. 25.

［184］ Riverstone Meat Company, Pty. , Ltd. v. Lancashire Shipping Company, Ltd. （1961）1
　　　Lloyd's Rep. 57.

［185］Rowson v. Atlantic Transport Co. ［1903］2 K. B. 666（C. A.）.

［186］The New Zealand Shipping Company Limited v. A. M. Satterthwaite & Company Limited,
　　　（1974）1 Lloyd's Rep. 534.

［187］The "Suleyman Stalskiy", （1976）2 Lloyd's Rep. 609.

［188］Unicredit Bank AG v. Euronav NV ［2023］EWCA Civ 471.